植物のスピリット・メディスン

植物のもつヒーリングの叡智への旅

Plant Spirit Medicine
A Journey into the Healing Wisdom of Plants

エリオット・コーワン 著
村上みりこ 訳

ナチュラルスピリット

PLANT SPIRIT MEDICINE
by Eliot Cowan

Japanese translation published by arrangement with Sounds True, Inc.
through English Agency (Japan) Ltd.

あなたへ捧げます

これらのページの中のメディスンが
あなたの心に触れますように

目次

謝辞

家族とともに過ごしていたかも知れない実に多くの日々を、経験を収集しページの上に言葉を紡ぎだすことに費やしてきました。ビクトリア、オーラ、セリーナ、オマール、そしてビッキー、あなた方に私の愛と感謝を捧げます。あなた方の忍耐と寛大さが十分に報われますように。

アリソン・ゲイーク、あなたはすぐれた教師としてまた植物のスピリット・メディスンの擁護者として、長年にわたってたゆみなく力を注いでくれました。これから先もメディスンが成長していくとすれば、その多くはあなたの努力による賜物です。

ブルーディアー・センターの祖先とスピリット、あなた方は奇跡的な方法でこの仕事に恩恵を与えてくれました。委員会の面々とセンターのスタッフは、期待以上の献身とビジョン、技術、努力で貢献してくれました。メディスンと私自身が完璧な本拠地を持つことができたのは、センターの寛大な友人たち皆のお陰です。有難う。

パム・マイヤーとブライアン・クリッシー、この本に対するあなた方の忠誠を称賛するとともに感謝します。この本（旧版）を十八年間印刷し続け、そして新しい未来へと優雅に送り出してくれました。

サウンズ・トゥルー社のエイミー・ロストと優秀な社員の面々には『植物のスピリット・メディスン』

に趣を添え、技術面でのサポートや思いやりのある配慮をしていただきました。
尽きることのない精神的なサポートをしてくれた私の兄イシュに感謝します。
寛大さや知恵、癒しを与えてくれる植物のスピリットに驚愕に満ちた感謝を捧げます。

未来への希望を抱かせてくれる植物のスピリット・メディスンの生徒のあなた方に、

忘却の彼方にあったこのメディスンを、勇気をもって社会に提供してくれるヒーラーのあなた方に、

植物のスピリット・メディスン協会のサポーターのあなた方に、

聖なる火の癒しの寺院に、

寺院の柱であるマーガレット・フライアー、あなたに、

あなた方がとてもよく仕えている神性に満ちた自然界から豊かな恵みがありますように。

教えと教訓また愛とハートの神であるすべての存在を知るお方、伝統の源泉で守護者、そしてこの仕事の真の創造者であるあなたに、言葉に詰まりつつ不十分ながらも感謝を捧げます。

著者の覚書

私が相談を受けた人々のプライバシーを尊重するため、名前は変更しましたが、この本の中に登場するスピリチュアル・ヒーリングの物語は真実です。植物のスピリット・メディスン*の効果を説明するために、非常にドラマチックな逸話を選びましたが、植物のスピリット・メディスンが提供できる最善の結果を得るためには、時間や忍耐、また、繰り返し行うことが必要だということをご理解いただきたいと思います。

植物のスピリット・メディスンは心身や感情に関わる症状や状態、あるいは病気の診断をするのでもなければ、治療を施したり、治したりするものではないこともご理解いただきたいと思います。植物のスピリット・メディスンは純粋にスピリチュアルな干渉をするもので、治療を受けている人の健康上の変化を促すような主張をするものではありません。

*植物のスピリット・メディスン（Plant Spirit Medicine）：植物の精（スピリット）による治療法だが、本書においては著者エリオット・コーワンの行っている、植物のスピリットによって患者を癒す、ヒーリング（癒し）の療法のことである。また、この癒しの療法は、古代から先住民の間で受け継がれてきた呪術的な植物のスピリットによるヒーリングの伝統を受け継ぐものである。

序文

最も賢明な長老

一九九一年にこの本の執筆に取りかかった頃、私はそれまでにもう何年も植物のスピリット・メディスンの実践や指導に当たっていました。メキシコのウイチョル族のシャーマンに付いて弟子として修行を始めたのはちょうどその頃のことです。ほとんどの知人は当時、バランス*ということについてあまり関心を持っていませんでしたが、私はウイチョル族のシャーマンのメディスンと、私のメディスンのどちらもバランスを促進する有益なものだと感じていました。

その当時、アメリカ人の生活様式は永遠に続いていくように思われました。サステナビリティー（持続可能性）という言葉がまことしやかに語られてはいたものの、実際に関心を寄せる者はほとんどいないに等しく、誰もサステナビリティーがスピリチュアルな癒しと関係があるとは認識していませんでした。私はほとんど一人で仕事をしていましたが、非常に古いものだと判明した新しい領域を頑なに探索していました。その当時の私にとって、バランスを維持する古代のやり方を復活させることは、興味深いことに思えました。今日、それは必要かつ緊急なことと見られるようになり、もはや孤立しているとは感じなくなりました。

おもにこのささやかな本のお陰で、多くの非常に優れた人たちが私の生徒になってくれたので、孤独感は消えていきました。その中には植物のスピリット・メディスンのヒーラーになった者、ウイチョル族のシャーマニズムに関わった者、また探求して他の道を見つけた者もいました。多くの人が今日、人生を再び満足のいく持続可能なものにするための仕事に携わっています。こうした人々の心ある仕事が重要な変化をもたらしています。たとえば、私がこの本（旧版）の初版を書いたとき、若者が成人になるための有効なイニシエーションの儀式がないことを指摘し、その結果として起こる病気や苦痛についても言及しましたが、そのための治療法を提示することができませんでした。今日、「聖なる火のコミュニティー」のお陰で、再び本物のイニシエーションが受けられるようになりました。

それと同時に多くのものが失われてしまいました。人間や自然界に対する暴力がエスカレートする一方で、叡智を守る人々は絶滅が危ぶまれる存在となってしまいました。ほんの数年前、企業の開発から森に覆われた祖国を守ろうとしていたペルーのアマゾン川流域に住む先住民のリーダーや呪術師などが、重装備の警察によって虐殺されるという事件がありました。悲しいことに、これはたまたま起こった単発の事件などではなく、「先進的な」世界がよろめきしくじりながらますます攻撃的になっていくなかで、心を

＊メディスン：本来、メディスンは、薬、治療などを意味するが、本書においてメディスンとは、「癒しをもたらすもの」、「心に歓びをもたらすもの」のことを意味する。チンキ剤、歌、祈り、夢などがおもにあげられるが、そのほか多くの癒しを促進するものを指して、本書ではメディスンと呼んでいる。その人にとって癒しとなるものが、その人のメディスンとなる。

大切にする人々のジェノサイド（計画的大量虐殺）は「未開発の」世界の至る所で起きているのです。住んでいる場所を失ったり、あからさまな殺人がそれほど激しくないところでは、賢者である長老たちが老齢や病によってこの世を去りつつあります。私がこの本の中で書いた多くの教師は、今はもういません。偉大なウイチョル族のシャーマン、ドン・ホセ・リオス（マツワ）は一九九〇年に百十才という年齢で亡くなりました。私が師事したドン・グァダルーペ・ゴンザレス・リオスは二〇〇三年に亡くなりました。同年、私を五行（中国思想の木火土金水《もっかどこんすい》）へと導いてくれた傑出したイギリス人の鍼《はり》の療法家であったJ・R・ワースリー教授も亡くなりました。ウイチョル族のアーティストでシャーマンでもあり、私をドン・グァダルーペに紹介してくれたドン・ホセ・ベニテス・サンチェスも二〇〇八年に亡くなりました。温かな人柄でユーモアのあるユート族のメディスンウーマン、グランマ・バーサ・グローブは二〇〇九年に亡くなりました。

天候のシャーマンでヒーラーのドン・ルシオ・カンポス・エリサルデは二〇〇五年に九十三才で亡くなりました。彼の人生の概略を伝えることで、この世界が彼のような長老の死によって失ってしまうものや、彼が後に残した希望やガイダンスに対して、いくらかは感じていただけるかも知れません。

ドン・ルシオはメキシコの中央高地のモレロス州、ネポプアルコという小さな村で生まれ、亡くなるまでその村で一生を過ごしました。彼はナワ族のインディアンで、若い頃、実際に話されているスペイン語の会話を聞くために、街まで歩いて長旅をしました。彼はそういうやり方で独学をして、スペイン語が流暢になったのです。村人たちは農民で、ドン・ルシオは亡くなるまで作物や家畜を育て続けました。二十代前半の頃、彼は雷にあたって昏睡状態に陥り、三年間寝たきりの状態でした。最初の一年、彼は雨、風、雲、太陽、海、そして特定の山の存在や、彼がサンタ・バルバリータと呼んだそれらの存在を指揮する大いなる女神など、天候の存在の領域で旅をしながら学びました。二年目は植物のスピリットとともに暮らし、三年目には動物のスピリットとともに過ごしました。そうした三年を経験した後に、彼は知識と知恵を持った人間として復活し、その後の人生でその知識を惜しみなく人々に分け与えたのです。

ドン・ルシオは特にサンタ・バルバリータに献身的に仕えていました。サンタ・バルバリータが彼に与えた仕事は、作物や動物、人間に役立つ天候を確実なものにするために、聖なる天候の存在と良い関係が維持できるように援助するというものでした。彼は女神の教えに専念して、天候に関係する伝統的な儀式の重要な指導者になり、天候に関わる仕事をすることを天命とする多くの人を見極め手ほどきを与え、彼らの仕事を導き援助しました。彼らの努力の成果のひとつが、メキシコのその地域での著しく安定した気象パターンでした。

晩年になって、彼はメキシコの近くに住むアメリカ人のデビッド・ワイリーに、天候に関わる働きができるように手ほどきしました。デビッドはずば抜けて有望だったので、ドン・ルシオはデビッドを彼の周りに集まった、非メキシコ人の天候のために働くグループの組織のリーダーにしました。このグループは最も勤勉でその道に最も専念していたので、ドン・ルシオは彼らのことを大変気に入っていました。やがて、ルシオのガイダンスのもとには、メキシコ人よりも外国人の方が多く集まるようになっていました。ネポプアルコで儀式を受けた後、彼らは自分の国に帰り、コミュニティーと天候に関わる存在とのバランスを回復するために働くようになりました。そのようにして重要でありながら長い間顧みられなかった結びつきが復活し、回復し始めたのです。

死の直前、ドン・ルシオはデビッド・ワイリーに特別な知恵と祝福を与え、彼を後継者としました。ドン・デビッドの監督の下《もと》に、天候のために働くグループは成長し、多くのコミュニティーの利益のために働き続けています。

ドン・ルシオのような叡智の守り手が亡くなると、長老としての役割や責任が、私たちの世代、つまり若さを偏重し、知恵には無関心な社会に生まれ育った世代へと引き継がれます。今日、私たちの生き方は、それ自身の貪欲さの重みを受けて崩壊しつつあります。これまでは知恵をもった長老たちへの必要性はあまり大きくはなかったものの、それにしても、おそらく知恵の備蓄のない世代というものもなかったでしょう。

どうにか奇跡的に役割は引き継がれ、知恵が再び現れました。ドン・ルシオはデビッド・ワイリーの魂の中に豊かな土壌を見出したのです。その土壌は耕され、そして老人の死後、平凡なアメリカ人のビジネス・コンサルタントは自身、賢い長老となりました。数年のうちに後継者となったその若者は、老人が長い生涯の間に経験することがなかったような伝統の活性化をもたらしたのです。

長老の役目のひとつは、最も賢い長老である自然界、それ自身の知恵を実際に示すことにあります。話すだけでは十分ではないので「実際に示すこと」と申しましたが、言葉の上だけで「自然界はバランスのとれた関係を保ちながらそれ自体を維持し、人間生活のバランスや癒し、持続可能性を回復することもできます」と言うこともできます。これは魅力的に聞こえるかも知れませんが、アイデアとしては、注目を集めたがる他のアイデアの喧騒にすぐにかき消されてしまいます。たとえあなたが賛成したとしても、それについて考えただけでは何かを変えたことにはならないでしょう。一方、経験は否定され、忘れ去られてしまうことはあっても、未経験ではあり得ません。経験はあなたを永久に変えてしまいます。

あなたの心は植物のスピリットのメディスンに触れられると、自然界の愛や知恵を感じます。アイデアが同じものを伝えることはありません。したがって、この本は理論的な論文でもハウツーもののマニュアルでもありません。おもにこれは物語の本であり、物語は心を目指しています。心は経験が生きている場所なのです。

植物のスピリット・メディスンが効果を発揮するのは、ひとつにはこのメディスンが広い視野をもっているからだと言えます。植物のスピリット・メディスンは物理学や化学の目を通して見るだけではなく、人間を神聖な自然界の現れとみなし、人間の心や感情を見通し、私たちの生命の神秘的な核であるスピリットを最も重要なものと見ています。

マラカメ、またはウイチョル族伝統のシャーマンとしての修行期間やイニシエーション、仕事を通じて、私は一九九一年頃よりも大きな視野に浸されました。今では植物のスピリットに関わるさまざまなメディスンに対してさらに深い理解を持つようになり、私が理解したことを人々と分かち合おうと努めてきました。一方で、ウイチョル族のシャーマニズムはこの『植物のスピリット・メディスン』の新版の主題ではないのですが、呪術的な視点から新しい章が生まれ、以前に出版された本を改良したものになりました。かつての私と同じように、この神秘的なヒーリングがどんなふうに私たちの関係性を、自分自身や愛する人たち、コミュニティー、先祖、世界観、そして神聖な自然界の力に織り込んでいくのかを理解して、それによって豊かになったと感じるだろうと確信します。

敬意を込めて軽く帽子を上げて会釈するかわりに、次のことについて言及しておきたいと思います。ウイチョル族はかつては広範囲にわたる土地を母国とする先住民でした。しかし、これまでに彼らの居住地は、メキシコのハリスコ州、ナヤリット州、ドゥランゴ州にまたがるシエラマドレ山脈西部の険しい地域に狭められてしまったということです。西半球のすべての先住民と同様に、ウイチョル族は支配的な文化によって、これまでずっと抑圧されてきました。しかし、大部分の先住民のグループとは異なり、彼らはこれまで征服されたこともなく、外国の宗教に転向させられたこともなければ、自分たちの言葉を失ったこともなく、コミュニティーは機能していて、祖先からの精神的伝統は今でもしっかりと受け継がれています。これはウイチョル族の村の生活がのどかだということではありません。所有している財産やお金もほとんどなく、現代の教育も十分には行き届いていません。また、彼らの天然資源を狙って周囲をうろつく略奪者から彼らを守ってくれる頼りになる有力な支援者もいないなど、ウイチョル族の人々は多くの問題に直面しています。生活は厳しいけれども、ウイチョル族は自分たちが何者で、どこに属していて、何が大切なのかを知っているのです。彼らの世界は不活発な「物質」の世界などではなく、神の感覚と表現が息づいている世界なのです。彼らは西洋人にはほとんど分からない、ひそやかな歓びの空気の中で生きているのです。

ウイチョル族のメディスンと同様に、植物のスピリット・メディスンは高度な科学技術ではなく、純粋に自然界との良好な関係を通じて癒しをもたらすものです。その点で植物のスピリット・メディスンは単に過去の遺物などではなく、現在と未来のためのメディスンなのです。あなたが先端技術を恩恵とみなすか災いとみなすかにかかわらず、私たちは次のような現実に直面しています。つまり、資源を採り続けること、熱を生産し続けること、機械を作り、そのシステムを稼動させていくために必要な空気・水・土壌を汚染し続けていくことなど、こうしたことを世界はこれ以上支持することはできないということです。先端医療はすでに人類の大部分にとって高価なものになりすぎています。そして、持続不可能なすべてのものと同様に、それを支えるバランスが偏ったシステムが崩壊するまで、ますます浪費的でとんでもないものになる運命にあります。

おそらく崩壊は困難や悲劇さえ引き起こすでしょう。しかし、それは同時に伝統的なヒーラーや先住民の長老が常に示してくれていたもの、植物、動物、岩、水、火、風、そして自然界全体が私たちを知っていて、孫のように愛してくれるところへと私たちを連れ戻してくれるでしょう。自然界は私たちが必要としているものを持っていて、しかも喜んで与えてくれるのですから、自然界から盗む必要はありません。私たちはただ単純なルールに従うことを求められています。つまり、必要な分だけ頂き、頂いた相手が満足するものを返すということです。

この本のすべてのページが、自然界のメディスンの夢に通じています。それは大きな夢で、そこにはすべての植物が棲んでいて、そして、あなたと私も棲んでいるのです。

私たちはどうすれば夢のメディスンに至れるのか？　メディスンはどういう働き方をするのか？　とにかくそれは正確には何を意味しているのか？　あなたはこの本の中でいくらかは情報を見つけるかも知れません。けれども、説明をするのは私の仕事ではありません。この本がメディスンとなって、読んでくださるあなたの心に届くこと、それが私の望みであり祈りです。

＊植物のスピリット・メディスンは本質的な意味においては、病気の治療を目的とするものではありませんが、植物のスピリット・メディスンのセッションを受けに来るほとんどの人が、心身に何らかの問題を抱えた人たちであることから、本文中では、患者や治療という言葉が使われている場合があります。

＊文中の（注1）～（注6）は、308頁からの注釈をご参照ください。

＊訳注、補足について、短いものは文字ポイントを小さくし、文中（　）内に記載しています。また、長くなるものは、その言葉等に＊マークを付け、ページ左側に記載しています。

＊本書に掲載のウェブサイトアドレス、電話番号、団体名等の各種データは、著者執筆時のものになります。

第１部

植物、スピリット、およびそのメディスン

第1章 植物のスピリット・メディスンの夢

アメリカ人の冒険家ピーター・ゴーマンは、アマゾンのジャングルの小径を歩いていた。彼はマッツェ・インディアンの友人が野生のイノシシ用のわなを仕掛けるのを見学した後、村に戻る途中だった。友人は散歩がてらに道沿いに生えている薬草をピーターに教えていたのだが、数分とたたないうちに数十種類以上もの薬草を指して、その効能をジェスチャーでやってみせた。

村に戻るとピーターは通訳を呼んでハンター(狩り人)の小屋に急いで戻り、友人に歩いているときにはノートを持っていなかったので、教えてもらったことをとてもじゃないけど全部覚えておくことができなかったと説明した。はたしてハンターは、薬草の調合や処方の仕方をもう一度説明するほど親切だろうか？

シャーマン(呪術師)でもあるハンターはピーターに微笑《ほほえ》みかけると、おもむろに笑い始めた。彼は妻子全員を呼び集め、それからまた大いに笑った。全員が気の済むまで笑うと、彼はこう説明した。「あれはただ薬草のいくつかを君に紹介したにすぎない。君が実際に植物を使いたいのなら、その植物のスピリットが君の夢にやって来なければならない。もしも植物のスピリットが君に調合の仕方やそれが何に効くのかを教えてくれたなら、君はそれを使うことができる。さもなければそいつが君のために働くことはない。いやあれは傑作だった。君が言ったことを覚えておかなければ！」彼はまた笑い出した。

一方、コネティカットでは大手の製薬会社が、シャーマニズムの研究機関に話をもちかけていた。製薬会社は薬用植物に関する情報を収集するために、アマゾンに住むシャーマンと接触したがっていた。薬草のサンプルを採ってそこから活性分子を分離し、研究所の中で製造しようと企てていた。

私は製薬会社の人たちがアマゾンに行ったときの光景を思い浮かべることができる。シャーマンたちは謝礼の金を集めながら、腹を抱えて笑っている。現地でサンプルを採取していた研究者たちは、大急ぎで標本を研究所に持ち帰る。熟練の技術者たちは新しい化合物の研究に何百万ドルもの会社の金をつぎ込むが、その結果は次から次へと失望に終わっていく。シャーマンたちは信用を失《な》くすことになるが彼らは気にかけない。彼らは相変わらずジャングルに住み、何世紀にもわたって使ってきた薬草で治療にあたっているだろう。

アメリカの製薬会社はその優秀な技術を使って、特許の取得可能な新薬で儲けるという夢にのぼせてジャングルに出かけていくが、誰もシャーマンたちに有効成分は何なのかと尋ねることを思いつきもしない。仮に尋ねたとしても、彼らにはその答えがお気に召さないだろう。植物のメディスンの中の唯一の有効成分、それは友情なのだ。植物のスピリットが夢を見ている友人、つまり医者への好意として患者を癒すのだ。

アマゾンの人々にとってこの真実は基本的なもので、四才の子供でも理解していることだ。それでマッツェ族のハンターでもあるシャーマンは子供たちを呼んで、ピーターの言ったことで大笑いしたのだ。彼らには一人前の男がそれほど愚かだということが信じられなかったのだ！

マッツェ族の人々や他の非ヨーロッパ系の民族の多くは、人間も自然も共に知性とスピリットをもっているということを理解している。それ故、人間と自然は同じ家族なのだ。あらゆる文化の中に自然界のスピリットと、とりわけ生き生きとした経験を持つ人々が存在している。こういった人々がシャーマンなのだ。シャーマンは自然界のスピリットと友達になり、日常のできごとに助けを求める。

植物のスピリット・メディスンとは、植物と関わるシャーマンの道のことだ。植物にスピリットがあり、そのスピリットが最も強力なメディスンであることを認識している。スピリットは心と魂の最も深い領域を癒すことができる。

こうしたことすべてについて風変わりな点はひとつもない。アマゾンの話を聞いたからといって誤解しないでいただきたい。あなたがもし世界中で最も強力な癒しの植物に出会いたいと望むなら、ただドアを開けて外に出てごらんなさい。あなたの周囲の至るところにそういう植物が育っている。あなたが私を信じないか、あるいはロマンチックな場所がお好みなら、どこか他の場所に行って試してみるといい。しかし、その場所に馴染んでしまえば結果は同じこと。その土地に生えている草や木を相手にすることになるのだ。

この地元に育つ植物の特色を踏まえた上で、この章を書いていた当時、私の家の周辺で起きたことをお話ししたいと思う。最初、この話は主題とはなんら関係ないように思われるかも知れないが、辛抱していただければ、やがて意味をなしてくるだろう。

私はホセ・ベニテス・サンチェスという名前の、あるウイチョル・インディアンを訪ねて行った。ホセはあるサークルの中では神秘家のアーティストとして有名で、彼自身の部族の人々の間ではシャーマンとして知られていた。彼は時々メキシコのテピク近くの村に住み、それ以外のときはプエルト・ヴァヤルタというリゾートの街に住んでいた。私はその街に彼を捜しに行った。

街の最も貧しい地区の一つにある彼の家に近付きながら、私はその一年前、彼にはじめて出会ったときのことを思い出していた。この人物はインディアンの標準からすれば莫大な収入を得ている男だった。だが、私を快く家に迎え入れてくれたとき、その家の中で唯一家財道具と呼べそうな代物は、見たところ扇風機一台だけだった。彼がメキシコ大統領に会うために数時間のうちに発たなければならなかったので、その訪問はごく短いものだった。

ホセは陽気にバス代を持っていないことを白状した。ボロボロの半ズボンを見下ろしながら、彼は大統領に挨拶するためにはくズボンの一本も持っていないことを認めた。明らかに彼は、何故成功を収めた人物がそれほど貧しいのかと、私が混乱しているのを感じ取ったのだろう。というのは、次のような話をしてくれたからだ。

子供の頃、私はじいさんを崇拝していた。じいさんは力のあるシャーマンだった。私が分別のつく年頃になったと感じたある日、じいさんは話をしてくれた。「ホセ、人が持つことのできる力には二つのタイプがある。ひとつは自分自身の個人的な理由のために使われる。もうひとつは部族の皆のために使われる。おまえは一番目か二番目のタイプの力の道へと歩いて行くことができる。だが、このことはおまえに言っておこう。二番目の道が幸福へと向かう道だ」。じいさんはすぐれた賢者だったので、私はじいさんの忠告を受け入れ、二番目の道に留まってきた。神が私に何かを授けてくださるときには、すぐにそれを皆の役に立つように回すことにしているんだ。

ホセの存在は満足気に輝いていた。彼の祖父が自分の話していることの意味を知っていたのは明らかだ。私はスーツケースの中を探ってズボンを一本見つけ、バス代を添えて彼に差し出した。彼は心からの感謝とともに私の贈り物を受け取ったが、少しも驚いた様子はなかった。それから彼は、幸福へと向かう道に最初の一歩を印した私をあとに、大統領に会うため、あわただしく旅立って行った。

最初に出会ったときの思い出にふけりながらふと顔を上げると、ホセがこちらにやって来るのが見えた。ホセはハンサムでがっしりとした中年の男だ。その日の彼は長ズボンに半袖シャツ、カウボーイ・ハットといういでたちで、唯一インディアンらしく見えるものと言えば、目の醒めるような極彩色のウイチョル族のショルダーバッグくらいのものだった。ホセは私を家に招いた。制作中の二枚の絵が置かれたテーブルに落ち着くと、私たちは数日中に彼が先導することになっている巡礼について話した。子供たちが家を出たり入ったりして、駆け回っていた。十代の少女がひとり家の外に立って、窓枠にあごを乗せて聞き耳をたてていた。ようやく私は今回訪問した目的を切り出した。

「ドン・ホセ、あることについて君のアドバイスを聞きたいんだ」

「もちろんだとも。で？」

「ドン・ホセ・リオスという名前の偉大なシャーマンで、マツワとも呼ばれている老人のことだけど、知ってるかな？」

「ああ、マツワなら私の親戚だ」

「何年も前に彼に会ったとき、助けてもらったことがあったんだ。それから三年くらい前に、親父《おやじ》が癌で死にそうになったとき、シャーマンに助けてもらいたいと言い出した。それで当時、ラスブランカスに住んでいたマツワに会いに行ったんだ」

ホセは頷《うなず》いた。

「僕が彼の家に着いたとき、マツワも親父と同じくらい具合が悪くなっていて、ひどく衰弱してベッドから出ることもできなかった。彼は苦痛に呻《うめ》きながら、足が死にそうなくらい痛むと言っていた。日向《ひなた》の暑い所で寝ているにもかかわらず、悪寒で震えがきていて、毛布を掛けてやらなきゃならないほどだったんだ」

ホセはそのての激しい苦痛はよく分かるというように、顔をしかめて見せた。

「そのとき、ふとマツワを助けられないだろうかという考えが浮かんで、彼を治療したんだ。すると、すぐに震えが止まり毛布を取ってくれと言いだした。まだ起き上がれるほどの体力はなかったけど、足の痛みは消えていた。それを見ていた人たちが、僕に自分たちのことも助けてもらえないだろうかと頼んできた。マツワの甥っ子の一人が、電車に轢《ひ》かれて歩けなくなった自分の父親のところに、僕を連れて行った。彼の父親に会いに行く途中、その少年が羽根を使うウイチョルの治療法を信じるかどうかと僕に尋ねてきた。僕はもちろん信じていると答えた。『実際、君のおじさんが羽根を使って随分僕を助けてくれた。僕自身、ウイチョルの治療法を学びたいと思ってるんだ』と彼に話した」

「少年は羽根を使うヒーリングがすごく上手な人がその村にいると教えてくれた。その男の人は五年の間、毎年近くの山頂に巡礼に行ってその技を学んだと言うんだ」

「それは『エル・ピカチョ』という名前の山頂だ」と、ホセが言った。

「じゃあ、君はそこを知っているんだね」私は言った。

「もちろん」

「それでアメリカに戻った後、僕は夢でエル・ピカチョを訪ね始めた。僕が夢で見たことを言うから、アドバイスをくれないか、ドン・ホセ」

「何を見たんだ?」ホセは尋ねた。

「山の頂上に二本の木が生えている平坦な場所があって、そこに一人のウイチョルの男が棲んでいる。男は背が小さくて丸顔で、頬はポッチャリとして、いつも微笑んでいる。その小さな男は小さい鹿を連れていて、小さい鹿は踊りながら、ありとあらゆるおどけた仕草をするんだ。鹿と男は、僕が人々を治療するのを手伝ってくれると言ってくれた」

「もう何度もその場所を夢に見てきた。遠方に住んでいる人が僕に治療をしてほしいと頼んできたときも何回かあった。他にどうしたらいいか分からないから、男と鹿にその仕事をやってくれと頼んだ。今までのところ結果は上々なんだ」

「まさに君の言う通りだよ」ホセは言った。

「どういう意味だい?」私は尋ねた。

「君が見たその木は、そこの頂上に生えている風の木というんだ。背の小さい男もそこに棲んでいる。彼は風の木の魔法の力そのものなんだ。君がそこに行けば、ちょうど僕たちが話しているように、彼が君に話しかけてくる。だが、君は彼にスペイン語で話してくれと頼んだ方がいいな。ウイチョル語が分からないからね」

「僕もその小さなウイチョルの男に会ったことがある。神々を訪ねる巡礼の途中に、彼が道を横切る。僕は彼に通行許可を求めて、どこか他の場所に行く途中だと説明すると通らせてくれる。君の言うとおり、彼はとても背が低くて、頬はポッチャリしていて、唇が分厚い。よく若者の姿で現れるが、実際にはとても年老いている。エル・ピカチョにはその鹿も棲んでいる。時々、小さい男の頭の上に鹿の角が見えることがある。こういったことはすべて風の木の魔法の力で、君も夢で見たものだ。風の木が人々に治療の仕方を教えてくれるし、音楽も教えてくれる。僕らの部族の中に世界的に有名なミュージシャンがいるんだが、彼に音楽を教えたのも風の木なんだ」

「君は風の木が頂上に生えていると言ったね。だけど、僕のビジョンの中には二本の木が生えていたんだ」私は言った。

「それは二本とも風の木だ」と、ホセは答えた。「一本は鹿の左の角、もう一本は右の角を表している。たくさんの人がエル・ピカチョに行って、風の木に捧げものをしている。実に素晴らしい。君はエル・ピカチョを夢に見た。だから君がエル・ピカチョに行くのは、まさにもってこいだ。君が見た小さい男は実際そこに棲んでいる。君が信頼をもってそこに行き、彼から学べるように姿を現してくださいと頼めば、彼は人の姿で現れるだろう」

「だが、まずエル・ピカチョの魔法に慣れ親しんでいて、捧げものをしたことのある人物に相談する必要があるだろう。僕自身は他の捧げものや巡礼で手いっぱいだし、滅多にそっちの方へは行かない。しかし、僕の村にその山のことにとても詳しい人物がいる。彼の名前はグァダルーペ・ゴンザレス・リオスと言って、ホセ・リオスとも親戚だ。非常にいい人物で情報をけちったりはしない。明日村に行くつもりだから、彼に会ったらすぐに、今日君が話したことを忘れずに伝えておこう。私たちが巡礼から戻った頃にフィエスタ（祭り）に来るといい。多分、そのときに三人で一緒に話ができるだろう。二十四日までには戻っているはずだ」

「それは何曜日だい？」

「木曜日だと思う」

「金曜日！」窓辺にいた少女が言った。このときはじめて彼女は、私たちの会話に貢献したのだった。

「まずいな！　その頃にはアメリカに戻ってるよ」私は言った。
「気にすることはない。君がこちらに戻ってきたら家に寄りなさい。そしたら一緒に僕の村へ行こう。あともう一人、ドイツ人で風の木の夢を見た男も多分連れて行くことになると思う」
「フランス人よ」少女が横から口をはさんだ。

学生だった頃、夜中に昼間には難しすぎて全くお手上げだった数学の方程式の解答が浮かんで目覚めたことが一度ならずあった。私は誰にも眠っている間に代数の宿題をやったと言ったことはなかった。人におかしな奴だと思われることを恐れていたのだ。そのうちそういう夢は見なくなった。

ずっと後になって、人が夢から学ぶことが決して珍しいことではないということを発見した。この頃では、今までに予知夢を見たことがあるかどうかと、人に質問することを楽しんでいる。約七十五％の人が実際にこの種の夢を見たことがあると答える。そして誰もが就寝中の寝室以外のどこかで起きている出来事の夢を見る。夢を見ているとき、私たちは簡単に遠くの場所へ旅することができるし、未来を知ることもできる。私たちには人生のさまざまな問題を解決することを可能にしてくれる、特別な理解力が授けられている。

私たちの社会ではたいていの場合、こういった素晴らしい夢の力は未開発のままだが、ウイチョル族やアマゾンのマッツェ族では、夢を学ぶことが真の学びと考えられている。実際、私たち自身の文化を除いて、ほとんど地球上のどの文化においても、夢を学ぶことを真の学びとして尊重している。私たちは古代ギリシャの時代から徐々に洗練されてきた合理的、分析的学びの方法を崇拝するあまり、呪術師たちが古くから別の方法を洗練してきたということを理解していない。この夢を見る方法は合理的でも分析的でもないが、目覚ましい力を発揮する。

この方法を実際に行う際の秘訣は、あなたが学びたい、あるいは成就したいと願っていることを心に留めながら、夢の意識状態に入っていくことだ。夢の意識状態に入る方法は偶発的で、シャーマンの中には眠りに入って、自分が夢で見たいと思うことについて夢で学ぶ者もいるし、向精神性の植物を使う者もいる。多くはただ単調な太鼓の音を聞いて、夢を見ているような意識状態を引き起こす。

数年前、初めてエル・ピカチョについて聞いたとき、そこに棲んでいると言われるスピリットたちから学びたいと切望した。忙しい鍼治療の仕事や、幼い子供たちの世話、病《やまい》に倒れた父のもとに通うことなど諸事情から、現実にエル・ピカチョを訪ねることは不可能な状態だったので、私は夢で訪れることに決めた。（当時、私はそのような方法で神聖な場所と接触することは危険なものになり得るということを知らなかった。）ろうそくを灯し、香を焚いて、気分を落ち着かせ、それから仰向けに寝てリラックスした。神聖な場所を訪れ、そこに棲んでいると思われる友好的なスピリットたちに出会うという私の意図を明言した。大きな音で繰り返される太鼓の音を聞きながら、私の意識状態がシフトした。最初の夢から数年後に夢のヘルパーが現れて、そのときの訪問でホセ・ベニテス・サンチェスに詳しく話した、例の経験をした山頂へと私を運んでくれた。

ホセとの対話によって、私の夢が昔からの伝統と一致するものであるという確信を深めた。ウイチョル族の一員としてまたシャーマンとして彼は、私が人々を癒す手助けをしてくれる木のスピリットに出会ったということを難なく認めた。その一方で、私は中産階級の白人のアメリカ人として、「私がこれをでっち上げているのだろうか？」という疑問に、何年も悩まされた。

私がこれをでっち上げているのだろうか？　これは夢の世界に踏み込んだ西洋人なら誰もが直面させら

れる疑問、行く手を阻む巨大な壁である。この巨大な壁を打ち負かす唯一の道は、その夢を実際に試してみて効果があるかどうか見ることである。もし風の木の魔法で人々を治療することができるのなら、私がでっち上げているかどうか、そんなことが実際問題になるだろうか？

数年前、私は教え子のグループに、柳のメディスンの夢を見るように指導をした。私たちは輪になって座り、見た夢について話し合った。その中で、医者をしている一人の男が、自分の見た夢の中にどう解釈していいか分からない部分があると語った。「何度も何度も繰り返し」と彼は語った。「柳のスピリットは僕に、『上を見て！　上を見て！　いつも上を見て！』と繰り返し言い続けた」

一ヵ月後、その医者と再会したとき、彼は次のような話をしてくれた。

柳のメディスンを試してみるのにピッタリだと思われる患者がいたので、彼女に今までに三回柳のメディスンを処方した。最初の治療後、次に彼女が来たとき、彼女はその「素晴らしいメディスン」が何なのか教えてほしいと言って聞かなかった。そのとき、彼女は窓辺に置いてある鉢植えの柳の方を何度も振り向いて、ちょっと奇妙で不思議なことを口にした。「その植物とても素敵ね。その植物になりたいわ！」

彼女に治療ではどんな効果があったのかと尋ねると、彼女は一連の身体の症状が改善されたことを、次々と並べたてた。「でも」と彼女は言った。「これが何よりも一番素晴らしいこと。以前には気付かなかったんだけれど、私はこれまでずっと鬱《うつ》ですごく否定的だったの！　まるで、私の心の目がいつも地面を見下ろしてばかりいて、見えるものといったら土だけといった有様だったの。ところが、この間ここを出たときから、自分の内側で声がして、その声が『上を見て！　上を見て！　いつも上を見て！』と言っているのが聞こえてきたの。それで今はまるで生まれて初めて、身のまわりにある美しさに気付いたみたいなの！」

そのときになって僕は窓辺に置いてある植物と、彼女に処方したメディスンは、どちらも柳だと彼女に話した。また僕が見た柳の夢の話を彼女にして、同じ声が「上を見て」と言うのを僕も聞いたと言うと、彼女はとても感動して泣き始めた。次の治療のとき、彼女は柳のスピリットに感謝を表すために書いた詩を持って来た。

そのクラスでの経験、医者、患者、彼らはどこから来たのだろう？　柳のスピリットというようなものが存在するのだろうか？　仮に存在するとして、それは実際何なのだろう？　それが問題になるのだろうか？　明らかにその若い医者にとっては問題だった。柳のメディスンと鬱状態の患者との経験にもかかわらず、彼は私たち全員がでっち上げていると決め込んで、植物のスピリット・メディスンを使って治療することを止めてしまった。

私について言えば、植物のスピリット・メディスンは力を発揮し続けているようだ。私はホセ・ベニテス・サンチェスのもとに行って、聖なる山や、踊る鹿などに関する全く異なる種類の治療法について探求したいと考えていた。だが、そうするかわりに、それらがすべて風の木の魔法であることを見出し、今でも植物からメディスンを学んでいる。

第2章 植物

それは一九七〇年のことだった。私は都会を逃れてバーモント州北部の土地に住みつこうとしていた。春浅く、まだ土の上には雪がいくらか残っていた。まもなくフェンスの修理にかかる時期で、そのための支柱が必要だった。私は「弓のこ」と鉈《なた》を肩にかついで、農場の中のお気に入りの場所、滝を囲んでシダー*が生えている湿地へと向かっていた。

その日は太陽が明るく輝いていたが、空気はまだ冷たかった。林の中に入って、シダーの枝の間を吹き抜ける風の音に耳を澄ました。葉っぱをほんの少しつまんで鼻の下で潰し、木々に挨拶を送った。ここのシダーは一つの根から数本の幹が分かれて小さな杉木立を形成していた。この杉木立の中が小さな牧草地になっていて、まもなく野の草花が咲き乱れる頃だった。私はこの場所で二〜三日を過ごすことになるだろうと考えていた。チェーンソーを持って来ていれば、その日の昼食までか遅くとも夕食までには仕事を終えることができただろう。だが私は絶対にチェーンソーを持ち込まないと心に誓っていた。

それ以前には一度も自分でフェンスの支柱用の木を切ったことはなかったが、今度は何とか自分でやれると思っていた。どんなふうにやりたいのか？　もし私がこの湿地で育っている木だとしたら、どんなふうにしてもらいたいだろう？

私は一番近くのシダーに向かって、どうやって支柱用の木を切ればよいのかを尋ねた。もちろん答えを期待していたのでも、答えをもらったわけでもなかった。それとももらったのだろうか？

ともかく、どんなふうに木を切り出すか、そのときには完璧に明白になっていた。それぞれの木立の混み合っているところから幹を一本選ぶ。その幹を慎重に切り出し、枝を払い、切り株の上に払った枝を重ねていく。そうすれば一本の木も損なわず、また切り落とした枝で草地を塞いでしまうこともなく、木立は私が来たときよりも健康で、より美しくなっているだろう。おそらく一日かそこら余分にかかることになるだろうが、誰が気にかけるだろう？

詩人のゲーリー・スナイダーは、私たちが家畜を食肉用に処理するやり方が、私たちの社会に終わるこ

＊シダー：厳密にはヒマラヤスギ属（マツ科）を指すが、ヒマラヤスギ属に属さない類似する針葉樹や、共通する強い香りを持つ樹木なども、一般名として広くシダーと呼ばれる。日本のスギ（ヒノキ科）もシダーに含まれる。

とのない不運をもたらすもとになっていると述べているが、これは興味深い声明であり、真実であると私は考えている。これは東洋で言われるところのカルマの法則の理解に基づいている。西洋では「因果応報」とか、「剣に生きる者は、剣に死ぬ」などといった説教の中に、同様の理解を示す表現がある。多くの人々が家畜に与えられる不自然で残虐な生と死に対して懸念を示し、さらには激しい怒りを表明している。スナイダーは菜食主義者ではないが、私たちの動物に対する態度がその他のすべてに対する態度と同様、自分たちにはね返ってくると指摘している。もし尊敬の念も感謝の念ももたず、犠牲となってくれる動物の命を奪えば、私たちもまた屈辱と疎外を免れないだろう。これは何も残酷な運命であるとか情容赦のない自然の摂理などではなく、ただ私たち自身が不運を創り出しているということなのだ。

私たちの植物に対する関係性もまた、考慮する価値があるのではないだろうか。この関係性において最も際立っているのは、私たちには植物が必要だが、植物の方は私たちを必要としないというところにある。私たち人間は、燃料、住居、衣服、薬、石油化学というコルヌコピア*、そして食物（肉でさえも植物からできている）は言うまでもなく、需要のすべてを満たすのに、全面的に植物に依存している。それとは対照的に、植物の社会は人間なしで申し分なく機能している。私たちは破壊と絶滅の脅威という苦しみの他には、何も植物には提供していないように見える。

ここに、ある種のカルマの反動がある。私たちは土、空気、水そして太陽の放射といった、森や植物の生命の基盤を荒廃させつつある。これは殺人的なだけではなく、破滅的なことでもある。そのような状況下で、人類に対する植物のたゆみない寛大さは全く目を見張るべきものだ。何が植物をそれほど寛大にし、人間をそれほど残虐にするのだろう？

道のどこかで私たちは一体であることの経験を失ってしまった。私たち人間は他のすべてのものとは違うのだという哀れな嘘を支えながら生活しているが、これは欺瞞《ぎまん》だ。なぜならあらゆるものの中心に同じ意識が輝いているのだから。この嘘は物哀《ものがな》しい。なぜなら、それが私たちにあらゆるものから疎外された無味乾燥の生活を宣告しているからだ。

区別が無関心を生む。もし森と自分は別物であると考えるならば、あなたはより積極的に森を搾取しようとするか、自己の利益のために、他人がそうするように仕向けるだろう。

一方、植物は自分たちが他の創造物と分離しているという幻想のもとにはいない。植物がどのように土や空気、鉱物、動物、昆虫などと相互に関わりあっているか観察するといい。周囲にあるすべてのものが、その存在によって豊かになり恩恵を受けている。植物そのものが自然だと言う人もいるかも知れないが、植物は自然と調和して生きている。この調和の中から、私たち人間や他のすべての同胞に対する、信じられないほどの寛大さはやってくる。

私は初めて植物に関わる夢を見ていた。ここにはヘラオオバコが生育していて、私は肩から大きな翼が生えた若い女性を見ていた。何故か私は彼女がオオバコの精《スピリット》だということを知っていた。私が彼女に近づ

＊コルヌコピア：ギリシャ神話において、豊穣の角と訳され、花と果物に満たされた角で表される。食べ物や豊かさの象徴で、持ち主に望みのものを与える力があった。

き自己紹介すると、彼女は私がここに来た理由を尋ねた。

「まず」と私は答えた。「あなたが私や私の友人たちを長年にわたって助けてくれたことに、感謝したいと思います。あなたの葉が多くの傷を癒してくれました。今回は、より深い別の種類の手助けを求めてあなたを訪ねて来ました。私たちの心の苦しみや精神の汚染に比べれば、切り傷やすり傷なんて何でもありません。この種の苦しみを取り除くことも手伝って頂けますか？」

オオバコの精である女性は葉っぱからピョンと飛び降りると、私の近くに飛んで来た。ちょっとの間、彼女は私の顔の前を飛び回ってから、私の目をじっと見つめた。それから微笑んでこう言った。「もちろん、お手伝いするわ。私の仲間たちもよ。そうすることがとても嬉しいの。実は、私たちは誰かがこうした助けを求めてくれることを、二百年間待ち続けていたの。求められなければ、私たちは何もできないの」

「求められなければ何もできない」。これまでの人類の歴史の中で彼らが示してくれた寛大さに対して、これほど控えめな表現をする植物に任せてみようではないか！

求められたときには植物が何をしてくれるのかを見てみよう。人間の文明はすべて、余剰穀物、つまり植物の寛大さが生み出した一つの形態である。人類の歴史は、植物が私たちの求めるものすべてを供給してくれたことを示している。私たちの社会は快適さに価値を置き、その快適さを手に入れるために植物界に依存してきた。快適さを得ること自体は、満足を求める方向に行き過ぎにならない限り素晴らしいことだ。もし一瞬でも私たちが快適さを追い求めることを忘れて植物に、人生の喜びや、豊かさ、意味などを見出す手助けをしてくれるように求めたら、彼らが他のありとあらゆるものを分け与えてくれたように、そういった質を、私たちに分かち合ってくれないと考える理由が何かあるだろうか？

あらゆるものが恍惚とした歓びに満ちて自然とひとつに融け合う。心の底から湧き上がる歓びのない人生は、真の人生ではなく生きる価値がない。湧き上がるような歓びがなければ魂はしぼみ、道からはずれ、精神は崩壊し、身体は痛みに苦しむようになる。歓喜に満ちた自然との融合は、通常の健康と生存にとって欠かせないものだ。植物を恍惚とした歓びを知らないただの口のきけない生物だと考えるのは、無知あるいは悲常に傲慢で愚かな考えである。

最近、私は生徒が患者を連れて来て、私が治療をするというクラスを開いた。患者の一人は退院して来たばかりの中年の男性だった。彼は白血病で苦しんでいて、死期が迫っていた。彼はアーティストとしての人生をあきらめ、人生の最期に痛みを緩和する治療を求めて彷徨《さまよ》っていた。彼の魂へと夢で旅して行くと、もっとも近寄りがたい砂漠のような、不毛で荒涼とした心象風景が現れた。私はこの男性に二種類の植物のスピリットを処方した。数日後に私は自宅に帰ったが、それからまもなくこの男性の治療の経過を追っていた生徒から、次のような手紙を受取った。

今月初めに会っていただいた白血病の男性から、今週電話がありました。彼は治療に効果があったので、また治療を受けに来たいと言ってきました。次に来たとき、彼は自分に起こったことを話し始めました。あなたが彼を治療した次の日、いわゆる「異なった意識状態」で目覚め、以来ずっとその状態が続いているそうです。彼は、以前よく家族と過ごした島を訪ねて、彼にとって大切な岩であり、かつて彼に語りかけてきたことのあるペトログリフ*のところにまた行って、「自分を取り戻したい」と話していました。

先週その男性の担当医は、彼の白血球の数が二分の一までに減少したので、白血球を死滅させる薬の量を二分の一に減らしました。彼はスタジオを掃除して、また絵を描き始めました。いわゆる「明晰夢」をずっと見ていて、そういう夢に癒しの効果がある、とその男性は語っています。

私は彼の治療を控えて、ビロードモウズイカのスピリットを使うことに決めていました。彼が来る前日、私は谷にビロードモウズイカが自生しているのを見つけていました。次の日の朝、彼が私の家に到着する前に、私はもう一度ビロードモウズイカを夢で訪ねたのですが、そのとき私は、カラスが私を待っているビロードモウズイカの群生地のそばへと運ばれて行きました。近くに一本の木が立っていて、その木の枝の間にカラスの羽やビロードモウズイカの葉でできた巣がありました。この場所で世話を必要としていた誰かが祝福の波を浴びて、満たされるのでしょう。その人の準備ができたときカラスは飛び立つでしょう。

彼が到着して、私は彼にビロードモウズイカのスピリットを処方しました。診察台で横になっているとき、彼は窓の外でカラスの鳴き声を聞きました。彼はかつてガールフレンドがもらったカラスの赤ん坊の世話を引き受けたことがある、という話を始めました……。私たちの患者はカラスの赤ん坊のために巣をこしらえ､何ヵ月も世話をしたのです。彼はカラスの生態を学びながら､どれほど自分が夢中になったかを話しました。時が来て、世話をしたカラスは飛び立ったのです。

この物語の中で最も注目すべきことは、その患者が「異なった意識状態」に入ったことだ。この新たな意識によって彼が夢の中に癒しを見出すことを可能にし、若い頃にもっていた自然との神秘的なつながりの中に再び入ることを可能にしたのだ。この神秘の中で人生は再び生きる価値のあるものとなり、彼の身体はそれに応えて、病魔と闘うほど回復したのだ。スタジオを掃除し、再び絵を描き始めたことが、この男性が癒されたことの証《あかし》だ。別の言い方をすれば、彼は復活し、人生に戻ってきたのだ。

自然との心躍るような歓びに満ちたつながりのお陰で、今やこの男性にはいくらか生き残るチャンスがある。それ以前には全くなかったところに。だが究極的には、癒しというのは人が死ぬかどうかということではない。癒しとは、人がいかに生を十全に生きるかということだ。私はこのアーティストが長生きをして実りある人生を送ってくれたことを願うが、彼がその後いつ亡くなったのかにかかわらず、それでも彼は真に生きたのだから大成功だと言えるだろう。

私の立場の保護とみなさんの啓発のために、ここのところを明確にし確認することは価値あることだと思う。私はこの男性を白血病と診断したのでも、またそのための治療をしたのでもない。植物のスピリット・メディスンは病気の診断や治療を行うものではない。私は病気の治療法として、薬草療法を行うわけではない。植物のスピリット・メディスンのプラクティショナー*が、ある人に対してどの植物を使うかを決め

＊ペトログリフ：古代の人が岩に刻んだ彫刻のことで、岩面彫刻、岩石線画とも呼ばれる。

＊プラクティショナー：一般にはマッサージやヒーリングにおける施術者の意味で使われることが多いが、ここでは植物のスピリット・メディスンを実践する人をさす。

る際に、その人にどんな症状があるにせよ、そういった症状には全く注意を払わないということを、後の章で説明しようと思う。

植物の方からすすんで、私たちに再び自然と密接に関わることの歓びをもたらそうとしていることを示すたくさんの例がある。たとえば、きつい花粉症の症状を訴えて十六才の少年が、私のところにやって来たことがある。彼はパートタイムで庭師の仕事をしていたため、これは深刻な問題だった。最初の治療の後、彼は私のところに再びやって来て、私が彼に処方したあの「奇妙なもの」は何だったのかと尋ねた。彼に何故奇妙だと思うのかと尋ねると、「あなたのオフィスから帰る途中、木や繁みがみんな僕に手を振っているみたいなそんな感じだったんです！」と答えた。私はすぐに植物が彼に対して友情のサインを送っていて、もはや花粉が彼を悩ますことはないだろうと判断した。そして、それは事実となった。

他の人たちも治療後、私のところを再び訪れて、「地球と恋に落ちた」とか、「一人ぼっちだという気がしない」とか「裏庭で妖精を見かける」というような話をしていった。なかでも私が気に入っている話の一つが、鬱病やその他多くの身体的症状に苦しんでいた、カレンという二十代の女性がしてくれたものだ。私は彼女を治療するのに、その当時私が住んでいた南カリフォルニアの沿岸部に広く分布して生育する美しい潅木、ハミングバード・セージのスピリットを選んでいた。ハミングバード・セージの夢の中で、スピリットは楽しげで親切心にあふれた、陽気な筋肉質の小さな男の姿で現れた。彼はとんがり帽に、中世のチュニック、レギンス、つま先がくるりと上を向いて尖った靴というでたちだった。

これは治療後のカレンからのレポートだ。

先生の治療所を出た後とても疲れていたので、家に帰って横になりました。私は半分眠ったような状態で、夢かあるいは白昼夢のようなものを見ました。その夢は本当に鮮明で、生き生きとしていました。この夢の中で、誰か他の人が私の身体の中に入ってきたような感じがしました。その人は親切で楽しいことが好きな、とてもいい人だと感じたので怖くはありませんでした。彼をとてもはっきりと見ることができました。彼は背が低くて頑丈そうで、時代遅れのおかしな服と、つま先がくるりと上を向いた先の尖った靴をはいていました。彼は私に必要な何かをくれるためにいるのだと感じました。

その午後、私はいつも決まって訪ねて行く、私にとって特別な山の中のある場所に、どうしても行かなければという強い衝動を感じました。そこの匂いはコロラドのロッキー山中に生えるセージを思い出させてくれるのです。私は母が亡くなるまでコロラドに住んでいました。かつて母が生きていた頃にもっていた、人生に対するあの感覚をもう一度つかもうとしてその場所に出かけて行くんだと思います。問題はそのフィーリングを一度もうまくつかまえられないということなのです。かすかにそんな感じがしても、すぐに消えてしまうのです。でもそのときは、治療を受けた後、私の場所に行ってそれがうまくいきました。あの頃の素晴らしい感覚を取り戻したのです！　本当は、今までもその感覚が私から消えたことはなかったのです！

私はカレンに頼んで、山の中の彼女の特別な場所に行く詳しい地図を描いてもらった。仕事の後、近くまで車で行きその場所まで歩いて行った。そこで私はこれまで見た中で最も大きな、芳香を放つハミングバード・セージの繁みに出会った。

ある人々はカレンのようにこうした経験に対して敏感で、経験したことをよく伝えてくる。なかにはそれほど敏感ではなく、あまり表現しない人もいる。多分、多くの人が自分たちの気が変になっていると私に思われたくないので、経験したことについて何も話さないのだろう。それにもかかわらず、私はこういった話を数多く耳にしてきた。今では、私は植物のスピリットに触れられた人は誰でも、ある種の神秘を味わい、自然とのつながりを持つということを信じている。次に紹介するのは、もう一人の観察力があり表現力も豊かな女性から送られてきた手紙からの抜粋だ。彼女は最初の治療の効果について、こう書いている。

それは素晴らしい、いいえ、それ以上のものでした。素敵で、不思議で、信じられないほどで、そのうえあなたが（と言うよりは、スピリットが）私がこれまでずっと痛みのように持ち運んでいた、深くて暗い切望を癒してくれたことでした。何かがより明確になって落ち着いて、もう疑いの余地はなく、分離してもいないと感じられるんです。この間あなたにお会いして以来、たくさんの奇妙で不思議なことが起こっています。つまり、夢とか尋常ではない偶然の一致とか。そうしたことのすべてが、私がこれまで常に信じてきたこと、すべてのことはつながっていて、あらゆるものが全体の一部なのだということを確認させてくれました。私はいつもこのことを知っていました。でも、直接経験したわけではなかったのです。でも、あなたの治療を受けて以来、まるでたくさんのドアが開いて、スピリットが一気にどっと流れ込んできたみたいなのです。私は「感動していて」、つながっていて、完全で、ちょっと狂っていて、つまり有頂天で、歓びにあふれているんです！

植物は私たちがあらゆる面で健康であることを願っている。彼らは自然との結びつきから生まれる恵みを、私たちにもたらそうと心の底から望んでいる。しかし、オオバコの精《スピリット》が言ったように、彼らは求められなければ何もできないのだ。ここで、彼らに尋ねる正しい質問と正しい質問の仕方を知る必要があることを付け加えようと思う。

植物に尋ねる正しい質問の仕方とはどのようなことだろう？　部分的には植物が根っこをもっていることを理解することと関係がある。植物は一定の場所で、そこにある土、雨、日光、空気とともに生きていて、そうした各要素とともに成長という魔法を行っている。私たちは植物から、もし自然界に入りたいと望むなら、自分がいる場所でやらなければならないということを学んでいる。なぜなら自然を見出すことができるのは唯一ここしかないからだ。つまり、もしあなたが植物に自然界の恵みをもたらしてほしいと願うなら、自分が住んでいるその場所に育っている植物に尋ねるのがベストだということになる。偉大なイギリスの鍼の療法家、J・R・ワースリーは「地元に育つ薬草は十倍、百倍強いどころではない。地元の薬草は外国産のものより千倍も強力なのだ！」と語っていたが、ワースリー教授は誇張していたのではない。

ある女性は、（地元の）植物のスピリット・メディスンを使った最初の治療のことを「今までいたことのない場所へ私を連れ戻してくれる」と表現した。彼女の言葉に私は戸惑った。どうすれば彼女は今までいたことのない場所に戻ることができるのだろう？　ようやく私は彼女の言ったことの意味を理解した。私たちは自然の一部だが、私たちのうちの何人が本当に自然の中に生きているだろう？　泥でできた小屋に住んでいるか、あるいは超高層ビルに住んでいるかは問題ではない。要はあらゆるものとの平等なパートナーとして、創造のダンスの中に在るという歓びなのだ。これは私たちがすでに住んでいるところ、つまり、私たちの同胞である植物と同様、土、雨、日光、空気とともにある大地の上に、私たちを連れ戻すということを意味している。

私の患者のグレンダは、最初の植物のスピリット・メディスンの治療の後の二週間、ある種の「スピリチュアル・メッセージ」をいまにも受け取るような感じがしたと語っていた。二回目のセッションで私は彼女にマウンテン・マホガニーを処方した。この植物のスピリットは賢いアメリカ先住民のグランドマザーの姿で現れた。彼女は地下の部屋で儀式を行う部族の出身である。私はこのグランドマザーがグレンダに必要な教えを授けることができるようにと願っていた。なぜなら、グランドマザーというのは伝統的で、スピリチュアルな知識の守護者であり、教師でもあるからだ。

マウンテン・マホガニーを処方した後、グレンダの頭の中で「セカンド・メサ」[*1]という二つの言葉が絶えず繰り返されるようになった。彼女はそれまでその二つの言葉を一緒に聞いたことはなかったし、それが何を意味するのかも全く分からなかった。次の日、彼女は夫と一緒にホピ・インディアンについてのテレビのドキュメンタリーを見て、二人とも非常に興味を覚えた。番組が終わると、グレンダは夫の方に向いて言った。「ホピ族、これだわ！　そこの誰かが私のためのメッセージをもっているんだわ！　あなた、私たちホピに行かなきゃ！」

「ああ、いいね。だけど、どこへ行くんだい？　僕はホピの人たちがどこに住んでいるのか知らないけど、君は？」

「私が知ってるはずないでしょ。今までに一度だってカリフォルニアから出たこともないのよ！」

「じゃあ、道路地図を取って来るよ。たしか、彼らがアリゾナのどこかに住んでいると聞いたことがあったような気がするんだ」

二人はアリゾナの地図にどっと駆け寄った。たしかに、そこにはホピ族の居留地があった。彼らはさらに丹念に調べた。

「あったわ、セカンド・メサ！　ほら、ホピの居留地の上[*2]にある村よ！　次の週末、セカンド・メサに行くことにしましょう！」

金曜日になると、事務所のもう一人の秘書が病気で休んでいて、グレンダはセカンド・メサに行く時間は取れそうもないと感じた。彼女がすっかり気落ちしていたので、夫は何とか彼女を励まそうとした。「ねえ、山のふもとの丘のあたりへドライブに行ってみないか。もしかしたらそこで君の力になってくれるインディアンを見つけられるかも知れないよ」

彼らは丘の方へドライブに出かけた。「ネイティブ・アメリカン・アートギャラリー」という看板が見えたので車を止めて、絵を鑑賞するため中に入った。数分後、案内係がグレンダに近づいて来た。彼は前置きもせずに彼女に向かって、「僕には大叔母がいます。彼女は高齢でとても知恵があります。彼女の名前はかくかくしかじか――。純血のホピ・インディアンで、アリゾナにある居留地でセカンド・メサという小さな村に住んでいます。あなたは彼女に会いに行くべきです」そう言うと、彼は踵《きびす》を返して歩き去った。

＊1セカンド・メサ、＊2上：セカンド・メサとは、ホピの村の名前。メサ（mesa）とはもともとはスペイン語で、テーブル状の台地のこと。そのテーブル状の台地をメサと呼んでいる。ホピの村はメサのふもとにも少しあるが、おもにメサの上の平らな所にある。

私が知る限り、グレンダはまだ年老いた知恵のあるグランドマザーを訪ねてはいない。しかし、ここであのマウンテン・マホガニーのグランドマザーはほぼ唯一、カリフォルニアとホピランドの両方を住まいとする、私の植物の友だちだということを言及しておく価値はあるだろう。

この話は、いかに植物のメディスンが、私たちを場所のスピリット、すなわち自然界のスピリットと結びつけるかということを示している。自然とのつながりは心躍る美しいものだが、きらびやかなものではない。自然とのつながりそのものが健康であり、故に生命は健康なものなのだ。そのつながりを失うと、白血病にかかったアーティストのように、しぼんでやがては死んでしまう。つながっていれば健やかに育つ。私たち自体が、土、雨、日光、鉱物、気体からできている自然なのだから、当然そうなのだ。内なる風景との関わりが、すなわち外なる風景との関わりなのだ。食欲不振と表土の侵食は同じ問題の一部だ。生態系の危機は医学的症候群が大きく映し出されたものだ。植物はとっくにこのことを知っている。彼らは一人の幸運が皆の幸運だということを決して忘れたことがない。それで彼らは人類に対して寛容で慈悲深いのだ。

一九八八年のこと。私は北カリフォルニアのシエラネバダ山脈のふもとに引っ越したばかりで、その地域の植物に馴染もうとしているところだった。私は芳しいオニヒバ（英名：カリフォルニア・インセンス・シダー）のスピリットに会うため夢の旅をしていた。彼女は茶色い肌をした美しい女性で、彼女が生育しているところはどこでも知らせてくれる。シダーのスピリットは森に住んでいるすべての生き物の母なのだ。

「シダー一族はあなたのことを気に入っています」と彼女は語りかけてきた。「だから、あなたが他の植物のスピリットたちとうまくやれるようにお手伝いします。あなたが随分前に私たちに親切にしてくれたので、これからも引き続きお手伝いします」

「僕があなたたちに親切にしたって？」と私は言った。「いつあなたたちに親切にしたことがあったんだろう？　僕たちは今初めて出会ったところじゃないんですか？」

「私のいとこのニオイヒバ（英名：ノーザン・ホワイト・シダー）のこと、覚えてらっしゃらない？」彼女は言った。

突然、十八年間忘れ去っていた場面が鮮やかによみがえってきた。バーモント州の早春、私はフェンスの支柱を切り出すためにシダーの生い茂る湿地に向かう途中だった……。

第3章

スピリット

私がこの本の執筆をしている頃、私の一番下の娘は二才だった。娘はほとんど言葉を話せなかったが、彼女といると表現力豊かな友達といるよりもはるかに充実感があった。彼女には特別な何かがあった。彼女がいると私はより幸福で優しい気持ちになり、より思慮深くなった。たとえほんの一瞬でも子供を愛したことがある人なら、私の言いたいことが分かるだろう。

私の娘が持っている特別な何か、それがいわゆるスピリットなのだ。
あなたは自分のスピリットと最もつながっていたときのことを覚えているだろうか？　それはどんな瞬間にも起こり得た。恋人の目を見つめていたとき、美しい夕暮れを眺めていたとき、危険に直面したとき、あるいはただ皿を洗っていたときにさえ起こったかもしれない。突然、あなたは穏やかさとエネルギーに満たされ、人生は深い意味に満ちていて、つかの間、あなたは完全に生きている。

おそらくあなたはちょうど私の娘が二才の時そうだったように、幼い頃はたいてい元気いっぱいに生きていただろう。あなたが大人なら、おそらく今ではそういった経験は記憶すべきほど稀なものになっているだろう。何があなたに起こったのか？　なぜかあなたの心は悲嘆にくれ、不安に陥り、自尊心は粉々に砕け、あるいは恐れや怒りで打ちのめされている。その経験が何であったにせよ、そうしたみじめな出来事によって、あなたのスピリットは傷ついた。

これを事実として自分でも認めるなら、あなたは非常に正直な人だ。ほとんどの人はスピリットが苦しみ始めるや否や、自分自身に対して嘘をつき始める。スピリットの傷があまりにも痛むので、自分自身を欺《あざむ》くのだ。肉体や精神の苦しみは、人生を生きるに値するものにする大切なもの、つまりスピリットを失う苦しみとは比較することはできない。スピリットを失う苦しみは堪えがたいので、その苦しみを覆い隠すためなら、仕事や食べ物、権力、所有物、セックス、ロマンス、宗教あるいはアルコールなど、手当たり次第なんにでも耽《ふけ》る。中毒からくるハイは自分は大丈夫だという嘘を助長し、スピリットの苦しみを隠す。肉体や心に惜しみなく注意を引きつけることによって、さらに嘘を強化する。

私たちは食べ物、住居、医療やレクリエーションなどあらゆる贅沢に恵まれ、ありとあらゆる種類の教育や治療を受けているが、しかし、この豊かさの中で誰一人、恐ろしく危険なスピリットの貧困に直面する人はいない。それは大人になるにつれて根付いていく。アメリカにおける中産階級の十代の最大の死因は自殺である。大人は子供ほどはっきりとは現れない。大人はより複雑な自殺の道を選ぶ。スピリットの病《やまい》という問題と比べれば、癌や心臓病、ドラッグ中毒は心配するほどではない。こうした病気の兆候やその他ほとんどの問題が、たいていはスピリットの苦しみが形を変えて現れたものなので、この問題はいっそう切実だ。

医学における技術的な進歩は人間の苦しみを減らしたわけではない。逆に富とテクノロジーは、私たちのスピリチュアルな生活を貧困にした。私たちにはなんとしても緊急にスピリットのためのメディスンが必要だ。そして、この種のメディスンはウイチョル族の人々との最初の出会いが私に教えてくれたように、お金で買える何物にも依存してはいない。

メキシコの西シエラマドレ山脈に、聖なる植物から人間のスピリットの癒し方について教えを授かった、偉大なウイチョル族のシャーマンが住んでいると聞いたことがあった。彼の名前はマツワ。ドン・ホセ・リオス。ドン・ホセを捜し当て、彼に会うべく彼の家を目指して旅立つまでに一年かかった。山道の曲り目にさしかかると、彼の住む小さな集落が視界に入ってきた。子供たちや、犬、豚、鶏などが、一握りほどの木切れでできた草葺き屋根と土間だけの小屋の間をうろつき回っていた。

集落の中に入ると、すんなりドン・ホセの小屋に辿り着いた。ついに私の目前に偉大な人物がいた。ボロボロのシャツに腰の回りにより合わせた紐でかろうじて引っかかっている、相当な時代物の今にも崩れ落ちそうなズボンをはき、やせて、歯が無く、無精ひげをはやしたインディアン。仮にこの人物と通りですれ違っても、彼の右腕が肘の上で切断されているという事実がなければ、彼に気付くことさえないだろう。ドン・ホセは私と友人たちを迎えて、くつろがせようとある話をしてくれた。「去年、アメリカ人の女の子が訪ねて来た。その子の名前はマルガリータというんだが。ああ、あのマルガリータだ！　ある日、その子がわしのところに来て、『ドン・ホセ、あなたにマッサージしてあげる！』と言うので、わしが『分かった』と言うと、『じゃあ、着てる物を脱いで！』ときた。わしは『ダメだ』と言った。ああ、あのマルガリータにな！」

ドン・ホセは笑い、私は話が続くのを待っていたが、話はそこでおしまいだった。明らかに、それが一年中で一番おかしい出来事だったに違いない。老人は笑いを止めることができなかった。

私が訪問した最初の一時間に、ドン・ホセはマルガリータの話を六回繰り返し、その度に爆笑した。明らかにここに来るのが遅すぎたのだ。その老人はもうろくしていた。

翌朝にはドン・ホセが導くことになっている儀式が始まる。幼い子供たちのための儀式だという。彼らは神々が棲む遠く離れた山や洞窟や泉に巡礼に行けるほどまだ強くないので、シャーマンは道中の冒険の数々をチャンティング*しながら、それらの場所にスピリットになって旅をするのだという。おそらく彼のチャントが、子供たちの魂がそのあたりに棲む神々によって高められるように、彼らの魂をいっしょに運ぶのだろう。

老人は入念に作られた祭壇の横、二人の助手の間に陣取った。子供たちと親はラトル*を手に持ち、地面

＊チャンティング：単調な節とリズムで繰り返される、祈りのために詠唱をすること。詠唱はチャント。

＊ラトル：マラカスのような、振って音を楽しむ打楽器で、儀式で用いられることもある。

に座ってスピリットの旅が始まるのを待っていた。ドン・ホセは吸いさしのタバコを吐き出すと、ウイチョル語でチャンティングを始めた。太鼓の叩き手がリズムをひろい、子供たちがラトルでそれに加わり、助手たちは繰り返し部分をチャンティングした。

一日中、子供たちは炎天下に座りっぱなしで、シャーマンのチャンティングに合わせてラトルを鳴らしていた。ほんの一日前、彼らはふつうの活発で健康な子供に見えたのだが、子供というものは、何かに引きつけられない限りじっと座ってはいないものだ。私自身、身体がこわばるのと退屈とのはざまで、さまざまな景色の色鮮やかなビジョンを見ていたことを認めなければならない。子供たちは何を見ていたのだろう？　儀式は首尾よく運び、ドン・ホセは神々に会うために子供たちのスピリットを連れて行くことができたのだろうか？

もう午後遅く、第一日目のチャンティングはまもなく終わろうとしていた。誰かが私にシャーマンが雨の神についてチャンティングをしていると教えてくれた。私は光の変化に気付き、あたりを見回した。山の向こうに大きな黒い雨雲の塊があった。稲妻が近くの山頂を襲い、雷鳴が轟《とどろ》いていた。あっという間に豪雨が私たちを取り囲んでいたが、村自体は穏やかなまま太陽は輝き続けていた。ドン・ホセはチャンティングを続けた。二十分かそのくらい経ち、彼のチャンティングは終わりに近づいた。みんなは立ち上がり身体を伸ばすと、ぶらぶらと歩いて家に帰った。全員が無事自分たちの小屋に戻るやいなや、嵐が襲い村を水浸しにした。

次の日も晴れ渡った空の下、子供たちはシャーマンが朝から晩まで歌うのに合わせてラトルを振っていた。またしても突然、雨雲が周囲の山々に現れた。前日と同様、ドン・ホセが儀式を終え全員が無事屋内に戻った直後、嵐が村を襲った。

数日後、私はドン・ホセに近づいて治療をしてくれないかと頼んだ。

「お若いの、どこか具合が悪いのかね？」彼は尋ねた。

「花粉症で」

「何だって？」

「つまり……アレルギーなんです」

「そんなものは聞いたこともないが」

「要するに、時々目がかゆくなって、鼻水が出て、くしゃみがよく出るんです」

「分かった。朝のうちにわしの家に来なさい」

翌朝、彼の小屋に出向いた。彼はつがいの鶏を追い払うと、中に入れてくれた。小屋の中にあるわずかばかりの家具のなかから、背の低い乳しぼり用の椅子を持ち出し、そこに私を座らせた。彼は私の前に立ち、無言で凝視した。しばらくしてから、ようやく彼は私の花粉症の原因の診断を下した。

「おまえの横にガールフレンドがおる、どうだ？」

「とんでもない。ドン・ホセ、結婚して以来他の誰とも付き合っていません」

儀式の後、私は結局のところ彼はもうろくしていないのかも知れないと考えるようになっていたが、今度ばかりは彼がもうろくしたと確信した。私は妻に対して不誠実だったことは一度もなかった。

「いいや、おまえのそばにはガールフレンドがおる。すまんが、お若いの、おまえさんを責めるつもりはないんだ。ただわしに見えることを言っておるにすぎん……おいおい、おまえさんのは深刻なケースだ！ピストルが落ちかけとるぞ！」

こう言いながら、彼はくるりと向きを変えて、大股で壁の方に行くとかごに手を伸ばし、羽根のついた小さな木の棒を取り出した。私に近寄ると、唇ではずむような音を出しながら、私の身体の周りで羽根を振り動かした。時々、棒の一方の端を私の身体に付け、もう片方の端を口に付けて、大きな音をたてて吸い込んだり飲み込んだりした。それから不快な顔つきでドロッとした茶色い粘液のように見える固まりを床に吐き出した。もう一度、彼は私が難しいケースであると感想を述べた。それから棒を投げてかごに戻すと、次の日も来るようにと告げた。

彼の治療から何ら効き目らしきものを感じなかったが、翌朝私は忠実に彼の家に戻り、そこで前の日と同じ手順で治療を受けた。今度は自分の仕事に納得がいったようだった。彼は背をすっくと伸ばして宣言した。「そら、きれいになったぞ！」。棒切れをかごに戻し、ゆっくりと向きを変え、「お若いの、これでおまえはわしのことを忘れることはないだろう！　これから先一生わしのことを忘れんだろう！」彼は小屋から大股に出て行った。

今度もまた何の効き目も感じなかった。私は落胆していた。こんなことのために、はるばる無駄足を運んだのだった。明日は家へと帰り支度を始める。

夜になっても私は眠ることができなかった。私の身体に取り付くノミやゴキブリが気になって、完全に目覚めたまま地面の上に横たわっていた。ドン・ホセの言葉が心に浮かんだ。「おまえの横にはガールフレンドがいる」。そのとき初めて、私は妻と出会う以前に付き合っていた恋人を、ひそかな心の片隅で決して手放したことがなかったということを、自分自身認めた。その恋人がりんごの中に巣食う虫のように私を苦しめ、私の心の中に居続けたのだった。

「おまえのピストルが落ちかけている」というのは大袈裟な言い方だが、たしかにこの状況が私の性的エネルギーをいくらかは奪ってきたかも知れない。まあ、大いに奪ってきたということにしても構わないが。

どうやってあの老人がこのことを知ったのか？

「さあ、おまえはきれいになったぞ！」。それはまさにそんな感じだった！　どのようにしてか、ドン・ホセは私の中からガラクタを吸いだしてくれたのだった。私は赤ん坊のようにクリアでエネルギーにあふれていた。私の心は妻への愛で満たされていた。

二日後、家に帰り着いたときも、私はなおも愛に満ちあふれていた。妻が私を玄関で迎えてくれた。彼女は私の目を覗き込み、幽霊が消え去ったことを知った。

この読み書きのできないインディアンは私のスピリットを癒し、私に全体性をもたらしてくれた。貧しいにもかかわらず、彼は私に大きな宝をくれたのだ。数年後、私は植物から深いヒーリングを学ぶために貧乏であったり無学であったり、インディアンであったりする必要はないということを見出した。たいていの植物は関心のある人なら誰にでも教えてくれるだろう。関心のある人は、追求して、自分自身で確かめてみることだ。

植物のスピリットの弟子となる手始めに、次に述べるテクニックを自由に試してみるといいだろう。それでドン・ホセのように偉大なヒーラーにはならないかも知れないが、つまり、それはあなたが彼のように偉大な弟子かどうかにかかっているのだ。しかし、私と私の生徒とは次のような方法で得た力で多くの治療を行ってきた。

自分自身を開放的で受容的な状態にする。次のことを考慮に入れておく。理性はスピリットを把握したり、それについて判断を下せるほど鋭敏なものではないということ。何が可能かをどうやって知ることができるだろう？　植物を通して働いているスピリットがあなたに思いやりを持って、あなたの理性が理解できる形をとってくれるかも知れない。先に進む前に、植物のスピリットに前もって、彼らの援助と好意に対して感謝しよう。大きな声でやること。そうすることがあなたを開く助けになるし、スピリットはそれが気に入るだろう。

以下にあげるものを準備するとき、心に感謝の念を保つこと。

- 太鼓と誰かあなたのために太鼓を叩いてくれる人（もしそれができなければ、呪術的な太鼓の演奏を録音したもの）
- 少量の刻みタバコ
- あなたの住む地域の植物に関する、使いやすく信頼のおけるガイドブック
- ノートとペン（色鉛筆やマーカーもいいだろう）

時には屋外や多種多様の野草が育っている場所に散歩に出かけてみよう。行き先を決めないでぶらぶらと歩き回ってみる。特に心ひかれる植物の繁みに出会ったら、近寄ってみる。大きな声で話しかけながら、自分の名前を言って自己紹介をし、この種類の植物のスピリットから学ぶために来たのだと説明する。その植物があなたを呼び寄せてくれたことや、喜んで差し出してくれるであろう援助に対して感謝を捧げる。あなたが贈り物を求めたのだから、何かお返しをするのが礼儀というものだろう。植物が生えているとこ

ろにタバコを少し撒いておく。

次に、ガイドブックを開いて、あなたが話しかけている植物を特定する。（種類の特定はふつうその植物が開花しているときにのみ可能である。）その植物が有毒ではないことを確かめる。種類を特定するうえで、たとえほんの僅かでも疑いがあれば、正式な植物学者に確認してもらったほうがいいだろう。ほとんどの地方にも命に関わるような毒性をもった植物があるものだ。

その植物を丹念に調べること。形や色、そして幾何学的な配置を記憶するようにする。その植物の絵を描く。生育しているところの土の状態、どのような日当たりを好んでいるか、そして他の植物や昆虫、動物との関わり方などを観察する。植物のいろいろな部分の匂いを嗅ぎ、次に許しを乞い許可を求めてから、有毒でない限り植物の花、葉、根の部分をほんの少し味わってみる。

その植物について熟知したら、植物とつながりを持ち始める。静かに、ゆっくりと時間をかけて、その植物になる。その植物と同じようにまわりの世界を経験する。この時点でさまざまなイメージや感覚、情報がどっと押し寄せてくるかも知れない。通常の意識に戻った後で、ノートに自分の体験を書き留める。

静かで快適な室内に戻る。一秒間に二〜四サイクルの単調で一定したリズムの太鼓の音が必要になるので、太鼓を叩いてくれる人かオーディオ・プレーヤーを用意しておく。（録音したものを使用する場合は、約十分の長さで、最後の一分程度太鼓の音が速くなっているもの。）身体をできるだけ楽な状態にする。多くの人にとって、これは首の下と膝の下、あるいはそのどちらかに枕をあてがって仰向けに寝ることを意味する。目を閉じて、二〜三回深呼吸をし、一呼吸ごとにより深くリラックスしていく。あなたが観察してきた植物のスピリットと出会い、その植物のスピリットから学ぶというあなたの意図をはっきりと宣言し、太鼓を始める。

目を閉じたままで、洞穴や泉、あるいは動物の棲家のような地面にあいた穴に、自分が入って行くところをイメージする。いったん穴の中に入れば、下の方へ降りて行くトンネルを見つけるだろう。そのトンネルを下って行くと、すぐに、あるいはしばらくしてトンネルの終わりに光を見つけるだろう。その光に従って、トンネルを抜け光の方へ進む。この時点であなたは異なった領域、つまり夢の世界に踏み込んだことになる。（もし最初に成功しなくても、忍耐強くあること。夢の世界に入るには練習を要する。）

夢の世界に慣れるのに少し時間が必要になるかも知れない。ぼんやりしていたり、散漫になっている感じがしたら、自分の意図を思い出し続行する。いったん自信がついたら、当初の目的の植物を探し始める。

夢の世界でその植物が生えているところを見つけたら、周囲を見回してみる。その植物を連想させる生命体を見つけるだろう。それは人かも知れないし、想像上の人物、昆虫、動物、あるいは光や実体をもたない声である場合もあるかも知れない。いずれにせよ、それがその植物のスピリットがあなたとコミュニケートするために取る形なのだ。そのスピリットに近づき自己紹介をする。学ぶために来たということを説明して、その植物から学んでもいいか、あるいは何らかの方法で使用してもいいかどうかを尋ねる。答えが肯定的なら、そのスピリットに教えを請う。

植物の教えはいろいろな形でやって来る。スピリットは教室でやるような講義をするかも知れない。もしそうなら、細かな部分まで覚えておけるように集中して聞く。たいていは言葉によらない形で伝達されることの方が多い。風変わりな冒険にあっという間に連れ去られていることもあるかも知れないし、単に強烈な感情を経験するだけかも知れない。いずれの場合にしても、重要なことは注意深い状態を保つこと。いったん問いを発したら、起こることはすべて答えの一部なのだ。

その夢が終わったと感じたら、植物のスピリットのところに戻って、手助けしてくれたことに対してお礼を言う。太鼓を叩いている人にもっと速く叩いてくれるように合図を送り、その場を離れる。録音したものを使っているなら、太鼓のビートが速くなるまで待つ。素早くもと来た道を戻る。トンネルを上り、穴を出て、自分の身体に戻る。数分間沈黙したまま、心の中で夢の中で起こったことを回想する。

ゆっくりと起き上がり、経験したことの詳細をノートに記録する。完全にそして正確を期すること。どんなに鮮烈な夢だったとしても、書き留めておかなければ、時の経過とともに細部は記憶から消えていってしまう。

次は夢の材料の解釈を始めるときだ。あなたの夢は自明のものかも知れないし、熟考、熟慮を必要とするものかも知れない。夢によっては、その後に起こる奇妙な偶然の一致によって解明されて、はじめて意味が分かるというものもある。この場合数ヵ月、あるいは数年もかかることもあり得る。忍耐強くあることだ。

以前、私は中部カリフォルニアのあるグループにこのやり方でスピリットを夢に見る方法を教えていた。個人的なガイドに会うため夢の世界に行って、それぞれが経験してきたことを語り合うのだ。その中の一人、ポーラという若い女性は、彼女が「マザー」と呼ぶ歴史的なインディアンの女性、ポカホンタスに会ったと話した。夢の中身は私にとっては満足いくものに思えたが、詳しく話していくにつれてポーラの声の調子は失望しているような、さらに言えば皮肉を含んでいるように聞こえた。私は彼女にそのことについて尋ねた。

「ええ」ポーラは言った。「私はノースダコタの人里離れた農場で育ったの。近くに一緒に遊べるような子供が一人もいなかったから、想像上の友達と遊んでいたの。子供時代ずっと一番の友達だったのがマザー・ポカホンタスよ。だから、明らかに私がこの夢をでっち上げているのよね、そうでしょ？」

私からすれば、ポーラの子供時代のポカホンタスのスピリットとの関係は、その夢をさらに信頼に足るものにするように思えた。私は次の夢のときマザーのところに戻り、彼らの友情が本物で、ただの想像上のものではなかったという何らかの印《しるし》を求めてはどうかと提案した。彼女はそれに同意した。次のセッションの後、ポーラは到着したとき、ポカホンタスが自分を待っていてくれたと報告した。ポカホンタスはポーラに愛の証《あかし》として指輪を差し出した。その指輪はこの現実に現れ、ポーラはマザーが本当に彼女の先生だということを知るだろう。ポーラが指輪を捜しに行くのではなく、それは彼女のところにやって来るということだった。

夢の中でポーラは指輪を丹念に調べたので、後になっても指輪の中の石のカットの具合や、はめ込みの細かなところまで詳しく言うことができた。また夢の中で、ポーラはその贈り物を受け取ろうと両手を伸ばしたとき、結婚指輪がなくなっていることに気が付いた。マザーが夢の中ではめてくれた指輪は、まさにその左手の薬指だった。これはどういう意味なのだろうと、彼女は不思議に思った。その経験全体が彼女にとって不思議なものだったが、完全に納得のいくものではなかった。

このクラスが終わってしばらくしてから、私は北カリフォルニアに引っ越した。一年が過ぎ、私はポーラとポカホンタスのことは忘れていた。ある日一通の手紙を受け取った。そのクラス以来起こったことを私に知らせるポーラからのものだった。

あなたがここを引っ越してからわずか数ヵ月後のことです。サンルイの宝石店を通り過ぎようとして、夢の中でマザーが私にくれたものとそっくりな指輪を見かけました。私はとても興奮して、もう少しでその店に入って指輪を買いそうになりましたが、それは全く同じものではないということに気が付きました。ともかく、マザーは私に指輪を捜さないように、それは私のところにやって来ると言っていたので、その店を通り過ぎました。次に不思議なことが起きたのは、つい二週間前のことです。結婚指輪をなくしたのです！　どうやってそんなことが起きたのか、今でも説明ができません。私は食器を洗うときも、シャワーやその他どんなときでも、決して指輪をはずしたことはありません。ただある日ふと手を見たら、指輪が消えていたのです！　私はとてもあわてました。マイケルと子供たちと私は家や車の中を捜し回りました。セイフウェイ（スーパーマーケット）まで自分が通った道を引き返しました。金属探知機を借りて、庭をしらみ潰しに捜すということまでやりました。でも、無駄でした。指輪は消えたのです！

その後、つい先週のことです。ツーソンに住む旧友のカレンから手紙が届きました。彼女とは七年ほど音信不通でしたが、ともかく、その手紙の中でカレンは今でもよく私のことを思い出すと言っていました。実際、その数日前、宝石店の前を通りかかったとき、ウィンドウの中に指輪があるのを見て、彼女にはただそれが私のものだと分かったのです。それで彼女は店に入り、私のためにその指輪を買ったのです。手紙の中に小さな包みが入っていました。開けてみると、あの指輪だったのです！　ごく些細なディテールに至るまでそっくりそのまま！　驚きました！　すぐに指輪をはめてみました……ピッタリ合う指はたった一本だけ。左手の薬指でした！

私は、あなたが事の次第を聞いたら喜ぶだろうと思いました。私はマザーについての自分の考えを変えたと思います。ワークショップ、本当に有難うございました。

夢を見ることと聖なる植物の教師の知恵を受け入れることに加えて、スピリットの癒し方を学ぶ三番目の方法として、巡礼の道がある。世界には山や洞窟、泉、林などのよくある地形のように見える特別な場所があるが、そのような場所は、実際には巡礼者が特別な知識や能力を手に入れることができる、神聖な出入口を賦与された神の造形なのだ。世界中にそういう場所が数多く存在し、地元の先住民にはよく知られている。

巡礼はスピリットのメディスンを受け取るもっとも強力なやり方の一つであり、またもっとも危険なやり方でもある。何故なら、害を受けないように、偉大な力には常に完璧に携わらなければならないからだ。車を運転するというような日常的な活動は、偉大な力を扱うために必要な注意点を示す例だと言える。多くの人が自分の目的地に安全に到着できるかどうかということを考えもしないで、運命を左右する力を運転手の手にいとも簡単に預けてしまうことを当然のこととしているが、運転手は車の操作方法を知り、交通ルールを理解し従う者でなければならない。たとえば、道路の正しい側を運転していなければ、死亡したり手足を失うようなことが間違いなく起きるだろう。

車を運転する方法を教えるためには、資格を持った運転指導員が必要なように、巡礼をするには巡礼の仕方を教えてくれる有能で、正当なイニシエーションを受けたガイドが必要である。各場所の「交通規則」は交渉可能なものではなく、場所そのものの一部で、世代から世代へと伝えられてきたものだ。私の師であるドン・グァダルーペ・ゴンザレス・リオスは力の多くを風の木への巡礼から受け取った。ドン・ルペ、私は彼をそう呼んでいたのだが、彼は偉大なシャーマンとして知られた彼の叔父から教えを受けた。遡《さかのぼ》って、彼の叔父は彼の長老に導かれた。ウイチョル族の系譜は人類の始まり以来変わらず残っているが、その他の場所では知識は失われ、取り戻すことは困難だ。

テストに合格すれば誰でも運転免許を取ることができるが、巡礼の免許を取るには、深く関わるための心構えと忍耐力、そして訪ねたいと思う場所からの招待状が必要だ。招待状はあなたがその土地と、その土地の人々に関わりがあるかどうかを見る先祖によって送られる。招待状がないとあなたは侵入者と見なされ、聖地には侵入者を相手にする大きくて無愛想な用心棒がいる。実際、あなたは彼らが行うその種の追い出しには関心がないだろう！

また人間の監視もいる。土地は先住民の人々に祖国の一部として与えられた。ヨーロッパ系の侵略者たちは、自分たちのものではない狩猟動物や木材、川や湖、魚、鉱物、土地それ自体、人々の生命でさえも、非常に多くの物を奪ってきた。怒りと悲しみの中で、多くの先住民は「白人には十分ということがない！今や彼らは私たちの神聖な伝統も奪いたいのだ！」と言っている。彼らは聖地に近づくための重要な儀礼的なしきたりのすべてを教えることには消極的だ。最も賢明な者は、彼らの怒りを解決した上で、訪問者というものは依然、聖地そのものから招待を受けなければならないということを知っている。訪問者にドアが閉ざされたら、開くときには災いをもたらす。

第６章で論じることになるいくつかの斬新な条件によって、遺伝的にはヨーロッパ人であっても、ヨーロッパ以外の場所でそこの土地と民族に魂のつながりを持つ人々がいる。彼らが並外れた尊敬や忍耐、勇気を示せば、彼らの出生や直近の血縁の先祖にとっては異国の地でも、伝統的な巡礼者となれる場合もある。

もちろん今でも何百万人ものヨーロッパ人が、彼ら自身の母国に住んでいるが、ヨーロッパの巡礼地には別の障害がある。伝統を保持する人々の系譜が長い間壊されてきて、儀礼のしきたりを知っている者がもはや誰もいないのだ。神聖な知識を取り戻すための努力はなされてきたが、それらはひいきめに見ても不完全で、希望的観測やこの頃の「ニューエイジ」の思い込みで汚染されている。しかし、この文章を書いている時点で、伝統を復活させ巡礼地をよみがえらせようと本気で取り組んでいるプロジェクトがいくつかあるのは、良い知らせだ。そうしたことは驚くべき神の介入によってのみなされるのだが、過去には人々が神聖な教えや慣習を失ってしまったことが何度もあった。社会の条件が熟せば、神はいつでも失われてしまったものを回復する道を見つけるのだ。

危険にもかかわらず、あるいは、おそらくはそのために巡礼は人類に幸運な機会を提供するのだ。聖地は巡礼者を変容させ、彼または彼女が、スピリットのメディスンを受け取り維持していくことを可能にする。

第4章
メディスンと夢

あなたが夜の間に見た最も鮮列な夢を思い出してみてほしい。そして、その夢がいかにリアルだったかを。夢は目覚めている時の経験のあらゆる特徴をもっている。いかにもありそうな光景、匂い、音、感触。強い感情を伴うもの、さらには「現実の」世界に効果を及ぼすような能力。たとえば、男性にとっては眠っている間に射精することは珍しいことではない。ショッキングな夢を見ている間に、心臓発作で亡くなる人がいるということも知られている。空を飛ぶことができたり、その他尋常ではない離れ業ができるような特殊な夢には、異なったルールがあるのかも知れない。にもかかわらず、夢の世界はちょうど目覚めているときの世界がそうであるように、一貫した構造をもっている。夢と目覚めているときの違いを指摘することは難しいが、一般に私たちは日常生活の中で「現実の」物は「固体」からできていると認める一方で、夢の中の物は「でっち上げ」だと感じている。この点を説明する古代インドの富と権力をもったある王の物語がある。

ある日、ある国の王が侍女たちに足をもませ、奴隷たちに扇であおがせながら、お気に入りの長椅子に横になっていた。彼はちょうど最高のご馳走を食べたところで、目の前で音楽家や美しい踊り子たちが素晴らしい光景を繰り広げているにもかかわらず眠気を催し、眠りに落ちた。

まどろみの中で王は、自分が田舎道をさまよい歩くみじめな乞食になっている夢を見た。彼は何日も食べておらず、たわわに実ったマンゴーの木に出くわしたとき、誘惑に抵抗することができなかった。彼が袋に熟したマンゴーを詰め込んでいるまさにそのとき、手に棒切れを持った農民が現れて、その乞食をこっぴどく叩いた。背中を棒切れで打たれ、あまりの痛さに乞食は泣き叫び、自分自身の哀れな叫び声で彼は目覚めた。再び彼はあらゆる贅沢に囲まれた、宮殿の中の立派な王だった。

すぐに王はお付きの者たちに慰められ、再び眠りに落ちた。その夢の中でまた彼は乞食の身分になってマンゴーを摘み、またあの農民の棒切れを知って、また苦痛に叫び声をあげ、そして宮殿の暮らしの中へと目覚めた。今度は王は心中穏やかではなかった。なんとか眠りに落ちるまでにかなりの時間がかかった。だが、眠りに落ちると三度目もまた、あの苦しみにみちた経験を繰り返すだけだった。

目覚めたとき、王を安心させられるものは何もなかった。

「私は本当は何者なのだ？」彼は叫んだ。「乞食か、はたまた王なのか？　この二つの世界のうちのどちらが本物なのだ？」

宮殿に仕える人々の中には、誰もあえてこの疑問に答えようという危険に挑む者はいなかった。苛立った王は、国中の哲学者はすべて彼の前に出頭せよとおふれを出し、誰であれ王の質問に答えることができた者には惜しみなく報酬を与えるが、答えそこねた者は牢屋に入れると宣言した。

その国の学者の多くはまもなく王国の地下牢へとむなしく消えて行ったが、ついに一人の賢者が王の疑問を解決した。彼は醜い風貌のためにあざけりの対象となっていた年若い少年だった。彼の答えは、夢も目覚めているときの経験も、どちらもリアルではないというものだった。

近代科学は同じことを、あまり詩的とはいえない方法で指摘している。物質というものはその中に数個の微細な素粒子を含む空っぽの空間であるということが、研究によって明らかにされた。素粒子はエネルギー現象であり、宇宙に「物質」というものはなく、あらゆるものはエネルギーでできている。

量子物理学はエネルギーの性質を探求し、ある魅惑的な質に光が当てられた。たとえば、素粒子の観察中にその運動量と位置を同時に決定することは不可能である。なぜなら、特徴を観察しているという行為そのものが、予測された状態からの素粒子の跳躍を引き起こし、実際そうなるからだ。その他のあらゆる特徴はその瞬間の予測にすぎない。別の言い方をするならば、エネルギーはある傾向をもっているということになる。そういった傾向の一つを期待しているときそれは現れ、一方その他のすべての素質は潜在したままである。これはちょっと人と知り合うことと似ている。誰かの怒りを引き起こせば、その人の愛情を表現しようとする素質を同時に見ることはできない。エネルギーは観察されていることを知って、私たちの期待を実現するべく振るまうと言えるかも知れない。エネルギーが私たちに反応するのである。それが意識なのだ。

近代物理学によれば、私たちの世界はリアルで堅固なものに見えるが、実際には、それを観察している人の精神に応じて姿が変わる実体をもたない領域なのだ。この章の最初の段落で、夢の世界を同じように説明した。だから、王に対する年若い賢者の説明、王宮の荘厳さと農民の棒切れはどちらも同じもので幻である、という説明は真実なのだ。多くの呪術的なヒーリングでシャーマンの診断を可能なものにするために、夢の時間を超越する特性と浸透性が用いられている。そういうわけで近代科学と古代の知恵は、この世界を夢、つまり、エネルギーと意識からなる見かけの連続と表現することで、意見が一致している。

目覚めているときの人生という夢はより長続きするもの、あるいは少なくとも、夜の間に見る夢よりも連続性があるように見える。だが、実際にはすべての夢は時間を超越している。私が人類学の学生だったときに、オーストラリアのアボリジニの中で多くの時間を過ごしたことのある、民族誌学者の記事を読んだことがある。その民族誌学者はある猟師の追跡の技についての物語を聞いたことがあった。それらの物語はあまりにも信じがたいものだったので、彼は作り話だと確信していた。彼がついにそのトラッカー*に出会ったとき、その何年も前に彼（民族誌学者）が別のアボリジニと歩いた長い道のりの跡をそのまま辿ってみるようにと挑戦を突きつけた。民族誌学者は、そんな長時間が経過した後ではどんな道も残っていないから、これは不可能なことだと確信していた。しかし、そのトラッカーは喜んで挑戦を引き受け、出発点を示されるや否や、駆け足で飛び出し、足跡を調べるために立ち止まることもせずに全行程を駆け抜けたのだった。民族誌学者は謙虚に謝罪してから、トラッカーに、どうやってそんな芸当を成し遂げたのかと尋ねた。「そんなことは訳もない」と、そのトラッカーは答えた。「私はあなたが旅をしたその時に戻って、あなたと並んで走ったんだ」

こうした逸話は、夢が、目覚めているときの人生という夢も含めて、時の流れの外に存在するということを説明するのに役立つ。

夢のもうひとつの興味深い特徴は、夢には浸透性があり重なり合うということだ。ある夢ともう一つの夢が相互に浸透し合い、夢を見ている人は、自分の夢と他人の夢との間を自由に行き来することができる。最近、三人の娘を持つご婦人が、ある晩二人の娘と同じ夢を見たという話を私にしてくれた。その夢はインドにいる三番目の娘にふりかかった、生命に関わる謎の病気のことを正確に予言していた。

私が生徒たちと好んでやるゲームの一つはこんなふうだ。まず先に、クラスの生徒の一人が夢の世界の中の好きな場所を説明する。その生徒は彼もしくは彼女の夢に入って説明した場所に行き、他の人たちのためにいくつかプレゼントを用意しておく。数分後に他の生徒たちもまた夢のリアリティーに入り、最初の生徒を見つけ、彼らを待ち受けているプレゼントを発見する。それから全員この現実のリアリティーに戻る。最初の生徒は、自分が用意したプレゼントの説明を紙に書き、各自が自分の経験を説明している間、紙は折りたたんで見えないようにしておく。全員の話が済んだ後で、最初の生徒が紙をひろげ、書いた説明を読むというものである。ゲームの目的は、私たちは誰か他の人の夢に入ることができるということを、実際にやってみせることにある。いつも、生徒たちのうちの何人かはプレゼントの全部を正解し、たいて

＊トラッカー：動物の足跡や匂いの跡を追跡して獲物を狩猟する人のこと。

いの生徒がいくつかは正解し、誰でも最低一つは正解する。

私は宇宙は非常に複雑な夢だと確信している。宇宙を創造し継続していくために、ドリーマーである神はより小さいたくさんのドリーマーを夢見る。これらのより小さいドリーマー、あるいは神々のそれぞれが世界の一つの部分を夢見ることに責任を負っている。たとえば、石の神は石を存在へともたらす長い夢を見る。そして、雨の神がにわか雨を夢見ると雨が降る。彼らの夢は重なり合い、石は雨に濡れる。

人間は神のようなもので、私たち自身がドリーマーなのだ。時を経るにつれて、私たちはどんどん自分自身の夢の中に生きるようになり、それに応じて自然界の夢の中に生きることはますます少なくなっていく。これは分かりづらいことだ。魚は水を見ないし、ロサンゼルスっ子はスモッグに気づかないのと同様に、人間が自分自身の夢の中に生きているということを理解するのは難しい。そうでなければ、私たちは決してメディスンを理解することはないだろう。

現代生活の基本原理の一つは、慎重に考慮された一定の単位が機械的に進んでいるものとみる時間の夢である。この夢においては、不可知の未来からつかの間の現在を通って、取り戻すことのできない過去の狭い入り口へと、一列縦隊になって秒が刻まれてゆく。実際、すべての人間がこの見解に同意していて、時間、分、秒が考案される以前には考えられなかったほど、人間の努力をきびしく統制することを可能にしてきた。時計時間が、時間・分・秒刻みの工場労働を可能にしてきたと言える。

対照的に、オーストラリアのアボリジニは伝統的に時計時間ではなく、いわゆる「ドリームタイム」で生きている。ドリームタイムは先祖が自然界の一つひとつの形を存在へと歌い込んだ、永遠の時の神話的領域のことだ。ドリームタイムによって生きる者にとって、世界は神聖で侵すべからざるものだ。たった一個の小石でさえ、その場所を邪魔されてはならないのだ。ドリームタイムの人々は決してノートパソコンを作ることはないが、環境の危機を引き起こすこともない。

西洋の時間の夢は二元的で、その中で存在の網を二つの一致させられない部分に分割する。つまり、現在、リアルなもの、そして非現在、リアルではないものというように。この図式によれば、一つの出来事が過去と現在で同時に起こることはあり得ないので、アボリジニのトラッカーの技は不可能であり馬鹿げたことになる。私はかのオーストラリア人（トラッカー）と民族誌学者に、本当はどこに愚かしさがあるのかを優しく示唆してくれたことに対して感謝している。

二元性は時計時間と現代の夢のすべての根本をなす、現代の夢のひな形である。二元性とは宇宙には自己と他者という二つの分別のある原則が存在するという幻想と定義してもいいだろう。二元性は分離、矛盾、そして絶え間ない対立する力の相克を暗に意味している。このため二元的なビジョンに基づく行動は、単純で攻撃的で破壊的なのだ。

たとえば、農家の人が自分の家畜は自己の一部で、捕食動物を他者だと考えるとする。たちまちそこには争いが生まれる。その争いは単純で攻撃的な解決を促す。つまり、捕食動物を殺すことになる。これはまさしく人類が過去数千年にわたって採用してきた解決策だ。二元性は複雑さには盲目であるため、実り豊かな大地が疲弊し砂漠に変わりつつあることに関して、捕食動物を殺すというようなやり方が生態系を崩壊させてきたということに気付かずにきた。[注1] 二元的な夢はそれぞれの解決策が攻撃されるべき新たな問題を生み出す争い、攻撃、破壊の絶え間ない行進を引き起こしている。どの街でも歩いてみれば分かるように、二元性の夢に生きる人は戦場の中を生きている。

ドリーマーの自然界の夢には二元性、つまり自己と他者という分離はなく、争いや攻撃、破壊もない。自然界の夢のなかで捕食動物が動物を殺して食べるとき、それは「彼ら」に対する「我ら」ではない。自然界においては、すべては「我ら」なのだ。逃げるのが遅いもの、病気やけがをした動物は、群れ全体のために捕食動物に供される。捕食動物は自分の家族を養い、群れの健康は維持される。自然界の夢は各部分がその他の部分を支え合う、相互依存の複雑な網になっている。

これが人間の夢と自然界の夢の最も重要な相違である。自然界は調和と至福を夢見る一方で、人間は分離と暴力を夢見る。人間にはスピリットの健康を維持するために、調和と至福が必要なのだ。二元的な夢はスピリットを飢えさせ、肉体と魂の全領域にわたる病気が起こる。そこでメディスンの仕事は人々を健康の源、自然界の夢へとつなぐことによって、スピリットを豊かにすることなのだ。

自然は神々によって夢見られている。神々は大いなる神によって夢見られている。自然と親密に交わることは、神なるものと心を通わすことだ。つまり、ヒーリングというのは、真の意味で、ヒーラーが神なる自然に仕えて行う厳粛な儀式なのだ。

たとえば、ある患者が呼吸器の感染を心配して私に相談したとする。私は彼女の肺の中の微生物を殺すことはしない。実際そこには対抗して戦うような「彼ら」がいないことを私は承知しているので、彼女の症状は完全に無視する。すべては何かを通じてこの女性のために働きかけようとしている「我ら」なのだ。

その症状を通じて何が起きようとしているのだろう？　私はその女性と話をして、彼女が自分の姉妹を亡くしたことに対する嘆きを抑え込んできたことを発見する。泣くことを通じて解放されるべきだったものが、彼女の肺の中に留まり菌に感染しやすい状態を作ってしまったのだ。何故彼女は悲しみを抑圧してきたのだろう？　彼女は自分が弱く価値がないという幻想に苦しんでいたのだ。もし悲しみを表に出してしまったら、涙の洪水の中に自分が溶けてなくなってしまうのではないかと、ひそかに恐れていたのだ。

ちょうど石が石の神によって、そして雨が雨の神によって存在を夢見られているように、それぞれの植物がその種の神あるいはスピリットによって存在を夢見られている。私はたくさんの植物の夢に入っていって、内なる強さを夢見るスピリットのひとつを選んだ。そしてその植物のスピリットに、私の患者をその植物の夢の中に入れてくれるようお願いした。ただちにその女性は、言いようのない悲しみを伴った安らかな感情に気付いた。何故かは分からず、彼女はわっと泣き出した。

家に着くまで、彼女は抑えきれずに泣きじゃくっていた。時折咳き込んで、ドロッとした濃い古い粘液を吐き出す発作で中断する以外は、この状態が二日間続いた。泣き止んだ頃には、彼女の呼吸器の感染は消えていた。それよりもさらに大事なことは、彼女は今や自分自身の豊かで新たな人生経験の入り口に立ったということだ。

数年前、私の左肩の関節が急に動かなくなり、痛みだした。この苦痛に対する明らかな原因は見当たらなかったし、私を診てくれたヒーラーの誰も効果的な治療が出来なかった。ある晩、私の植物のスピリットの協力者の一人に、この状態について助けを求めるという考えが浮かんだ。スピリットの返事は、私がサンタバーバラから引っ越さなければならないということだった。私はサンタバーバラを愛していた。何年もそこを住まいとしてきたし、離れることには乗り気ではなかった。少なくとも説明が欲しかった。私は植物と議論したが無駄だった。とうとう根負けして、引っ越すことを約束した。その途端、私の肩は五十％ほど良くなった。そのことで私は家族をせき立てて、馴染みのない場所で新しい生活を始めるのに必要な確信を得た。

引っ越しを終えるまでに約一年かかった。私たちが北カリフォルニアに到着した直後に、私の父が不治の病に倒れた。そのときには比較的近くに住んでいたので、父に付き添い、私たちの緊張した関係性を癒し、父の死のときにそばについていることができた。それに加えて、私たちがサンタバーバラを離れた後に、時速八十マイルの激しい暴風に煽《あお》られた猛火が私たちが住んでいた谷間を襲い、私たちが前に住んでいた家やその他七百軒の家を焼き払い、一人の女性がその火事で命を落とした。彼女の遺体は私たちの焼失した家のそばの小川の川床で発見された。北へ引っ越したとき、私の肩は完全に治っていたが、それは付随的なことだった。

五十肩、肺の感染など症状が何であれ、それは常に同じことを意味している。つまり、何か有益なことが起きようとしているのだ。真のメディスンには闘いも敵も、病気もない。ただ誰かに争いの夢から全体性の夢に向かうチャンスをもたらすだけなのだ。

人が全体性の夢に入るのを助けてくれるたくさんのメディスンがある。植物はその仕事に十分適しているが、必ずしも植物を使う必要があるわけではない。しかしながら、二つのことは必要だ。第一に、メディスンは二元的なものであってはならない。第二に、メディスンは夢の力をもっていなければならない。（植物のスピリット・メディスンの）プラクティショナーはこの力を偶然手に入れるわけではない。高邁《こうまい》でしっかり焦点の定まった意図が必要とされるし、その意図が知識や技術と一体になっていなければならないのだ。

夢の世界は時間あるいは空間に限定されてはいないし、ことに植物は癒しの源である自然界の神聖な夢に近づける。この理解に到達するために、この本の第1部では植物のスピリット・メディスンの夢の四つの構成要素、すなわち、植物、スピリット、メディスン、そして夢について調べてきた。その過程で呪術、巡礼、アメリカ先住民とオーストラリア先住民の哲学、人間の本質や時間とリアリティーを考察してきた。この種の癒しには目標があり、その目標に至るための手助けとなる道があることを理解した。

その結果、私たちはようやく「イエスとノー」が反響する例の質問、「私がこれをでっち上げているのだろうか？」に答えることができる。ノー。私は植物のスピリットたちが私に与えてくれるもの、あるいは彼らが私の患者のためにしてくれることをでっち上げてはいない。そして、イエス。私は私の人生のその他多くのことをでっち上げている。

第5章 視点

火を囲んで座り、何人かの人と話をしていたある晩のこと。まったく面識のないある男性がこんな話をしてくれた。ある日、彼は裏庭で肘掛椅子に腰掛けて、古い聖典について研究していた。突然、急ぎの用があったことを思い出し、椅子の上にその大事な本を置いて、用事を済ますために町へと車で出かけた。

その男性が町に滞在中、突然黒い雲が沸き起こってきた。まもなく雨が降りだす気配に、彼は聖典が駄目になってしまうことを懸念した。そのとき彼は私の本のことを思い出し、その本の中で私が生きた存在として雨と関わるようになった話を思い出した。今や嵐が目前に迫っていたので彼は雨に聖典の大切さを説明し、その聖典が破損から免れられるように願い、祈った。家に帰り着いたときには、突然の豪雨で庭中のすべてのものが水浸しになっていたが、肘掛け椅子と聖典だけは無事だった。

この男性には西洋的、世界に対する二元的なものの見方が染み込んでいた。しかし、彼は私の本の中の物語に共鳴し、その共鳴に対して心を開いた。あたかもこんな独り言を言ったかのようだ。「エリオットが発見したことは、何となく正しいような気がする。ひょっとしたら世界は機械的で冷淡なものではなくて、私の声を聞いて反応するかも知れない。その考えが馬鹿げていて、決まり悪いなんて気にすることはない。雨に話しかけてみよう。私の気がかりを説明し助けを求めて、それでどうなるか見てみようじゃないか」。起こったことはこうだ。つまり、全体をひとつのものとして見る見方そのものが正しさを証明したのだ。

もしこの男性が同じ状況を二元的な視点でアプローチしていたら、それはまたそれ自体の正しさを証明したことだろう。なぜなら二元性が前提とするのは、自己（この男性と彼の本）と他者（雨）との間の不断の対立であり、その視点の中で他者は常に破壊されるか、あるいは打ち負かされなければならない問題なのだ。二元性は依然としてすぐさま雨を打ち負かすか破壊する方法を見つけ出さなければならず、そのため二元的な視点に言えるのはこれくらいのことだ。「ほら、だからそう言っただろう。世界は敵だって」

視点がもたらす結果についてもうひとつの例を紹介しよう。私が初めて植物のスピリットにインタビューしたとき、十五人かそのくらいの他の西洋人もヒーリングや知識について、植物に話しかけた。私がインタビューした結果は、古代の医療の再発見と、それを西洋世界に再び紹介する方法を開拓することへとつながった。彼らがインタビューした結果は、私が知る限りでは単に興味深い会話をしたにすぎなかった。私には他の人たちにはない利点があった。つまり、私はヒーリングの伝統的、非二元的な視点から話しをしていたのであって、理論的なものではなかった。それまでの十年間、私は非二元的な視点の中で首尾よく生活し、仕事をしてきた。当然、植物界は私の視点を受け入れ、拡大しながら、私自身の言葉で語りかけてくれた。

先ほどの、聖典を読んでいた男性の中の何が非二元的な視点に共鳴したのだろう？　また私の中の何が中国思想の五行、いわゆる木火土金水《もっかどこんすい》に共鳴したのだろう？　私たちそれぞれの中に共鳴するものが何もなかったら、彼が祈ることも、また、私がこれまでやってきたような仕事をすることもなかっただろう。彼の本は台無しになり、いまだに世界を敵と見なしていただろうし、私の植物との対話はたいした成果にはならず、私も同様に世界と争っていたことだろう。つまり、私たちの中で共鳴したものは、私たちが生来持っている非二元的な視点なのだ。

伝統的な知恵も近代科学もともに、世界は私たちの視点に応じて姿を現すということに同意しているので、視点とは何かということについて考察する価値はあるだろう。はじめに、視点ではないものについて考察してみよう。視点というのは同意したりしなかったりするような一連の意見ではない。信念体系でもないし、また本を読んだり、勉強して獲得できるものでもない。私たちが考え出すことのできる道でもない。視点というのは私たちが生まれながらに持っていて、私たちはその中で生きているのだ。通常、それは魚にとっての水と同様に透明なものだ。

そう、世界は私たちの視点に応じて姿を現すが、それは思考を変えることによって、自分の望むものを生み出すような世界にできるという意味ではない。望むものを生み出す世界にしようとすること自体、世界を支配あるいは搾取すべき他者として見る二元的な視点の所産である。視点は思考と同じものではない。それは私たちの思考の苗床のようなものだ。

今日、教育は情報を伝えるものとされているが、実際はむしろ若者に二元的な視点を身につけさせるものだ。法律によって、子供たちは競争と個々の達成に報酬が与えられる状況に置かれている。協力や思いやりを示すことは阻まれるか、罰せられることさえある。何度も繰り返し、若者たちはこのような経験を叩き込まれ、やがてそれが真実となるまで「世界対私」は彼らの骨にしみ込む。「人生とは自分が求めるものを手に入れることで、相手にかかるコストを考慮する必要はない」。たいていの人がこういう見方をしているので、それが大半の人にとっての世界の仕組みとなっている。この真実は彼らの視点から産み出される物で、それ以上の何物でもないということをほとんど誰も理解していない。実のところ、ほとんどの人は自分が視点を持っているということにさえ全く気付いていない。

西洋的な視点は、ある面で有用な結果を生み出す。たとえば、車を運転しているとき、近代的な西洋の時間と空間の視点は十分役に立つ。だが、ヒーリングの仕事をしているときは、伝統的中国の視点や伝統的ウイチョル族の視点は、それ以外の従来のやり方では得ることのできない結果を生み出す。植物のスピリット・メディスンのヒーラーとウイチョル族のシャーマンは、西洋の基準では全く不可能なことを日常的に行うが、そのことで私たちが思い悩むことはない。結果それ自体が物語っているからで、それはただ世界が私たちの視点によって働いていることの現れにすぎないからだ。

ある西洋医の知り合いがいて、彼の娘はいくつかの深刻な健康上の問題を持って生まれた。私はその子供が私の師のウイチョル族のシャーマン、ドン・グァダルーペに診てもらえるように約束を取りつけることを申し出た。治療は完全に非侵襲性《＊ひしんしゅうせい》だということを私は説明した。その女の子はただやさしく羽根で触れられるだけだろうと。医者の母親は治療に対して支払いをすることを申し出た。はじめ彼は気乗りしていなかったが、とうとう子供を診てもらうことに同意した。約束の日の前日、彼がキャンセルの電話をしてきてこう言った。「妻と僕はこのての治療を信用していないんだ」。しばらくした後、その子供は亡く

＊非侵襲性：生体を傷つけないこと。

なった。

もちろん、その子供が治療を受けたとして何が起こったか知るすべはない。私が言いたいのは、他の視点を否定することで、もしかしたら可能だったかもしれない有効な治療法への道を閉ざしてしまったことだ。西洋的な視点は唯一のものではなく、他にも多くの視点がある。それぞれの視点が有効で独自の能力を提供している。自分の視点を唯一の真実と主張することは、その主張をする側の深い不安感を現している。極端な場合には、その不安感は、自分の視点を唯一の「真実」とする者が、他の視点を持つ者を壊滅させることもあり得る。多くの先住民族がそうやって生命を失ってきたし、壊滅させるための奮闘は今日まで続いている。

さて、このあたりで質問に戻ることにしよう。視点とは何なのか？

私たちは世間でやっていくために、腕、脚など特定の装備が必要だが、そういった装備を自分で創り出したわけではない。学校で獲得したわけでもない。先祖から受け継いだのだ。私たちには精神的な装備も必要だ。つまり、世界を理解し、関わり、行動していくための視点が必要なのだ。身体と同様、視点も先祖から受け継いだ。私たちの気質や髪の色と同様、私たちの一部であり魂の一部なのだ。

それはちょうどさまざまな大地からさまざまな民族が生まれるように、先祖から受け継いだ多くの視点があり、それぞれに固有の可能性と限界がある。それらすべてに共通するのが非二元的ということだ。聖典を研究していた男性の場合には、彼の先祖の魂の視点と私の雨の神の物語とが響きあった。私の魂の視点は中国思想の五行と共鳴し、後になって、それがウイチョル族の視点とも共通するものであることが分かった。

現代の二元的な視点の場合はどうだろう？　二元的な視点は持続不可能な社会を生み出した。二元的な視点が祖先の視点であるはずがない。先祖の生命が継続していなかったら、私たちは今日存在していないだろう。たしかに人々は二元性への何らかの傾向を持ってはいるが、生きていくための視点というよりは、むしろ対処すべき問題としてだ。二元性は生命を支えるものではないので、二元性にあまりに強く傾きすぎた社会は崩壊してしまう。

現代の視点は、私たちが生まれつき持っているつながりから私たちを引き離す。それは条件づけられた視点で本来のものではない。人の本質は常に変わらないものなので、条件づけられたものならはずすことができるから、これは良い知らせと言える。

植物のスピリット・メディスンを学ぶ者にとって、知識を蓄えることは大事だが、それはあくまで二次的なものだ。世界がどのように機能しているかについての推測を打ち破り、同時に再び目覚めた先祖の魂の視点を育て、強化することがおもな仕事なのだ。

心の底では、誰もこの社会が主張するような疎外された視点を持ちたいとは望んでいない。魂はそれ自身の手足を使い、声を出して自己表現をしたいと望み、それ自身の目で見、耳で聞きたいと望んでいる。魂は自分が属している魔法のように繋がりあう世界を呼び出したいと望んでいるのだ。そのようにしてはじめて私たちは自分自身を知り、自分の身の回りの人間や人間以外の存在と良い関係を持てるようになる。疎外された状態は、多くの病気や苦しみを生み出し、同時に植物のスピリットが提供できるもの、つまり、この世界でくつろいでいる感覚への憧れを生む。

フレッドは現代的な視点の信奉者で、親切で気のいい農家だ。彼から私に診てほしいと相談があったとき、私は驚きを隠せなかったが、病気が予期せぬやり方で心を開くことがあることを思い出した。いずれにしても、彼は西洋医学が与えてくれる以上の援助を必要としていた。呼吸に深刻な問題を抱えていたため、ほんのささいなことをするにも悪戦苦闘しなければならなかった。私はフレッドを三回治療した。治療を終える度に、彼はもう一度できるようになった仕事のことを嬉しそうに報告してきた。治療から得られた成果を維持し前進するために、私は彼に少し宿題をやる必要があると説明した。「宿題は奇妙に思えるかも知れませんが」と私は言った。「試してみて効果があるかどうか見てみませんか。もし効果がなかったとしても、あなたが失うのは少しの時間だけです。効果があれば大変得をすることになります」

ここで私は非西洋的視点から話をしなければならなかったが、これまでのところ私の治療の結果は上々だったので、彼を説得する見込みは十分にあるとみていた。「このようなことをお考えになったことがあるかどうか分かりませんが」と私は切りだした。「土地そのものやその土地に棲む生き物には感情があって、自分たちの棲家で起こることについて、彼らにも言い分があるということを言う人がいるのですが、そんなことが本当にあり得ると思いますか？」

「分からないなあ」「何かはあるかも知れないがね」フレッドは答えた。

「それが大ありなんです」と私は言った。「私は、あなたが何故これまで健康がすぐれなかったのか自問してきました。そして、そのことと今申し上げたことが関係があると思うんです」

「どういうことかな？」

「つまり、あなたの健康上の問題は池と関係があると思うんです」と私は答えた。

「池とだって？」

「ええ。池ができたときのことです。ダムを作るために、あなたの農場を流れる小川をブルドーザーで強引に掘削したとき、小川はその件に関して、どう思うかと尋ねられなかったことで、気分を損ねていたのです。ですから、それはささやかな謝罪と和解の贈り物みたいなものです。口喧嘩した後に奥様に花束を渡すようなことと言えばいいでしょうか。やってみる気はありますか？」

「具体的には何をしろと？」

私は季節ごとにその場所を何度か訪れること、小川に供えるのにふさわしい贈り物をすることなどあらましを述べた。

「今の状態では、そこまで行くことは無理だろう」フレッドは異議を唱えた。

「息子さんがトラクターを運転して、あなたを小川まで連れて行くこともできます」と私は答えた。「先ほど申しましたように、試してみては如何《いかが》でしょう？　得することはあっても、失うものは何もありませんよ」

「それで私の呼吸がましになると思うのかね？」

「そう思っていなければ、こんなことは申し上げていません」

「分かった。そういうことならやってみよう！」

しかし、フレッドが小川を訪ねることはなかった。九ヵ月後、症状がぶり返したが、症状が改善したことがあったことを忘れてしまったか、その事自体を否定した。先祖の視点に通じる怪しげな実験をすることすら、彼には飛躍しすぎた考えだったのだ。

ドナルドはフレッドよりずっと年下の青年で、息切れではなく、脚や腰、背中のあたりの原因不明の痛みやこわばりで身体の自由を失っていた。発病する以前は、丈夫でたくましかったが、フレッドと同様、彼の場合も西洋医学の治療法ではうまくいかず、水との関わりに問題があった。

ドナルドは温泉リゾートにささやかな投資をしていた。このことははじめ全く問題にならないように思われたが、彼の病気はその投資の後まもなく始まったことに気が付いた。その状況を先祖の視点を通して眺めてみた結果、私は彼の病気はまさにそこに関係があることを理解した。その温泉は聖地で、リゾート地として商業的に開発されることを快く思っていなかったのだ。温泉は自然の恵みを与える存在で、開発に関わる人たちが温泉に対して敬意を払うことや軽視しないことを望んでいた。フレッドの病気と同様、それはどの病気でも同じことなのだが、青年の身体の痛みは気付きを促す呼び声であり、自然と親戚関係になることと問題解決への招待状なのだ。

私の馴染みの別の聖なる泉が、ドナルドのために取り引きを仲介することを申し出てくれた。ドナルドはその泉へ伝統的な巡礼をして、泉に祈りと聖なる供物を捧げることになっていた。万事うまくいけばリゾート開発にさらされている泉（温泉）はこれをすべての泉への敬意の印《しるし》として受け取り、ドナルドは周囲のあらゆるものと良好な関係になるだろう。だが、巡礼には綿密な準備と長く危険を伴う旅、そしてかなりの費用が必要だった。

ドナルドは収入が少なかったので、私は経費のせいで取り引きを駄目にしてしまうかも知れないと思ったが、提案するだけしてみた。何週間も考え抜いたあげく、彼は提案を受け入れた。巡礼への準備は整い、経費を支払い、供物を捧げた。巡礼の旅の後、数日のうちに痛みは消えていた。

ドナルドはフレッドと同様、泉は生きた存在で意識があり、私たちと関わりをもっているという考慮すべき問題を提示された。それは彼の「常識」に挑むものだったが、ドナルドは先祖の視点から行動するというリスクを冒し、同じく世界もそれに応えた。

第6章 先祖

私が植物のスピリット・メディスンを使って仕事を始めた頃、私を導いてくれる長老は一人もいなかった。そのことについて、私には疑問があった。つまり、私が何か新しいことを発明したので、誰も植物のスピリット・メディスンのことを知らないのだろうか？（それはありそうにない。）私の妄想なのだろうか？（いや、私の患者は良い結果を得ている。）ならば、メディスンはどこから来たのだろう？　誰がそれをサポートしているのだろう？　ということだった。ゆっくりとではあるが、私はその目には見えないが重要な後援者を発見し始めた。つまり、それが先祖なのだ。

第5章で見てきたように、すべての人が魂の中にこの世界についての先祖の視点を持っている。この視点は遺伝子と同様、先祖から私たちへと受け継がれてきた。先祖の魂の視点は各民族ごとに違ってはいるが、すべての民族に共通する部分もある。それはつまり、あらゆるものに生命、意識があり、互いに関わりあっていると見る点だ。伝統的な先住民の人が植物を見るとき、その人は植物を物として見るわけではない。その人は、植物の形や生育の仕方、また、周囲のあらゆるものとの相互作用を通して自己表現をしているスピリットを見るのだ。その人が植物をヒーリングに使うとき、その人はスピリットという存在を呼び出しているのだ。先祖の目から見れば、すべての植物のメディスンが植物のスピリット・メディスンなのだ。

数年前、私はカシャヤ・ポモ・インディアンのヒーラーで儀式を司るリーダーのロリン・スミスについての記事を読んだ。カリフォルニアに住む若者として、彼は先祖の生き方よりもパーティーに行く方が面白いと思っていたが、驚いたことに、夢の中でずっと以前に亡くなった親戚で、尊敬を集めていたメディスンマンのトム・スミスに教えを受け始めた。見たこともない先祖に導かれて、ロリン自身がシャーマンになり、部族の人たちに多くの伝統を再び紹介し始めたのだ。この話は先祖が亡くなるとき、ただ消えてしまうのではないことを示唆しているように思われる。どうやら彼らは生きている人たちに援助とガイダンスを授けるべく、今でも周りにいるらしい。

そのうち、私はロリンが主宰する儀式に行くことになった。彼のラウンドハウスに早めに到着したため、彼は私に千曲以上もの伝統的な歌を知っている、気さくな中年の男性を紹介してくれた。私たちは会話を始めた。そのソング・キーパー（伝統的な歌の継承者）は近くの高校で校務の仕事をしていた。私の仕事は何と言えばいいのだろう？

この時点までに、私は自分がしているような種類の仕事について、耳にしたことがあるという人物に会ったことがなかった。私はこの伝統を継承する印象的な人物に、頭のおかしい夢想家だとは思われたくなかったが、同時に隠すつもりもなかった。

「私は植物のスピリットで仕事をしていて、他の人にも教えています」と私は言った。

「ああ。それはいい仕事だ」と彼は答えた。どうやら彼はこの仕事のことを、全く普通のことと思っているらしかった。

「植物の歌を何かご存知ですか?」私は尋ねた。

「ああ。いくらでもある。そうだなあ……月桂樹の歌はたくさんある。月桂樹は私たちにとって聖なるもので儀式やヒーリングで使っている。マドロンもそうだ。だが月桂樹やマドロンの歌は特別なときのためのもので、今歌うわけにはいかないんだ」

状況を無視して聖なる歌を歌うことを潔しとしないこの人物の態度から、私はポモ族の人々と彼らの土地の植物のスピリットとの美しい関係を感じた。そういった関係は何世代にもわたって先祖たちが築き、育んできたものだということを、何となくではあるが私は理解していた。私は、いまだに人々を見守り、古代の人々に豊かな人生を与えてきた生き方を守るために手助けをしている先祖たちの存在を感じた。

ラウンドハウスの中で、私は植物のスピリット・メディスンをサポートしている存在を発見し始めた。あらゆる民族の先祖は、ヒーリングの才能を授ける植物のスピリットに敬意を払っている。私がスピリットに敬意をもって近づいたとき、先祖たちは私を手助けすることに興味を示した。私がメディスンを喜んで他の人々と共有するつもりがあることが分かると、彼らはさらに興味をもった。実際、先祖たちは植物のスピリット・メディスンを実践するすべての人を援助している。彼らはそういった実践は非常に有益なことで、サポートする価値があると思っているようだ。

人間と植物は長い間共に暮らしてきた。私が長いと言うのは、ここ数百年、数千年の人間の植物に対する軽視と無礼な扱いよりもずっと長い期間を意味している。植物と先祖との関係は今でも潜在的な領域として土地に存在している。植物のスピリット・メディスンのヒーラーはそのことを知っているかいないかにかかわらず、患者をその領域へと連れて行く。ヒーラーは植物と個人的な関係をもっているが、それ自体で十分な効果を発揮するわけではない。個人的な関係は先祖の領域に通じる道を開くことを意味し、そこには個人的なものよりずっと大きな力が存在している。私はそのことをムラサキヒヨドリバナ（英名：ジョー・パイ・ウィード）と一緒に仕事をしているときに発見した。

ムラサキヒヨドリバナは合衆国の東部から中部のほぼ全域の湿地や沼地でよく見かける植物だ。ジョー・パイというのは、この薬草ひとつで疾患全般を治したことで有名なアメリカ先住民のヒーラーだ。その言い伝えと植物の美しさにひかれて、私はムラサキヒヨドリバナに自己紹介をしてタバコを捧げ、そのメディスンについて尋ねた。ムラサキヒヨドリバナは火の要素（中国思想の五行（木火土金水《もっかどこんすい》）のひとつ）と関係があるらしかったが、その夢はあいまいで満足のいくものではなかったので、私は何年もムラサキヒヨドリバナを訪れていなかった。雨を神として認識するようになったのとまさしく同じように、自然界のその他の力も、後に神として現れた。そして、火は私の主要な教師となった。私の混乱をスッキリさせて、私のムラサキヒヨドリバナへの夢と先祖のフィールドをつないでくれたのも火の神だった。

多くの部族の間で、かつて火の神の聖なる名前は非常に敬意をもって扱われていたので、まるで人がその名前を言えるのは一生の間に何回と決められてでもいるかのように、特別な儀式のときにしか声に出して言えなかったようだ。誰かがその神の名を言いたいときは、火のメディスンを持つことで知られるシャーマンの名前で代用した。ジョー・パイはそういうシャーマンで、「ジョー・パイ」は「火」と言うための慎重な呼び方なのだ。

火は私たちに関係をもたらし、関係性の中でメッセージが交換される。私たちは身振り（頷き、しかめ面、こんにちは、あるいは、さようならなどの手を振る動作）や話し言葉（「ドアは九時に開きます」、「バナナを回してください」、「愛してます」）などの手段を使って、互いにメッセージを送り合う。私たちの声のトーンも、多くのメッセージを伝える。特定のトーンで言われる「愛してます」には文字通りの意味がこもり、「私はあなたに怒っています」という文章は、ページ上でも画面上であっても、最もそっけないメッセージを伝える手段になる。

植物のスピリット・メディスンの世界でムラサキヒヨドリバナは、このようなメッセージを伝える配達人のような役割をしていて、次のような仕組みになっている。

ヒーラーより
関係する植物のスピリットへ
ムラサキヒヨドリバナ経由
メッセージ：今すぐこの人を助けてください

愛と感謝を込めて　ヒーラー

おそらく歴史的に有名なジョー・パイは一種類にしか見えない植物で、実際に多くの苦痛を癒してきたのだろう。

私はそのときまでにすでにスピリットを呼び出すのに植物のメッセンジャーを使っていて、その方法は私が新しく考案したものだと思っていた。しかしそんなことはなかった。メッセンジャーの機能はずっと以前に先祖と植物の間で交わされた契約のおかげで、すでに可能性の領域に存在していた。

ラウンドハウスでの出会いから数年後、私はロリン・スミスを再び訪ねた。私はまだ先祖について学んでいる最中で、その頃は先祖のもたらす恩恵の厳しい側面について学んでいた。

レニーという若い女性が私のところに相談にきた。彼女の説明によると、彼女の母親は足腰の痛みと麻痺で始まった病気に苦しんでいた。ありとあらゆる専門家に相談したが、彼らには説明することも治療することもできなかった。病気は徐々に進行し、結局彼女の母親はそれが元で亡くなったということだった。

ここ数ヵ月、レニーは母親と同じ原因不明の症状に悩まされていた。今回も前回と同様、医者は役に立たなかった。彼女は母親と同じ運命を辿るのだろうか？　私は先祖の目で状況を見ようと最善を尽くした。その結果判明したのは、レニーが住んでいたのは母親が生涯を過ごした家で、その家は先住民の埋葬地の上に建てられているということだった。先祖はこれを敬意に欠けた危険なことと見なして、かつて母親に無礼を正すようにいくつかのメッセージを送った。しかし、耳を貸してもらえなかったので、次はさらに強力なメッセージを送ったのだが、それは彼女が属している文化のせいで、聞き取る力を失ってしまっていたのだということを、先祖が理解するまで続いた。母親は先祖の領域に連れて行かれるまで、彼らの声を聞くことはできなかった。死後の世界で、彼女は彼らを尊重するように教えを受けるだろう。その教えを次の人生に持ち込み、彼女は自分の未来の子供たちに学んだことを教えるだろう。そして彼女の子供たちはそのまた子供たちに教え、そうやって未来世代は土地とうまく生きていくために必要な知恵を求めて、先祖に耳を傾けるだろう。

今生でレニーに治る見込みがあるとすれば、彼女は先祖にそれ相応の敬意を示す必要があると私は確信していた。彼女の家は元々のポモ族のテリトリーの中にあったので、私は彼女に、ロリンに連絡をして、彼に私の診断を伝え、彼の先祖へ正しいメッセージを送るための供物を勧めてもらえるかどうか尋ねるように、と伝えた。その後、ロリンが彼女の家を訪ね、私の見解に同意した。彼は季節ごとに供える一連の供物を指示した。供物のほとんどは植物でできていた。

それから三年後、レニーから連絡があった。彼女は供物を供え、その家を離れ、自分の人生を前に進めた。彼女の健康状態は申し分なかった。

第7章
感情

人気のある映画のテーマを三つあげてみよう。

1．大きな選手権大会の試合で味方のチームは一点差で負けている。試合時間は残りわずか一分！

2．彼女はすごい美人で人柄も申し分ない。彼もセクシーだが女性についてはあまりにも無知だ。彼らは燃え上がり、彼女は彼に惹かれた。しかし、彼女は彼の男のエゴに傷つき二人の関係は終わってしまう。彼女は荷物をまとめ、彼のいないところで新たな人生を始めるために遠い国へのチケットを買う。その時になって、ようやく彼は彼女を愛していて、彼女が必要だということに気付いた。彼は手遅れになる前に、彼女を取り戻すことができるだろうか？

3．敵は強力な秘密兵器を持っている。勇士セインに率いられた味方の侵入者たちは、敵の要塞に潜入し、悪魔のような兵器を盗み出すことができるだろうか？　今彼らは要塞内部の部屋の出口を捜している最中だ。セインのくしゃみで犬が吠え出し、護衛兵が警報を鳴らした。味方の兵士たちがつかまったら、すべてはおじゃんだ！

映画で興奮するのは追跡の場面だ。登場人物がスポーツの優勝決定戦を追いかけているか、あるいはロマンス、悪に対する勝利なのかにかかわらず、良い追跡シーンは緊張感があって刺激的だ。恐怖は娯楽になり得る。

また映画では悪者に腹を立てることも楽しみになる。もし善人が勝てば喜びが沸き上がり、負ければ心地よい悲しみを味わうか、同情的になる。映画を見に行くことで、恐れ、喜び、悲しみ、同情、嘆きなどのいろいろな感情(注2)を味わう。良くできた映画についてただ話をするだけでも、感情を感じることは生きている感覚と直結しているので、映画の中の感情があなたを紅潮させる。

人生はあらゆる状況に対応するように、あなたに呼びかける。その呼びかけに応えることで感情の扉が開き、対応の可能性が拡がる景色の中にあなたを押し出す。たとえば、オフィスビルの火事に直面して、恐怖からあなたは消火器をつかむ、火災報知機の紐を引っ張る、ビルを出る、転がり落ちる、あるいはパニックで凍りつくこともあるかも知れない。

同時に、恐怖の景色の中でできないことがいくつかある。たとえば、あなたを妻とキャンプ旅行中の男性だとしよう。暖かな月夜で周りには誰もいない。二人は楽しげに愛を交わしている。突然、子熊をつれた母親のグリズリーが現れて、脅すように後ろ足で立ち上がる。母熊は身体をかがめ歯をむき出しにして吼《ほ》えながら、爪でテントを引き裂き始める。恐怖が幸福の扉を閉じ、勃起は萎える。その瞬間、自衛本能への扉が開く。

まったくドラマチックではない状況においてさえ、感情は常に存在していて、扉を開けたり閉めたりしながら、世界に応じるように私たちを押している。実際、感情的なものをおいて他に行動に駆り立てる扉はない。あなたの行動のすべてが感情によって動機づけられている。

もしもそれが真実なら、何故私たちは感情をかき立てる映画を見ることに、そんなに多くの時間とお金を費やすのだろう？　さらに言えば、私たちの行動のうちのいくつかは感情的な衝動よりも、むしろ理性や論理に動機づけられているのではないだろうか？　また、心が虚ろなときに感情は存在できるのだろうか？　これらの質問に対する答えは恐れと関係している。

恐れには健康的な保護機能がある。危険に直面して(怒ったグリズリーがテントを爪で引っかいている)、恐れはその脅威を克服するために必要なこと（熊を撃つ）、あるいはそこから逃げ出すために必要なことに向かわせる。それと同時に、最近の人は明らかな危険が存在しているわけではないのに、ストレスや慢性的な心配、不安、さらにはパニック症状を抱えて生きている。この不健康で非生産的な恐れは、ときにエゴと呼ばれることもあるマインド（理知的な働きと結びついた心）によって生み出される。

マインドそのものが恐れによって入念に仕上げられている。知性を盲目的に崇拝するこの社会にあって、これは非常に馬鹿げた主張に聞こえるかも知れないが、次のことを考えてみてほしい。私たち人間はくちばし、翼、牙、あるいは爪を持った他の動物のようには、自分たちの生存に必要な術《すべ》を持っていない。しかし、私たちには独自の装備がある。他の動物と違って、私たちは自分自身を養い守る戦略を考え出すのに、マインドの創造性と適応性に頼っている。小枝を削ることから近代都市の精密なインフラに至るまで、すべては命を失《な》くすことや、損失と思われることを回避しようとするマインドの不安から生み出されたものだ。生存に対する不安を生み出す感情的なエネルギーが恐れだ。古代中国の賢人が、水の要素そのものが恐れの表れで、それが彼らの言葉でいえば「才知」、私たちの言葉で言うなら「知性」にあたるものを引き起こしていると認識していたのは偶然ではない。

その賢さにもかかわらず、マインドはワンパターンの課題しか持っていない。それは損失する可能性からあなたを守ることだ。言うまでもなく、この課題は失敗に終わる運命にある。失うことは避けられない。人はみな愛する人やチャンスを失い、やがては自分の命も失うことになる。ただ人生はそれだけではない。それに加えて、愛と笑い、同情と怒り、その他ありとあらゆる種類の豊かな経験など、失う以上のものがある。しかし、この真実がマインドを押しとどめることはない。マインドはあらゆる状況の中に襲ってくる熊を見て、恐れが提供することのできる唯一の対処法、闘うか逃げるかという手段を講じる。損失を避けるという名目の元に、手に入れられる武器なら何でも使って、存在しないグリズリーをコントロールするために闘う。

私たちの社会は、存在しない大量破壊兵器という想像上のグリズリーから身を守るために何万人もの男性や女性、子供たちを殺すことを正当とする社会だ。その社会は新大陸に辿り着いて、原生林や豊かな土壌、豊富な野生の動植物、清らかな水の中に、その土地の先住民を排除して、自分たちのための物質的な利益を生み出す必要性しか見ない人々から発展してきた。今日、私たちは環境や子孫をどれほど犠牲にするかを考慮することなく、私たちを支えている自然界そのものから身を守るために、非常に高くつくインフラを創り維持する社会に生きている。この社会はマインドの恐れに満ちた視点に深く取り込まれ、危機に瀕するほどバランスを失っている。

個人的なレベルでは、現実に対するマインドの闘いは、同様の大混乱をきたしている。感情の存在によってコントロールを失うことを恐れて、マインドは感情の表現を抑圧して反応する。しかし一つひとつの感情が、人生のさまざまな状況に効果的な対応をするべく生じるのだ。反応して別の感情が生まれて、状況を変化させながら最後まで行き着くことになっている。言葉を変えて言うならば、感情は小川のように自然に動いて流れている。マインドが流れを抑圧するのは、ダムを建設するようなものだ。感情の表現が抑圧されたり、流れに逆らったりした場合、感情の流れが塞《せ》き止められずに、ただ流れるままになっていた場合よりも、感情の湖のかさはより大きく、より継続的なものになる。感情は流れていたいので、感情を生き生きとさせておく唯一の方法は、感情を抱え込もうとしないことだ。

植物のスピリット・メディスンで私たちが関わる人々の中に、こういった感情にダムができた状態、あるいは感情をブロックされた状態が見られる。感情的エネルギーの蓄積はしばしば身体的症状となって現れ、それは常に心身を損なうような感情的問題を引き起こす。私がここで「心身を損なうような」というのは、感情を通じてのみ私たちは世界と関わりを持つからだ。バランスを失った感情は、バランスに欠けた関係性や行動を生み出す。この種の感情的なブロックを持つ人は、どこか一箇所でも詰まりがあると至るところで流れを止めてしまうので、本当の意味で調子が良くなることができない。

それがどのようなプロセスを経ていくのかを、胆嚢《たんのう》のあたりに痛みがある、仮にアンという名前の女性の話を例にとって説明してみよう。彼女は夫や子供に我慢ができず、短気になっていると話した。五年前、彼女の父親と兄弟のうち二人が亡くなり、その二年後、可愛がっていた猫を亡くした。いずれの時も彼女は涙を流さなかったが、今でも毎朝、猫の食器に餌を入れていた。悲しむことに対する恐れがブロックを作ってしまった結果、表現されなった感情のエネルギーが停滞を引き起こして、怒りや腹部の痛みの原因となっていた。ブロックしていたものを解放するため、植物のスピリットが呼び出され、アンは激しくすすり泣きを始めた。次の訪問のとき、彼女は家族ともかなりうまくいくようになり、痛みはほとんど消えたと報告してきた。

マインドは恐れの表れで、その感情とは問題なくやっているとあなたは思っているかも知れない。しかし、実のところマインドは恐れの感情を恐れてさえいて、それが闘うか逃げ出すかの反応の、逃げ出す側を生み出す理由なのだ。マインドはひどい損失が起きないように、感情が常に管理下にあることを望んでいる。マインドの実体は単なる恐れの表れにすぎず、重要ではあるが限られたことにしか役立たないものだということを確認することは、マインドにとってひどい痛手になるだろう。どこでも精神的な生き方を実践する人々にとって、自己の重要性を失くすことは、大いに探求すべき目標であるにもかかわらず、マインドは恐れから逃げ隠れする。マインドはマインドそのものから身を隠す。

マインドはどこへ行くのだろう？　どこに隠れるのだろう？　マインドは「思考」と呼ばれる分離した夢の国に行くのだ。マインドは思考は感情ではないと主張するが、その主張は真実ではない。「頭の中にいる」ということは感情に触れていないということで、感情に触れていないということは、周囲のあらゆる人々や物事と関わっていないということだ。思考に感情がないのではない。思考というのは、それ自身の恐れと直面することを恐れて逃げ回っているマインドのことなのだ。

マインドは感情的麻痺、つまり何も感じていない感覚に逃げ込むこともある。この分離したトリックは思考とよく似ている。思考と同様、麻痺はニュートラルではない。麻痺というのは感覚の欠如ではなく、認識されていない恐れの形なのだ。

感情の直接的な経験を説明したり理解することはできない。感情を直接経験することには歴史もなければ、未来や意味もない。予測不可能でコントロール不能だ。それでマインドは恐れるのだ。

ここでようやく先に提示した質問に答えることができる。感情が常に存在するのなら、何故私たちは感情をかき立てる映画を見ることに、お金や時間を使うのだろう？　何故なら、たとえ感情があったとしても、感情はマインドによって厳重に抑え込まれているからだ。私たちにはどこかで生き生きとした感覚が必要で、良い映画は少なくともつかの間、その必要を満たしてくれる。映画の中の攻撃性や暴力、性と恐怖の搾取は、どれほど感情が塞《せ》き止められ、歪められ、極端に増幅されているかを示している。

次の質問は、私たちの行動の中には感情よりもむしろ理性や論理によって、動機づけられているものがあるのではないだろうかというものだった。その答えは、理性と論理は恐れが形を変えたもので、感情と別個のものではないということだ。

心が虚ろな時に感情は存在できるのだろうか、という三つ目の質問にも答えることができる。その答えも同様、虚ろな状態というのは、恐れがいくぶん形を変えて隠れているにすぎないので、心が虚ろな時にも感情は存在している。

恐れの風景を巡る私たちの旅が荒涼としたものに思えるなら、あなたは良い知らせを受け取る準備が整ったと言えるかも知れない。人の心の中には明るくて温かな火が燃えている。心の火にはつながり、関係性、愛、導き、知恵、変容などの側面があるが、ここでは感情としての火、幸福と歓びに焦点をあててみよう。

次に紹介するシンプルな例のように、必要や欲求が満たされたときに人は幸せな気持ちになる。通りを歩いているときに、おなかが空《す》いて中華料理を食べたくなったとしよう。魅力的な中華料理店を見つけて中に入り、食べたいものをオーダーする。運ばれてきた料理は美味しく満足する。必要性と欲求は満たされ、幸せな気持ちになる。ただし、次に空腹になるまでのつかの間、幸福は外部の状況に左右される。そして状況はまたたく間に変化していくので、幸福もすべての感情と同じようにまたたく間に来ては去っていく。

私が「歓び」と呼んでいる状態は、状況に左右されることはないので、幸福とは異なる。太陽の性質が輝くことにあるように、心の火の性質は歓びにある。そこに足すものも引くものも何もない。それはすべてを包み込む、穏やかな、感情を超えた感情で、表面に表れては消える感情の波によって変わることのない海のようなものだ。

この説明を聞いて、歓びを幻想あるいは手の届かないものに思えるなら、映画に行ったときの経験を思い浮かべてみるといい。そこであなたは笑いと涙、恐れと怒り、同情と悲しみの中に大きな喜びを見出す。映画を楽しむのと同じように、唯一、人生を楽しむことを妨げているものは、現実の生活の中で、映画と同じように感情を感じることへの抵抗なのだ。植物のスピリットはその抵抗を和らげてくれる。

たいていの人は幸福を望ましい感情と考える。人生の目標は四六時中、幸福と感じることだと考えることさえある。しかし、幸福だけでは境界を確立し、維持していくには不十分だ。成長は生命の働きの一部であり、成長するということは境界を拡大していくことを意味している。苗木の境界は小さいが、成長した木の境界ははるかに大きい。人の一生にも同じことが言える。大人は幼児よりもさらに拡大した境界を持っている。最も分かりやすい身体の境界を示すものは皮膚の表面である。もしもその境界線が侵害されたら、それを回復するために感情が起きる。

たとえばスーパーマーケットで列に並んでいるとき、誰かがあなたのつま先を踏んだとしよう。境界線を侵害したのが意図的ではないと分かれば、あなたの感情はそれほど激しいものにはならず、それに対する反応は「失礼ですが、私のつま先を踏んでいますよ」と言うだけだろう。この比較的控えめな感情表現だけで、身体的な境界を回復するのに十分だ。

それよりも強い侵害には、より強い境界線を示す表現が喚起される。もしもその人物があなたを妨害あるいは傷つける意図でわざと足を踏んだと分かれば、そのときに起こる感情はより激しくなり、反応も厳しいものになるだろう。「おい、足をどけるんだ」と言って、その人物を押しのけるかも知れない。表現が穏やかか控えめか強いかにかかわらず、自分の境界を回復し維持する感情は同じもので、怒りと呼ばれる。

純粋に物理的なものを超えた境界線もある。たとえば、あなたは小さい機械の製造業者で、四月十二日までに得意先に前もって一万個の製品を届ける契約を結んだとしよう。そのために三月十五日までに一万個のスイッチを届けてもらう契約を部品の供給元と結んだ。それだけの時間があれば機械にスイッチを取り付けるのに十分と思われた。しかし、四月十二日になってもスイッチは届かなかった。得意先に注文された完成品を届けることはできず、得意先は注文をキャンセルしてきた。あなたの会社はその取り引きで儲けるはずだった二十万ドルの利益を失っただけではなく、得意先や将来見込まれる顧客の信頼まで失ったことは言うまでもない。供給元が互いの合意に基づいて結んだ契約の期限（境界線）を破り、あなたは怒りを覚える。その感情、怒りは境界線を侵害されたことについて発言するよう突き動かす。つまり、あなたは、損失を補償してもらうために契約違反に対して訴訟を起こすのだ。

怒りそのものは私たちが適切な境界線を定めるための動機を与えてくれるので、必要でもあり良いことでもある。恐れによって溜め込まれたときにだけ怒りは問題となる。

私をよく知る人は私がコーヒーを飲まないことを知っているので、そういう人が私にコーヒーを勧めてくることはない（彼らがわざと私を困らせようとしているのでなければ）。もし誰かに飲まないかと尋ねられたら、私は単純に「いえ、結構です」と言うだろう。これは境界線を設定する非常に穏やかな表現だが、厳密にいえば、攻撃的ではないにしても、怒りと呼ぶことができる。もし私がコーヒーを辞退することを恐れて、勧められるたびに微笑《ほほえ》んで飲んだとしたら、抑圧されたエネルギーがうっ積しバランスを崩してしまうだろう。ついには悪気のない申し出にも真剣な敵意で応じることになるか、そうでなくとも自分自身に怒りや憤慨を向けることになるかも知れない。こういう状態が長く続けば、心の安らぎは失われ、さらには身体症状となって病気を引き起こす可能性がある。

私たちの社会は怒りを否定的な感情と決めつけている。つまり映画では見たいが、現実の生活では恐れるものとしている。しかし、否定的な感情というものは存在しない。抑圧を通して過剰に増幅され歪められた自然な感情があるだけで、健康的で有益な境界線の設定に導くかわりに、怒りは攻撃性や憎しみ、病気へと歪められる。

怒りは否定的で避けるべきものとされる唯一の感情ではない。ある友人が最近、心理療法の専門家が悲しみを病理として分類していると教えてくれた。これは本当に悲劇だ。克服されるべき病気であるどころか、悲しみは敬意をもって歓迎されるべき偉大で動きの遅い癒し手なのだ。

あなたが誰かを失ったとすると、ドクター・グリーフ（悲しみ）が家に到着する。彼は家のドアと窓を閉じる。彼はあなたのベッドの横に座り質問をする。「あなたにとって、最も大切なことは何ですか？」

彼はあなたのすすり泣きの中に答えを聞く。

もうひとつの厳しい質問。「あなたの強さはどこにありますか？」

彼はあなたの涙の中にあなたの強さを見る。彼はさらなる涙を求めて尋ねる。そしてまた〝さらなる涙〟。

彼は何度も何度も涙であなたを洗い流す。

「これには終わりがないのだろうか？」とあなたは思う。

根気よく、辛抱強く、ドクター・グリーフはあなたの悲しみを浄化する。

永遠に続くかと思われた時間が過ぎ去った後、彼は立ち上がりうやうやしくお辞儀し、ゆっくりと部屋の外に出る。ドアをほんの少し開けたままにして。玄関先の階段には、花束とあなたの名前が記された、華やかに包装された贈りものが置かれている。


母親が泣いている赤ん坊を自分の胸に抱く。友達が自分の問題について話す人に思いやりを持って耳を傾ける。福祉関係者がホームレスの家族を助ける。隣人が夫に先立たれてまもない女性に温かな食事を届ける。ある人は植物や動物、岩、水が開発プロジェクトについてどう感じているかを考慮する。指導者のグループが七世代先の人々に与える影響について考慮しながら決定を下す。このようなときに思いやりが働いて、心身を慈しむような状況の扉が開くのを目にする。

同情は、悲しみや恐れ、怒りが山盛りになった悪評を得ることはない。一般的には尊い感情と考えられていて、実際その通りだ。しかし、その他の感情と同じように、動いて流れていく必要がある。恐れが自由な表現を妨げると、同情でさえもバランスを崩し問題になる。

恐れは言う。「私のように利口な人々は、物が十分には行きわたらないということを知っている。だから、誰よりも抜きん出ていなければならない。愚かな者たちが苦労をしているとしても、それは彼らの問題であって、私の問題ではない」。恐れは、同情心を持つことで、与える者も受け取る者と同じだけ供給されるということを理解していない。同情心を抑圧すればより空腹になり、競争心はさらに煽《あお》られ、どんなことをしてでも自分の面倒を見ることだけに熱意を傾けるようになる。昨今の職場では大部分の人がそんなふうに感じている。男性は特にこういう状態になりやすいが、しかし女性も免がれるわけではない。

女性は男性よりももう少しナンバーワン志向の人を除いた、すべての人を慈しむ傾向がありそうだ。恐れはまた自分には愛されるだけの価値がないという歪みを生み出す。結果として、再びナンバーワン志向の人間が空腹になる一方で、他の者はたいてい抑圧感と罪悪感を感じることになる。

私たちの人生は感情の流れの中にあり、そこではよどみのない流れが良好な関係性と効果的な行動、そして健康そのものに寄与している。私たち人間だけが流れの中にあるのではなく、植物たちもまたその流れの中で生きている。植物は歓びに満ちて流れていて、彼らは人間が同じようにするのを手助けすることができる。

第8章　土地

何年も前のこと、現在のニューヨーク州マーガレットヴィルの近く、デラウェア川の東の支流の広い谷で、モホーク族とオネイダ族の数家族が夏の狩猟と収穫のためのキャンプを張った。

ある日、キャンプを張っていた家族の親類ではない一団が、キャンプ地を通りかかった。それからまもなくキャンプ中のモホーク族とオネイダ族、二つのグループの間にテリトリーについてのいさかいが起こり、若い戦士が殺害された。その殺害に責任があるのは誰なのか？　一方のグループはもう一方のグループを非難し、非難された方のグループははじめのグループを非難し、そして両方のグループが三番目のグループを疑った。非難と非難のぶつけ合い、緊張と混乱、怒りが高まり、戦いが始まる一歩手前までいったが、彼らは立ち止まって考えた。もし短い夏を戦いで過ごしたら、長い冬のために必要な食糧その他を狩りに出て収穫することはできないだろう。

その土地の西に隣接するオノンダガ族はカウンシル・ファイヤー（会議の火）の守り手として知られてい

た。人々はオノンダガ族のメディスンマンを見つけて、和解のための援助に来てくれるよう求めることを決定した。

オノンダガ族も狩猟採集のために野外にいるので見つけることは困難だったが、ついに、北のアディロンダック山地への巡礼から戻る途中のテサクワナチという名前のメディスンマンを探し当てた。テサクワナチは若いが定評があったので、彼らは自分たちが置かれた窮状を説明し、キャンプに来てくれるよう頼み、テサクワナチも同意した。

テサクワナチが到着すると、モホーク族はキャンプ地は自分たちのテリトリーであり、話し合いがモホーク式に進められることを求めると主張していた。オネイダ族も自分たちのルールと権威を主張していた。両者は火の周りに座ってお互いに話し合う方法についてさえも同意することができなかった。

メディスンマンは近くの森や山、川や湖と相談するためにキャンプ地を離れた。彼は西に向かって歩き、次に北を向いて、最初に出会う谷を目指すよう指示された。そこでサスカウィヒウィネという川に沿って歩き、土地のスピリットが人々をひとつに結びつけ、意見の相違を解決することになる聖地に辿り着いたことを示すサインが水面に現れるのを見守ることになっていた。

彼は指示された通りに行動した。サスカウィヒウィネ川がデラウェア川に合流する地点から一マイルほど行ったところで、テサクワナチは川の澱みの中に完璧なサークルが現れたのを見た。これがサインだった。彼はキャンプに戻り、完璧なサークルが現れた場所まで自分について来るように人々を説得した。彼はオノンダガの慣習に基づいて、その場所を中立のテリトリーとした。会議の火が焚かれ、意見の相違は調停され平和を取り戻した。

サークルが出現した土地に会議ための家が建てられ、長年争い事を解決し癒しをもたらすための特別な場所として使われた。その家が廃れた後でさえも、そこを通りかかった人は立ち止まり、その場所に特別な捧げ物をして称えた。

ヨーロッパ人が先住民を追い出すと、その場所は長い眠りに落ちた。それから数百年後、その場所はブルーディアー・センターと植物のスピリット・メディスンの本部となって再び目覚めた。数ヵ月のうちにサスカウィヒウィネ川の薄い氷の上に、再びサークルが現れた。

この聖なる物語の中で、メディスンマンは平和と癒しを見出だす場所を発見するために、土地に相談した。彼は土地が偶発的な背景以上のものだということを知っていた。土地はスピリット、性質、そして神聖な目的をもっている。土地はあらゆるドラマの中の主役の俳優で、主役なしにはショーを続けることができない。

先祖たちは、ある土地は争いを生み、ある土地は平和を生み出すことを知っていた。ある土地は狩猟に向いていて、ある土地は穀物を育てるのに向いている。出産のための場所もあり、死人を埋葬するための場所もある。村落が栄える土地もあり、祈りや瞑想のための聖域となるところもある。

現代の視点はそれとは非常に異なっている。私たちは土地を不動産、単なる売り物、土地の所有者の望み次第で何にでも使われる物として扱っている。しかし、土地の所有者の願望が、その土地のスピリットと一致しない場合、結果は事業の失敗、病気、さらには死を招くことさえある。

植物のスピリット・メディスンについても、祖先の視点と現代の視点との間に同様の分離が見られる。

今日、植物も商品として見られ、しばしばその植物が属していない土地で育つことを強要されている。たとえ手元にあるハーブのチンキ剤やカプセルの中に有用な植物の化学成分があったとしても、そこには植物の憤りも含まれていることになる。

祖先の知恵はメディスンの生育する環境がそのメディスンの一部なのだということを語っている。植物には根っこがある。植物は自分たちが自然に育つ土地に属していて、鉱物や植物や動物、人間の遺物を食べ、自分たちが生きている場所のスピリットと目的を吸収する。植物は土地のメディスンを体現し、分かち合っているのだ。

第9章
聖なる植物の教師

コリン・キャンベルはボツワナ出身のサンゴマ、いわゆる伝統的なアフリカの医者で、重い病気にかかった母国の村人が助けを求めて地元の伝統医を呼んだときの話をしてくれた。その伝統医は患者を調べた後、地域の山や川、動物や植物に相談するために出かけて行った。数日後、伝統医は診断結果を知らせるために戻ってきた。それによると、誰かが木のスピリットに許可を求めずに木を切り倒した。一人の敬意に欠ける行為がアンバランスを生み出し、それが別の誰かの病気となって現れたというのだ。木との良好な関係が修復されない限り、誰にでも病気やそれに類する災いが現れるだろうということを、村人たちは非常によく理解していた。木に対する無礼を調停するために儀式を執り行うよう指示され、村全体が参加した。そして患者と彼のコミュニティーに健康が戻ってきた。

　これは邪悪なスピリットが人々を懲らしめようと躍起になっているという類いの話ではない。植物のスピリットは愛と尊敬、与えることと受け取ることが織り込まれた織物の一部で、私たち人間もその一部だ。

その織物を裂くと、スーツケースを持ったメッセンジャーが町にやって来る。スーツケースの中にはメッセージを確実に胸に刻み込めるよう意図されたものがいっぱい詰め込まれている。スーツケースには「不幸」というラベルが貼られている。

「万物のために織物を修繕しなさい」とメッセンジャーは告げる。「あなたや他者すべてを支えているものに戻りなさい。つまり愛と尊敬、与えそして受け取ることに」と。

この物語は植物と交流する際には覚えておいたほうがいいだろう。ペヨーテ*やアヤワスカ*、あるいは特殊なきのこのような聖なる植物の教師のいずれかに関わることに関心があるなら、あなたはこの物語を真剣に記憶しておかなければならない。こうした植物の力は想像を超えるもので、あなたは彼らのメッセンジャーがスーツケースを持って到着するのを見たくはないだろう。

「私は良い意図を持っているし尊敬の念に満ちている。だから、私には何の問題もないだろう」と言う人もいるだろうが、この考えは甘すぎる。たしかに、時にはこうした植物との単純な取り決めがうまくい

*ペヨーテ：サボテンの一種で、歴史的にメキシコの先住民の宗教的な儀式に用いられてきた聖なる植物。アメリカの先住民の間では、アルコール依存症や精神疾患、その他の疾病の治療に使用されてきた。

*アヤワスカ：歴史的にアマゾンの先住民の宗教的儀式や治療に用いられてきたツル性の植物で、アマゾンの先住民にとって聖なる植物であり、ペルーの国家文化遺産にも指定されている。

く場合もあるが、そうはいかない場合もある。もし知識や知恵、あるいは癒しに恵まれたいと望むなら、お返しに何をあげればいいのだろう？　どんなふうに敬意を示せばいいのだろう？　それを決めるのは私たちではなく、植物のスピリットなのだ。

こうしたすぐれた教師との尊敬の念に満ちた約束の取り決めを理解するには、神々が崇高な物語、この世界の物語を歌っていた時代に戻る必要がある。彼らの歌が世界と、最終的には私たち人間を含む創造物すべての存在をもたらした。

進化論者はこの世界がどのようにして出現したかについてできる限りの推測をしたが、先住民の叡智の守り手によると、彼らの推測はあまり当たってはいなかった。さまざまな民族は共通の祖先から進化したのではなく、それぞれが母国の子宮から生まれたのだ。私たちは世界各地に同時に現れた。各グループはその地域の他の動植物と同様に環境の一部なのだ。

ホッキョクヤナギとバナナのどちらにも根と葉があり光合成を行うなど、多くの共通点があるが、同時にそれぞれ異なる環境の一部で、その土地で生育して繁殖していくために異なる条件を必要とする。イヌイットとアマゾンの先住民も、ホッキョクヤナギとバナナと同様に共通点と異なる点がある。

動物もそれぞれ翼やえら、毛皮、先の尖ったあるいはかぎ状のくちばし、かぎ爪、俊敏な足、鋭い臭覚や聴覚など、必要な装備をもってこの世界に歌い込まれた。私たち人間には、心という分離の感覚を生み出す独自の能力を持った特別な装置が与えられた。「これは私。そしてその他のものは全部私じゃない」。心はこの根源的な分離からさらに多くの分離や区別を作るために進んで行く。「これは岩でこれは植物。これは棒切れ」

生存のための恐れに満ちた不安に駆り立てられて、私たちの心は創造的な介入を思いつく。「私は空腹だが、鹿は私よりも走るのが速い。岩を砕いて先の尖ったものを作って、植物の繊維で棒の先に固定し、それを鹿に命中させれば食事にありつける」

これはまったく素晴らしいものだが、あまりにも心に留まりすぎると問題が起きる。心は分離した自己という幻想を生み出し、その分離した自己を守ると考えられることは、いかなる行動も正当化する。自分の利己的な目的のために木を切り倒した人のように、私たちは関係性の網を破ってしまう。これが病気や孤独、終わることのない恐怖、また個人的災難や環境の大惨事など多くの不運をもたらす。

人間の知性は記憶喪失だ。知性は私たち人間が存在の網の一部分なのだということを忘れてしまった。その忘れっぽさが病気や苦しみの原因なのだ。人間はこの問題の多いギフトを与えられたが、小さいながらも重要な生命の一部分としてバランスを保つ数々の方法も与えられた。すべての先住民に、人間が生命の網の一部だということを思い出すための教えと慣習が授けられた。思い出すことが癒し、知恵、豊かな環境、そして持続可能な生き方を生み出す。

ある民族には記憶を促す助けになるもの、つまり知識や知恵、癒しの聖なる領域へといたる手段として聖なる植物が授けられた。こういった植物のうち、ペヨーテのような植物は実際に摂取するが、その他の植物、たとえば、風の木のようなものはそれとは異なる。しかし、それら聖なる植物のうち一つとして、どこにでも生えているというものはない。これは何故かといえば、これまで見てきた通り、それぞれの民族が異なっているからだ。イヌイットにアマゾン、アボリジニやケルト、ズールーやモンゴルの人々にはそれぞれ異なるニーズがある。人々の魂はそれぞれの土地の先祖のエネルギーでできていて、思い出す方法はそれぞれだ。聖なる植物のどれ一つとして万人向けのものはない。

昔は誰が聖なる植物の教師から利益を得られるのかは完璧に明確だった。たとえば、あなたがアヤワスカが育つ土地で数えきれないほど生死のサイクルを経てきたグループの一員ならば、あなたとアヤワスカは互いのために作られたと言える。どこか別の土地の出身なら、アヤワスカはあなたのためにはならない。

近頃は、どの植物があなたに適しているのかを知ることが一層難しくなった。適切な葬祭の儀式の崩壊が、死後多くの魂が彷徨《さまよ》い、外国の祖先の領域に流れるという結果を引き起こしたので、祖先のエネルギーの貯水池はかなり混じり合ってしまった。人間の魂は祖先のエネルギーで作られているので、私たち自身が魂の愚者になってしまったのだ。別の言い方をすれば、あなたの家系と生まれた場所は、もはやあなたの魂のエネルギーについて信頼できるガイドではなくなったということだ。もしかしたらあなたは私のように、シカゴの東欧系ユダヤ人の家庭に生まれたかも知れない。にもかかわらず、あなたの魂は私の魂と同じく、おもにウイチョル族の先祖のエネルギーでできているかも知れない。もしそうなら、あなたも私がそうであったように、ペヨーテの恩恵に預かることができるかも知れない。しかし、あなたは本当に自分自身の魂がどのようなエネルギーでできているのかを知っているだろうか？　最近ではほとんどの人が知らない。

あなたが聖なる植物の教師と協力して働くということを考慮するとき、その植物があなたのことを自分たちの同胞、つまりこの世界の手助けをするためにもたらされた仲間と見なすかどうかということを、あなたは考慮に入れるだろうか？　それともあなたは自分が望むことだけを考えるだろうか？　もし何もかもが自分のためだとしたら、植物の教師はあなたのことを敬意のない者と見なすだろう。無視するかも知れないし、ちょっとしたいたずらを仕掛けるかも知れない。あるいは、膨らんだスーツケースを持ったメッセンジャーを送りつけるかも知れない。

今日、あなたには、あなたの魂の中を覗き込み、あなたと聖なる植物の教師がソウルメイトかどうかを見極め、あなたが植物の道を歩くのを援助できる信頼のおけるガイドが常に必要だ。実際、聖なる植物はそう主張している。植物は私たちの役に立つためにこの世界に生まれた。彼らは私たち自身では舵取りできない広大な広がりに通じている。私たち自身では簡単に迷ってしまうし、迷った人はやってはいけない例として以外、自分自身にも他人の役にも立たない。

良いガイドというのは、自分自身もガイドをしてもらった経験をもっている。その道を歩いたことがあり、今でも歩いている。進むべき方角、紆余曲折を知り、誰が聖なる植物の教師が育つ土地に属していて、誰がそうでないかを知っている。恩恵を受けた多くの人と不運に苦しんだ人を見てきた。成功した人々は、植物によって与えられた伝統と、先祖の世代から世代を経て伝えられた伝統に忠実に従った。失敗した人々は、自分たちのやり方でやりたかったのだ。

ウイチョル族の伝統では、ペヨーテのガイドになるためには次のことが必要とされる。まず油断のならない手ごわいシャーマンの監督のもと、最低五年の厳しい見習い期間がある。次に、危険なイニシエーションの儀式がある。志願者が首尾よくイニシエーションをやり遂げたら、彼自身シャーマンとなってコミュニティーに奉仕する人生を引き受けなければならない。しかし、その時点でも彼には他の人をガイドする準備はできていない。彼はさらに次の五年間、シャーマンとして働かなければならない。そこで彼が地域の人々の幸福のために献身的に尽くす力のあるヒーラーであると見なされれば、二番目のイニシエーションを求めることができるが、それは最初のイニシエーションよりさらに危険なものになる。苦しい試練を通過した後に、ペヨーテのガイドになるための三番目のイニシエーションの機会が訪れる。その最後のイニシエーションにおいて、ようやく祖先や神々そしてペヨーテ自身が、そのシャーマンはこの聖なる植物の教師に援助を求める人々を助ける準備が整ったと宣言する。

訓練とイニシエーションは聖なる植物や民族によってそれぞれ異なるが、ガイドになるための準備をすることには大きな責任が伴う。伝統を軽視する者、近道を求める者、単なる自称ガイド、そういった人は危険な愚か者だ。近頃ではありとあらゆる種類の人が出てきた。その中には本物もいるが偽物もいて、そういう人はお金やセックス、あるいは権力を追い求めている。

聖なる植物の教師のメディスンを呼び出す時が来たら、どのような状況に聖なる植物の教師を招き入れるのかを自問することだ。それは植物が望んでいるような、焦点が明確で敬意に満ちて安全なものなのかどうか？　あるいは散漫で利己主義に汚染されたもの、つまりは不運への招待状になるのか？　信頼できる人間のガイドは、ふさわしい内容を持った儀式を構築する方法について先祖に与えられた教えに従い、その時々の調整に関するガイダンスに慎重に耳を傾ける。

植物との関わりを結ぶ儀式は個人によって創造されたのではなく、さらには文化によって創造されたのでもない。儀式は植物とともに人々にもたらされた。実際、儀式は植物という聖なる存在の一部なのだ。

ペヨーテの民であるウイチョル族は、彼らの聖なる植物の教師に特別な贈り物を願うときには、儀式の設定に細心の注意を払う。まずは、ウイチョル族のガイドとなった人が彼らの伝統発祥の地への巡礼の日取りを決める。準備の月にはセックス、塩分、水浴を断つ。鹿を狩り、特別な祈りと敬意を捧げて生贄《いけにえ》にする。雄牛を購入し、それもまた適切な方法で生贄にする。特別な供物が作られ愛と献身で祈りが捧げられる。その後、それらの供物は聖地に捧げられる。ウイチョル族の村から発祥の地までの道のりは遠い。数年前までは、徒歩で一ヵ月かかった。最近ではトラックやバスを借りることもできるが、費用があまりにもかかりすぎるので、資金不足のために旅が延期されることもある。巡礼の旅の途中にはそれに伴う多くのしきたりがあり、聖地の入り口では、断食中の巡礼者を幼い子供のように無垢にする特別な浄化の儀式を迎える。動くべき時とじっとすべき時、話す時と沈黙を守るべき時がある。火を起こし、火を崇め、愛情を込めて火の守りをする。祭壇を作り、美しく供物を供え、生贄の鹿と雄牛の血で祭壇は聖なるものとなる。聖なるメディスンに祈りが捧げられ、探求され、発見され、再び何度も祈りが捧げられ、参列しているシャーマンの祝福を受け、最終的に生贄は食される。祈り、供物、祭壇を作るための準備、あらゆることが始まりの時に祖先に与えられた教えに従って、愛情と細心の注意を込めて行われる。巡礼は夜を徹して行われる。夜明けには伝統的な感謝の祈りの歌を歌い、自分たちの村へ戻る長い旅を始める。

伝統的な先住民はそのような慣習を理解しているし、儀式の実用的な価値も認識していて、儀式には細心の注意を払っている。現代の西洋人はよくこうした伝統的なやり方を風変わりで時代遅れだと考える。しかし、私たちは「高度に発展した」アプローチの恩恵を受けているだろうか？　私は多くの伝統的な人々を知っているが、彼らは地に足が着いていて、実際的で、有能なコミュニティーの指導者や、農民、ヒーラー、アーティストである。彼らは聖なる植物から授かった才能を分かち合う一つの手段として、生命に素晴らしい貢献をしている。あなたは聖なる植物の教師との関わりから、他人のために恩恵を与えている西洋人を何人知っているだろうか？

ここで絶大な人気を誇る二つの聖なる植物の教師、マリファナとタバコについて、特別に言及する価値があると考える。まずマリファナについて考察してみよう。マリファナの原産地は中央アジアである。西洋世界において、その土地や植物に実質的に魂の関係性を持っている人を見つけることは稀だ。さらにその土地の先住民の儀礼のイニシエーションを受けた人を見つけるのは稀なことであり、進んで他人に教える気のある適切なイニシエーションを受けたガイドを見つけるのは、それよりもまたさらに稀なことだ。マリファナは人々を欺いて、彼らを恩恵を受けていると信じ込ませる。神聖な状況を外れると、聖なる植物の教師は魅力的で、綺麗に装飾を施されたスーツケースを運ぶペテン師になる。

マリファナよりもさらに多くの人々がタバコに関係しているが、ほとんどの人がタバコの神聖さを認めていないし、敬意を抱いてもいない。最近ではタバコは有害物質として恐れられ、非難されている。そして喫煙に関連する死亡や病気の数字がその見方を支持しているようだ。しかし、タバコは聖なる植物がみなそうであるように、敬意に欠けた扱いを受けたときにのみ有害な物となるのだ。統計はこの植物の悪意を証明しているのではなく、単に大量に濫用されたことを示しているにすぎない。

現代世界で病気や危険を生み出す植物が、しかしながら先住民の世界では癒しと保護を生み出す。タバコは南北アメリカで生まれた。そしてこれまで両大陸のどこに行っても、先住民のスピリチュアルな実践の中で、タバコが重要な地位を占めていないところはなかった。タバコは人々が心の耳で聞くことを助けてくれるので、特別な祈りの助手で多くの祝福の源なのだ。ほとんどの文化ではタバコは適正な使用法のために複雑な条件を必要としないが、尽きることのない感謝と敬意を要求する。最小限の儀式を設定することは、植物の使用者が自分の意図に焦点を定め、また、正直であるために望ましい。

こういった聖なる植物の教師が今日の「リアルな」世界に何の関連もないと思わないように、これについてよく考えてほしい。数年前、私はあるウイチョル族の知り合いと話をしていた。彼はウイチョル族の標準からすれば裕福な人物で、伝統的な地域の長として、無償で地域住民のために奉仕活動をしていた。彼は卓越した教養のあるメキシコ風スペイン語を話した。話題を見つけようと、私は彼にスペイン語を近くのカトリック系ミッションスクール、そこは彼と同世代の人がスペイン語を習う学校なのだが、そこに通っていたのかどうか尋ねた。

「いや」と彼は答えた。「私は学校には行っていない。読み書きも知らないんだ」

その答えに驚いた私は彼に尋ねた。「じゃあ君はそんなに上手なスペイン語の話し方をどうやって習ったの？」

「私はじいさんと同じやり方で覚えたんだ。じいさんは偉大なシャーマンで百十才まで生きたんだが、八十才くらいのときにスペイン語を習ったんだ」

「それで君のおじいさんはどうやって習ったの？」

「ペヨーテに教えてもらったんだ」

第10章
平凡な人生

私はシカゴで生まれ、ウィニペグとサンフランシスコで育った。私の父はいろいろな中小企業で管理職として働き、義理の母は主婦だった。私の育ちは八才で両親が離婚するまでは、あらゆる点で平凡なものだった。子供の頃の私は病気がちで理知的な少年で、自然に対して親近感を抱くという感覚は全くなかった。実際、花粉症のために植物を敵のように忌み嫌うようになっていた。

一九六〇年代の後半、映画製作科の大学院生だった頃、ある日、私は自分がその上で生きている地球について、何も知らないということに気が付いた。突然、それを見つけ出すことが緊急課題のように思えて、それで大学を離れバーモント州の農場を目指した。農場では何も知らない私は次から次へと問題にぶつかったが、それでも農場の生活は楽しかった。新たな困難に出会う度に、満足のいく教訓を発見した。ことに満足がいったのは、薬草療法に触れた経験だった。

私はエロイーズという名前の気むずかし屋の年取ったヤギのために、薬草療法をやり始めた。あるときエロイーズが目の感染症にかかったので獣医に連れて行ったのだが、獣医はエロイーズに対する治療法はないと宣告した。彼はエロイーズは間違いなく死ぬと言ったうえで、ともかく薬を処方した。私は彼に感謝し、処方された薬を持ち帰った。家に着くと処方薬をゴミ箱に投げ入れ、獣医がどうすることも出来ないのだから、私が自分でエロイーズを治療しようと決心した。私はエロイーズの病気を家畜の病気に関する薬草療法の本で調べた。その本の中で効き目があると勧めている薬草が、私の住んでいた農場に生えていたので、それを摘んで指示に従って与えた。二～三日でエロイーズは元通りになり、病気はすっかり消えていた。

その後のいくつかの成功によって、私は自分が自然療法に対して情熱をもっていることを発見し、それを職業にしたいと思うようになった。そのためには先生が必要だったが、どうやって先生を見つけたらいいのか、またそんな人が実際にいるのかどうかも、まるで見当がつかなかった。ある日、バーモントの隣人が、彼らの友達のダイアンの話をしてくれた。彼女はアジアで原因不明の重い病気にかかり、自分を治療してくれる人を探して方々を旅したというのだ。彼女は行く先々でJ・R・ワースリーという名の偉大な鍼の療法家の話をいくつも聞いた。彼女が相談した医者の誰も彼女を治すことが出来なかったので、ワースリー教授に診てもらうために彼女は彼の住むイギリスに出かけて行った。そのイギリス人は速やかにダイアンの病気を取り除いたうえに、彼女がこれまでに経験したことのない素晴らしい健康状態をもたらした。ダイアンは非常に感銘を受け、ワースリー教授のもとで学ぶために留まった。

この話で結局のところ、私が必要としているそういった類いの教師が実際に存在し、私はその人を必ず見つけるだろうという確信を得た。そういう人物を探し始めるため、私は農場を離れた。三年とそして多くの失望の後、私はようやく最初の教師を見つけた。その人は他でもないJ・R・ワースリーその人だった！

私ははじめワースリー教授がセミナーで話しているのを聞いた。彼は五行という中国の医学の伝統について教えていたのだが、滑稽であると同時に地に足が着いていて、しかも深みがあった。彼の医学は私が農場で学んだすべてのことを肯定しており、私が知りたいと望んでいたあらゆることを教えてくれると約束していた。私は地元の野草のことは忘れ、鍼《はり》についてできるかぎりのことを学ぶためにイギリスに渡った。

中国医学は私が理解したところによると、癒しを自然のエネルギーのバランスにあると考える。当時の中国の医者は精神とスピリットに重点を置いていたが、今日でもワースリー教授はこういった領域は鍼治療の範疇にあると教えている。彼は地球と地球上の生物は、季節に巡りをもたらすその同じエネルギーでできている、と伝統と一致した立場を取っている。実際、季節が人間の性質を形作る、と彼は言う。五行の要素（木火土金水《もっかどこんすい》）のそれぞれが季節に符合していて、これらの季節のエネルギーがさまざまに私たちを育み支えている。

暑い夏のエネルギーは、汗腺、心臓、循環器系や各細胞中の代謝を促す熱など、体温を維持する構造に現れる。肉体の生存は適度な熱にかかっており、また私たちの精神にとっても欠かせないものだ。他人に対して温かな気持ちになるとき、私たちは喜びを知る。私たちのスピリットは、人生に意味を与える温かさと喜びによって豊かになる。

インディアン・サマー*は五番目または「おまけの」季節である。一年のこの時期に、母なる自然は甘く実り豊かな収穫の恵みで、身体には食物、精神には理解を、そしてスピリットには他の人々の願いに応えることのできる共感をもたらす。栄養が作られ、胃、脾臓《ひぞう》と膵臓《すいぞう》、そして胸などに運ばれる。

秋には一年が終わりに近づくとともに、さわやかな空気が新たな始まりを告げる。肺は新たなひらめきや導きを吸い込み、一方、結腸は悪意や心の傷、悲しみまた自分には価値がないという感覚を伴って便を排泄する。秋は私たちが手にしているものの価値を見直し、失ってしまったものに対する悲しみを教える。

冬は内なる静寂の時で、私たちを意志と熱望の源泉へと向かわせる。自然が眠りについている間、雨と雪が大地の貯水層を生命の液体、水で満たす。腎臓と膀胱は身体と精神、スピリットを流動的に保つ液体を調節している。冬の到来は私たちが恐れと畏怖を知ることを可能にする。

春は未来に向かってはじける生物が誕生し、成長する時だ。この時は私たちの身体が成長しきった時に終わるわけではなく、私たちは一生を通して、ずっと成長し続けていかなければならない。さもないと、成長が妨げられ欲求不満で怒りっぽくなる。肝臓と胆嚢《たんのう》が私たちの成長を組織している。

五行というのは五つの季節のエネルギー、つまりあらゆる人とものを作っているもののことだ。伝統的な中国医学はこれらのエネルギーのバランスがとれている状態が健康で、アンバランスな状態が病気であると教えている。癒しの目標は自然の調和を回復することだ。病気の症状は単にバランスが崩れたことを伝えているにすぎないのだから、調和をとり戻せば症状は自動的に消える。

中国医学は感情を観察することで、人のエネルギーの状態を探ることができることに注目している。人の感情を探る方法にはいくつかある。動物は人がどう感じているかを、匂いで正確に知ることができる。そして鍼を学ぶ学生として、私も人々の感情を匂いで感じ取ることができるように、鼻の使い方を回復す

＊インディアン・サマー：晩秋から初冬にかけての季節はずれの穏やかで暖かな天候・時期。

ることを学んだ。また感情には色がある。私はそれぞれの感情が表情に与える、かすかだがはっきりとした色合いを感知することを学んだ。

感情は音をたてる。たとえば、同情を感じているときには、私たちの声はとても音楽的になり、一方、怒っているときには普段より荒々しい音をたてる。まだ言葉を理解していない幼児は、声の調子を完璧にうまく解釈することができるが、大人の私はその本能をもう一度鋭敏にする必要があった。

また感情は心臓の鼓動とともに脈打っている。伝統的中国医学の手順に従って、私は十二ヵ所で脈診を学んだのだが、これはエネルギーのバランスに関する詳細な情報をもたらした。

ワースリー教授はまたスピリットの道においても私を教育してくれた。あるとき彼は一週間、教室でスピリットについて講義をした。そしてその最後の日に、彼がそれまで話してきたことを実際に体験させてくれた。彼はスピリットのための鍼治療を教壇のところに来て受けるように、一人ひとり学生を誘った。まもなく一人の男性がこらえきれずに笑いだし、一方、もう一人の男性は教室の隅で虚ろな表情でうつむいていた。ある若い女性は涙を流しながら幸福そうにクスクス笑っていたが、もう一人の女性はすすり泣きながら叫んでいた。ワースリー教授の鍼は、学生一人ひとりのスピリットに触れ、それぞれがその経験によって変容させられた。

教授が私に鍼を施したとき、私は身体の中をきらきら光るエネルギーの小川が流れているように感じた。その感覚がうすれた後、私はそれ以上の変化には気付かなかった。彼が私に施した鍼のツボを振り返ってみて、それらのツボがトラウマによって損なわれたエネルギーの修復に有効なツボだったことを思い出した。これが私には謎だった。なぜなら、当時私は恋愛中で、さしあたりトラウマなどなかったからだ。次の日、家に飛んで帰ると恋人が私を出迎えて、私たちの関係は終わったと知らせてきた。これは大きな痛手だったが、すでにそのための治療を受けていたので、その打撃に完全にやられてしまうことはなかった。

イギリスにいた頃、私はいかに自然が人間生活の要求を満たしているかを理解し始めた。自然がバランスをくずしていると、私たちは思考、感情、趣味、あこがれ、声、肌の色や匂いなどを含む、自分自身に関するあらゆるものへの切望に駆り立てられるということが分かった。最も重要なことは、切望が私たちの人生経験を歪めてしまうことだ。病気の症状はただ本当の病気、つまり、私たちの魂の貧困を劇的にしているにすぎない。

私は患者の心に鍼を通じて、夏の太陽、収穫の甘さ、秋のひらめき、冬の安らぎ、春の再生をもたらすべく、熱意に満ちて治療を開始した。若い頃、私は薬草療法に関するワースリー教授の教えについてよく考えた。教授はかつて「鍼を使ってなし得ることはすべて、薬草を使ってもなし得る。だが、もし薬草を使うなら、どうかその土地に育っている薬草を使ってください。なぜならその土地に育つ薬草は、十倍、百倍どころではなく、どこか他の場所に育つ植物より千倍も強いからです」という一文の中で考えを述べていた。私はこの教えが気に入っていた。私にはなぜ地元の植物の方が効き目が強いのか分からなかったし、どうやって植物がスピリットを癒すのか見当もつかなかった。ワースリー教授にも手がかりはなかった。彼は純粋に直観から語っていたと思うし、私の直観は彼が正しいと告げていた。

一九八〇年七月、イギリスの伝統鍼専門学校で一年間教鞭をとった後、私は飛行機でカリフォルニアへ戻る途中だった。カナダのノースウェスト準州のあたりのどこかで、「私はスピリットを癒すため、地元の植物を使用する方法を復活させる」と心に誓った。それは性急な誓いだった。若さ故の理想主義の他に支えとなるべきものは何も持っていなかったが、私は若く理想に燃えていたので真剣そのものだった。

サンタバーバラに到着すると、私は地域に自生する野草の医療的使用法について情報源を探し始めた。

薬草を扱った文学はヨーロッパやアメリカの東海岸の植物に基づいていたので役に立たなかった。地元のアメリカ先住民の人々に尋ねても、彼らの文化が意図的に抹殺された結果として、シューマッシュ族の薬草にまつわる伝承はほとんど消えてしまっていて、実りがなかった。

頼りとなる外側の権威が何もなかったので、私は自分なりの考えでやっていこうと決心した。中国医学には拠《よ》り所となる一連の一致事項があったので、植物の特性を判断するのにそれを応用することにした。たとえば、インディアン・サマーのエネルギーは黄色、甘味を強め、胃の消化能力を高める。私が最初に思いついたのは、「コモンフェンネル（学名：foeniculum vulgare）だった。この植物はインディアン・サマーのときに黄色い花を咲かせ、どの部分も強烈に甘く、胃と消化を助ける強壮剤として定評があった。この植物には明らかにインディアン・サマーのエネルギーがしみ込んでいたので、フェンネルについては私の分析的方法は大成功だった。だが、もしこれが私の分析的方法の最初の成功だったとしたら、それはまた最後でもあった。私が調べたその他の植物はすべて、色はある季節に該当し、味はその次の季節、その植物が地上に姿を現す時期はそのまた次の季節というように、互いに該当する季節がごちゃ混ぜで矛盾していた。このやり方では、求めているものを得られないということは明らかだったが、どうすれば自分のたてた誓いを果たせるのか分からなかった。私には新たなアプローチが必要だったが、それが何であるのか皆目見当がつかなかったので、私は計画全体を棚上げにすることに決めた。

この時までに、私はメキシコのウイチョル・インディアンのシャーマン、ドン・ホセ・リオス（マツワ）を初めて訪れていた。そのときの経験はこの本の第3章で詳しくお話ししたように、私に深い印象を残した。シャーマニズムについてさらに学ぶことが、私の仕事の助けになると感じてはいたが、実際に呪術的な訓練を受ける方法を知らなかった。

数ヵ月のうちに、顔見知り程度の知り合いが健康上の問題で鍼治療を受けたいと、私に話を持ちかけてきた。そして、治療代をお金で支払うかわりに、私が興味を持ちそうだと思うあることを教えるというのではどうかと提案してきた。私はこの女性のことをほとんど知らなかったし、彼女が私に何を教えたいのか全く見当がつかなかったが、直感的に彼女の申し出を承諾した。まもなく私は自分の直観が正しかったことを確認した。彼女は幼い頃、身体を脱け出して時間と空間の限界を超えて旅をし、そこで知識と能力を手に入れることができることを発見した。いずれにせよ、私が興味深く思うであろうと彼女が考えたあることとは、この夢の世界を旅する術を学ぶということだった。自分の鍼の知識を深め、両方にとって興味のある他の分野を探求しながら、約一年間、彼女とともに学んだ。だが、このときはこの方法を植物についての研究に応用するという考えは一度も浮かばなかった。

私が彼女との学びを終えた後も、私は依然シャーマニズムについて何か学びたいと強く望んでいた。アメリカ人の人類学者、マイケル・ハーナーが何らかのシャーマニズムのテクニックを週末コースで教えていると聞き、彼に付いて学ぶためにニューヨークへと旅した。それまでの一年で自分がすでにシャーマニズムを若干経験していたことが分かって、私は大いに気を良くした。またマイケルのコースについても幸運だった。彼が、私がすでに知っていることよりももっと多くのことを教えてくれることは明らかだったので、さらにつっこんで勉強するため受講することにした。

植物のスピリットとコンタクトするためのテクニックを示唆してくれたのは、マイケルだった。それはまさに私が誓いを果たすために必要としていた新たなアプローチだった。私が最初にコンタクトした植物ヘラオオバコは、植物のスピリットは喜んで私に教えたいと思っているし、実際、ほとんど二百年もの間、誰かが人間のスピリットを癒すために援助を求めてくることをずっと待ち望んでいた、と言った。

最初のコンタクトの後、私が住んでいる地域の植物から学ぶために空いている時間のすべてを費やした。私はそれまでにすでに彼らの言語である五つの季節の言語を習得していた。植物のスピリットは、私がすぐに実践できる知識を与えてくれた。はじめのうちは恐る恐る、だが、それが効果があるという証拠を得てからは、より自信をもって実践するようになった。数ヵ月のうちに、私はどのような方法にしろ、他の方法であれば獲得するのに何世代もかかったであろう植物に関する相当量の知識を集めた。

並外れた教師に恵まれながら、私の人生の物語は他のすべての点においては平凡なものだ。私はありふれた悩みや不安を持って、中産階級の子供時代を過ごした。私は両親によって、その時代の合理的物質主義の中でしつけられ、植物のスピリットのメディスンを再発見してから数年を経るまで、先住民の伝統的な教えを受けたわけでもなかった。歳月を経て、私は自分の平凡さに敬意を払うようになり、ヒーリングに関する頑ななまでの関心を持っている他、何の才能もない者が成し遂げられることの、ひとつの証になると考えるようになった。

第 2 部

私の植物のスピリットの夢

第11章　火

季節の移ろいとともに光が薄れ、力の衰えた太陽が空を横切る短い旅を終えたところだ。地面の上では、氷の結晶が黒ずんだ茎の間で成長している。わずかに残った鳥は、翼の下に頭をうずめ……歌うこともない。あらゆる生物の中で、人間だけが楽し気でおしゃべりだ。その日にあったさまざまなわくわくする体験を互いに話し合いながら、たき火を囲んで座る人々の輪を、凍《い》てついた闇が貫き通すことはない。暖をともに分かち合う愉しみがあるので、人々は幸運を喜び不運を笑い飛ばす。

若い母親たちは赤ん坊を寝かしつけ、大きな子供たちはストーリーテラーの足下に座り、彼の話が始まるのを今か今かと待っている。

ストーリーテラーは期待に満ちた小さな顔を眺め回し、含み笑いをする。たき火に薪を二本くべて、「ありがとう、兄さん」と彼は言う。

一人の少女が声を上げる。「ストーリーテラー、どうしてあなたはいつも薪に話しかけて、薪のことを『兄さん』と呼ぶの？」

大人たちは笑う。大人たちはこの質問への答えが必ず、「お日様はなぜ夜に休むか」という物語に引き継がれることを知っているからだ。これはストーリーテラーの物語の中の最高の登場人物、熊、マス、黒イチゴの藪がでてくる複雑な話だ。

物語が始まる。ほがらかな笑い声や大笑いを混じえながら、物語は夜更けまで続いていく。一人また一人と子供たちは眠りに落ち、物語が終わると、ストーリーテラーは薪に灰をかぶせて火を埋《い》けながら最後にまた一人含み笑いをする。妻が笑いすぎて頬に落ちた涙を拭いながら近づく。彼女は微笑んで、彼を誘う。彼女の瞳の中には、熾《おき》の赤い炎が揺れている。

このシナリオの中で、たき火の周りに人々は集い、たき火の火は人を温め陽気さをもたらした。人間は料理や食事をしたり、話をしたり笑ったり、子供たちの世話をしたり、知恵のある長老に耳を傾けたりと、常に火のそばで暮らしてきたので、それは世界中で数え切れないほど繰り返されてきた、人類とともにあった昔ながらの光景だ。今日、火は金属とプラスチックの中に収められ、ダイヤルとサーモスタットで調節されているが、今でもキッチンや暖炉、自動車や電気機器の中にある。しかし、人々はどこにいるのだろう？　人々は互いの目を見つめ合っているだろうか？　それとも通りを見ているのだろうか？　互いの喜びや気がかりを知っているだろうか？　互いに関わり合い、住んでいる場所の一員だと感じているだろうか？

私は子供の頃、中産階級の白人の住む区域に住んでいた。そこでは人々はかなり孤立した生活をしていたが、それでも子供たちは通りで一緒に遊んでいた。私たちはお互いの家を自由に出入りし、よく一緒に食事をしたり泊まったりしていた。親たちにも時々付き合いがあった。一方、五十年後、私は典型的なアメリカの町に住んでいたが、その町を親しみを込めて私たちの町と呼ぶことはできなかった。なぜならその場所に十五年暮らした後でも、誰の名前も知らなかったからだ。車に乗っているのでもなければ、子供も大人も通りで見かけることはなかった。

ある幸運に恵まれた日、町で停電があった。数分のうちに人々は家から通りに出て、子供たちを連れ出しトランプ用テーブルやボードゲーム、ギター、よもやま話に歌や笑いを愉しんだ。二、三時間後、電気が回復すると、人々はコンピューターやテレビに戻り、そのあたりには以前と同じように人がいなくなった。

周りの世界に目を向けると、火は至るところにある。植物は太陽からの熱と光を捉え、内部に蓄える。私たちが植物や、草食動物を食べるとき、私たちは植物の内部に蓄えられた熱と光を吸収している。そして、それが心臓の鼓動の一つひとつ、私たちが辿る一歩一歩のエネルギー源となるのだ。各細胞は新陳代謝というたき火の周囲に集まる一部族のようなものだ。私たちは私たち自身の体内の火によって生きている。

科学は熱とは分子の運動だと言う。より早い動きは高温になり、動きが遅くなるほど低温になる。全く動きのない物は「絶対零度」という温度になるが、動きがなければ周囲のものと熱の交換をすることができない。そして交換しないものは存在できないので、これはただの理論上の抽象概念にすぎない。

もしこれが突飛な主張に思えるなら、木を例にとって考えてみてほしい。木は動物にとって不可欠な酸素を吐き出す。動物はそのお返しに、木にとって不可欠な二酸化炭素を呼吸によって吐き出す。動物の糞や腐敗していく死骸は土壌を豊かにし、それが木の葉の成長を促す栄養になり、木の葉はまた動物の餌となる。木はその根を通じて、生命を維持する水を吸い上げる。木の葉を通して水分は空に戻り、再び雨となって地上に降ってくる。それ以外のエネルギー交換もあるが、こうしたサイクルのうちひとつでも中断されれば、木は枯れ、死んだ木となって、土壌、空気、植物、動物とのエネルギー交換のサイクルは、腐敗と呼ばれる複雑なプロセスを経る。腐敗が完了すると、かつて木だったものは湿気を含んだ豊かな土と、大小さまざまな多数の生命に変わっているだろう。そこから新たな木が発芽し成長する。そうやってエネルギー交換のサイクルは続いていく。あらゆるものが存在するのはこのエネルギー交換のサイクルのおかげである。ある種類は他の種類よりもエネルギー交換のサイクルが長続きするが、世界には分離して存在しているものはない。私たちはみな単純にエネルギー交換を中心に存在している。*ひとつの生命としてのエネルギー交換のサイクルが終わると、別の生命となって、再び生命の循環が始まる。

私たちをあらゆるものの一部にしている交換を表す、愛という美しい言葉がある。交換、関係、喜び、愛というのはすべて火で、その火が世界を巡らせ、世界のオーケストラを指揮している。

古代中国の賢人は、私たちの火を身体、精神《マインド》、スピリットの帝国のすべての活動を管理する光明を得た皇帝にたとえた。彼らはこの火を「最高の統治者」と呼んだ。最高のとは神を意味し、力や恐れで支配するのではなく、愛で支配するということを彼らは知っていた。

最近、私はもう何年も心が冷えきっていたために、もはや何をするにも情熱をもてなくなってしまった

＊ひとつの〜始まる。：一例として、木が枯れた後、豊かな土と大小さまざまな生命に変わること。

五十才の男性から相談を受けた。彼は、ただ失業手当をもらって、やりかけのプロジェクトのがらくたの中で、家のまわりをぶらついていた。私はこの男性に心を温め、もう一度自分の人生の舵取りをする気を起こさせる植物のスピリットを与えた。彼の顔はぱっとピンクに上気した。次の日、彼は身体がほてって、前の晩から涙が止まらないと電話してきた。熱を下げるために、私にできることが何かあるだろうか？私は彼にまもなく熱も下がり悲しみも去って、その後ずっと気分が良くなるだろうと保証した。

後日、新たな熱意のこもった声で再び彼が電話してきた。何か私に話したいことがあって、私を夕食に招待したいということだった。夕食をとりながら、彼の話にはこれからの目標と活力がこもっていた。その前日、彼はそれまで何ヵ月もの間滞っていたおもな仕事の取り引きを止めるための手続きを開始した。また、もう何年も研究室で頓挫したままになっていた、彼の発明のひとつを結実させる方法についての指示を仰ぐため、近くの大学に電話した。その発明というのは意味深いことに、心臓の動脈瘤を取り除くための器具と外科的手法から成るものだった。

火は喜び、楽しみ、笑い、関係、セクシュアリティーを自然にもたらす。賢人たちは火の贈り物が恐れや無気力さ、物事をひどく苦にすることから守ってくれることを知っていた。彼らは火のこのような側面を、人々の喜びを担当する役人と呼んだ。それはまた「心包」と呼ばれることもある。

心包が健康なとき、私たちは自分自身のことや困難を笑い飛ばすことができる。また他人との温かな関係に喜びを感じ、満ち足りた性的な出会いを経験する。この役人がバランスを失っていると、私たちは冷たさや、孤立感を味わったり、ひどく傷つきやすくなったり、不信感や苦痛を感じる。私たちの人生はこの苦しみを否定するためや、補うための努力に費やされることもある。

心包に相当する器官はない。解剖用の死体の中にも見つけることはできない。このため従来の医者が、心包をまじめに受け止めることはありそうにもない。にもかかわらず、それは顔に鼻があるのと同じくらいリアルなことだ。多分、それ以上にリアルなことかも知れない。なぜなら形成外科医のところに行って心包の機能を手に入れることはできないからだ。

シャーロットは私の生徒の一人で、長年にわたる喪失の後に、必要としている温かさを心包が取り戻したときに何が起こり得るのかということについて、とりわけ鮮烈な体験をもっていた。以下は彼女がその経験について綴ったものだ。

治療が始まる前、私は懐疑的でした。予想もつかなかったんです。でも、最初の植物のスピリットを受け取ったとき、私は一瞬にして深い意識の状態へと落ちていって、目の前にスピリットを見ました。私にはそれが植物のスピリットだと分かりました。(注3) 二回目の治療の段階で、ショパンが演奏しているのが聞こえてきました。まるで彼がその部屋にいるか、私がピアノの中に入ったかのようでした。それはとても美しいものでした！　あなたが三番目の植物のスピリットをくれたときには、天使が現れました。それは素晴らしい気分で、たくさんのエネルギーが胸のところまで上がってきたような感じでした。その夜、私は重要な夢を見ました。

約十四時間、私は意気揚々としていて、それから浄化して中身を空にする作業が始まりました。肉体的なレベルでは、数日間、排便のためにひっきりなしにトイレに行かなければなりませんでした。それはいいとしても、感情面の浄化はかなり辛いものでした。私はまず自分が傷ついたときにとる特有の態度を詳しく調べることから始めました。あなたからクラスの皆の前で、何か実際にやってみせるようにと言われたとき、私にはできませんでした。自分があまりいい人間ではないこと、裏切られていてグループからはのけ者、仲間はずれで、自分が「ともかく、ましだと知っている」心の中のどこかに引きこもっていることなど、古い感情にうちのめされていたんです。これが自分がどこにも属していないという気持ちをいっそう募らせました。どこにも属していない方が「まし」だから、属していない方に留まろう。こんな経験をしながらも、同時に私はこの状況を見守ってもいました。私は自分がこれまでずっとこんなふうに感じてきたということを知っていました。私は心の最も奥深くにある孤独と悲しみという症状に辿り着きつつありました。

私は十二時間、地獄を経験しました。私の人生の最悪の記憶のすべてがそこにありました。音楽の仕事をしたときの疎外感と裏切り、スピリチュアル・コミュニティーを離れたとき、そこにいた七十五人の親しい友人がなぜ私がもうそこにいないのか、その理由を聞くために一度も電話すらしてこなかったことで経験した心の傷。子供の頃の私は、ずっとそんな経験をしていました。私は決して周囲に溶け込むことができなかったのです。その夜、何度か自殺したいと感じることさえありました。こう言うと変なのですが、とにかく治療が私を支えてくれていたので、私はこの状態を素早く切り抜けることができたと感じています。

次の日、クラスで火へと夢で旅をしました。心包に到着したとき、私は切り裂かれたばかりの巨大な

傷口が開いているのを見ました。(注4)

これは、私が周囲に溶け込んでいないことや周囲の人を信頼できないことからくる精神的な傷だったので、私はその傷をつなぎ合わせ始めました。それは何度も何度も私の人生で繰り返されてきたことでした。私の皮肉っぽさや批判的な態度、それは溶け込んでいないという心の痛みから、自分を守るための防御だったことがよく理解できました。

三日目には、私が感じていたことをクラスの人に話す勇気がもてました。これは信頼への大きなジャンプでした。そうすることで溶け込むことができました。それ以前にはそうすることは無理だっただろうと思います。

そのとき以来、私はドラマチックな変化に気が付きました。新しい状況に入ることができたのです。植物のスピリット・メディスンのクラスから戻ったとき、私は申し込んでいたダンスのクラスの最初の集まりに行きました。そこに着いたとき会場には百人くらいの人が集まっていて、私はパニックになりました。「ここは人が多すぎる！　ここから出よう！」。でも、私はその場に留まって参加し、さらにはそのクラスを楽しむことさえできたのです。ある人にとっては、こんなことは何の意味もないことでしょう。でも、私にとってはそんなふうに参加して安心していられることは、本当にすごいことだったのです。

ロサンゼルスやニューヨークにも行きましたが、どこに行っても完全にくつろいでいます。毎回治療を受けるたびに、活力が蓄えられていっているような気がします。一回ごとにその感覚が少しずつ強くなり、信頼することが少しずつ簡単になっていっています。それに、ここ数年来初めて、異性にも関心がでてきました。大きな違いです！　もう一つあります。もう頬紅を使う必要が全くないんです。皆私の肌が輝いて見えると思っていて、ニューヨークでは誰も私が化粧をしていないことが信じられないみたいです。私は内面から輝いているんです。

自分の身体についてはほとんど意識していませんが、身体のイメージについての数年に及ぶセラピーは、数回の植物のスピリット・メディスンの治療ほど実りはありませんでした。それほど体形が変わってきているというわけではありませんが、でも、体重は減りました。それより心に軽快さと快活さがあるので、人生を絶望的なものとは感じないのです。もう二度とあの絶望を経験する必要がないことを知っています。今の私にはもっと自分のやりたいことをする活力と能力があるのです。

それは、植物のスピリットの治療を受けさえすれば、たちまち三十ポンド落ちるというようなものではありませんが、でも、それもあり得なくはないと思います。ある人にとっての薬が、食べ物、買い物、あるいはアルコールなのか、たとえそれが何であろうとその人が求めているいたわりと栄養を、まるで内側から手に入れているようなものなのです。

夏至、太陽が空を横切る一番長い旅をするとき、カリフォルニアのサンタバーバラでは大きな祭りが開かれる。パレードそのものに参加していない町中の人全員が沿道に並び、パレードは正午に目抜き通りから始まる。そのパレードは太陽、夏、そしてとりわけ楽しむことに捧げられている。一つひとつのだしの目的は人々を楽しませることにある。風変わりな衣装や、グロテスクな怪物たち、十フィートの高さの道化師たち、竹馬に乗ったサンバの踊り子たち、ローラースケートをはいたジャグラーたち、一ブロックの長さの大蛇たち、パントマイムの芸人たちやジャズ風のバンドが祭りの気分を高める。パレードが終わると、参加者や見物客は近くの公園まで歩いて、その日一日ご馳走を食べたり、踊ったりして過ごす。

サンタバーバラの夏至の祭りは、完全に非商業的だ。広告も一切ない。誰もそのイベントのための企画や準備などの大仕事でお金をもらうことはない。なぜ利益を目的としない市民の祭典がそれがそれほど珍しいことなのか？　その答えは火、セックス、そしてスピリットに関係がある。

「カモン、ベイビー。僕のハートに火をつけて」。火とセックスの間のつながりを理解するのは、たいして難しいことではない。火は喜びを与えるものだ。ここで、性がもたらす温かさについて、実際はどうなのかをざっと見てみよう。肉体的なレベルでは私たちはいろいろな問題に悩まされる。不能や不感症、早漏などが結婚生活に緊張を作り出す。未婚の成人、十代や思春期前*の子供たちの間で、妊娠やセックスによる伝染性の病気などが大きな問題となっている。そもそも私たちが性的な喜びを享受しているとするならば、それは時期を間違えて過ちを犯した人に限られた問題のように見えるが、実際はそうではない。精神的レベルではセックスはアルコール、タバコ、コーヒー、ミルク、自動車のタイヤ、電気製品、ビニー

＊思春期前：十三才になる前（九才～十二才まで）。

ルの外壁材、さらに多くのものを売りつけるために使用される。

私たちはスピリットが冷え込んでいるために、熱いものを求め続けている。私たちの親や教師は、私たちのスピリットを温めることを仕事としてきただろうか？　おそらく、現在私たちの記憶の中で際立っている人々がそういうことをした人たちなのだろう。人間のスピリットを認めている機関は唯一教会だけだが、私たちの教会は陰気で重々しい。私たちの神聖な笑いの寺院はどこにあるのだろう？

何が私たちのスピリットに温かさと喜びをもたらすのだろう？　どんなに眠り続けても無理だ。恋愛もだめだ。バグダッドを攻撃しても役には立たない。ただ愛だけが私たちを温めてくれる。私たちは心が冷えきった社会に暮らしている。私たちはスピリットが冷え込んでいるために、娯楽に対する子供じみた欲求をもっている。この欲求はありとあらゆる種類の商品の提供者たちによって、狂乱状態になるまで鞭打たれる。私たちが火と太陽に対してもっと健康的な関係をもっていたら、国中のどの町にも無垢で非商業的な祭典があっただろう。しかし、私たちの娯楽が利潤追求のためにひどく汚染されたため、サンタバーバラの夏至の祭りは非常に稀なものになった。


植物の成長に関わる太陽の動きを観察した結果、昔の中国人は火には万物に成熟をもたらす力があるとみていた。成熟した人間とは、スピリットが愛の火によって温められてきた人のことだ。

ホピ族のように成熟した社会の人々は、私たち自身の文化についてかなり洞察力に富んだ意見をもっている。フレッド・コヨーテは、ホピ族の長老のところに彼らの部族の歌を録音するためにやって来た、ある人類学者の話をしてくれた。

老人は彼をメサ*の端の所に連れて行き、歌を歌った。「学者」は録音しながらノートを取っていた。そして「それはどういう歌ですか？」と尋ねた。

ホピの老人は答えて言った。「ああ、それはだな、カチーナが山に降りると、入道雲がサンフランシスコ山のてっぺん辺りに湧き上がり、わしらが歌うと雲が砂漠を超えてやって来て、わしらの畑に雨を降らせる。それでわしらは子供たちのための食べ物を授かるという歌だ」

そして老人は、彼にまた別の歌を歌ってやった。すると「学者」は「それはどういう歌だったんですか？」と尋ねた。

老人は答えた。「その歌は、妻が聖なる泉にわしらのために食事やメディスンを作るための水をとりに行くときの歌だ。聖なる泉がなかったら、わしらはあまり長くは生きられんからな」

そうやってそれは午後中ずっと続いた。老人が一曲歌を歌うたびに、「学者」は「それはどういう歌で

＊メサ：メサ（mesa）とはもともとはスペイン語で、テーブル状の台地のこと。そのテーブル状の台地をメサと呼んでいる。（43頁もご参照ください）

すか？」と尋ねる。老人はそれを説明する。その歌の中味は、川、雨、水のいずれかだ。

とうとう、この人類学者は少し苛立ってきた。「この辺りであなた方が歌うのは、水のことだけなんですか？」彼は言った。

「そうだ」と老人は答えて、説明した。「何千年もの間、わしらホピはこの国のここら辺りで生きることを学んできた。わしらの家族や部族の者たち、わしらのクニにとってこの水を願う気持ちは非常に強い。だから、たいていの歌がわしらが一番のぞむものになるのだ。わしはアメリカの音楽をたくさん聞いたんだが、たいていのアメリカの音楽が愛についてのもののようだ」。老人は尋ねた。「それはつまり何かね？あんたたちがあまり愛を持っていないということかね？」(注5)

アデールは専門職に就いている魅力的な中年女性で、植物のスピリット・メディスンを求めて私のところにやって来た。彼女はよく微笑み、よく笑い、成功を収め、人に好かれ、幸せな結婚をしていた。彼女の笑いにはかすかな鋭さがあったが、彼女はとても快活で、誰も彼女が疲労を抱えているとは思わなかっただろう。

彼女の顔色が通常の健康な血色の良さに欠ける、かすかに青ざめた色をしているのに気付いた。（健康な赤い色は太陽にさらされることとは関係ない。それは心の中からあふれる喜びや楽しさからやってくる。）私は控えめに彼女の体臭を嗅いでみたが、焦げたトーストのような匂いがしていた。不幸なことを話すときでさえ、彼女の声の調子には笑いが際立っていた。彼女は自分を陽気な人物に見せていたが、その陽気さは強いられたものだった。私は過去に彼女が冷たく無関心に扱われ、愛されていないと感じ、悲しみに打ちひしがれていたのではないかと推測した。彼女はあまりにも懸命に明るく見えるように頑張ってきたために、憔悴しきっていたのだ。彼女の火は消えかけていた。

私はアデールのためにペンステモンのスピリットを呼び出した。ペンステモンはちょっと見るだけで、誰もがより幸せな気分になる明るい紫紅色《しこうしょく》から青色がかった美しい花だ。この植物のスピリットは喜びをもたらすが麻薬的ではない。心の痛みを取り除くように働きかけるのだ。ペンステモンのスピリットを受け取った後、アデールは目を閉じて、「青と明るい紫紅色」で現れた心地よい感覚があったと自分から進んで話した。私は彼女の脈を調べた。反応は良好だったので治療を終わりにして、一週間したらまた来るようにと告げた。

次の日までアデールに何も変わったことは起きなかった。正午頃に熱とともにインフルエンザのような症状が出て具合が悪くなり、彼女は家に帰って休んだ。目を閉じて横になっていると、何年も前の長い間忘れ去っていたある光景がよみがえり始めた。彼女は十代の少女でベッドに横になっている。体中に痛々しいみみず腫れができて、腹部にそれまで感じたことのないような痛みがあった。突然、母親がつかつかと部屋に入って来て、彼女を見てこう言った。「お前の具合が悪いのは、おまえが大人の女になるところだからさ。痛みと苦しみ、それが女になるっていうこと！」。その他には一言の言葉もなく、母親は踵《きびす》を返すと部屋を大股で出て行った。十代のアデールと、現在大人の女性のアデールは悲嘆にくれて泣いた。なぜ彼女の母親はそれほど冷淡で、無関心でいることができたのだろう？

ちょうどその悲しみがうすれ始めたとき、アデールには父親の死という、もうひとつの悲しみに打ちひしがれたときの体験がよみがえってきた。こうしたトラウマが次から次へと押し寄せた。都合三時間、アデールはベッドの中で泣き崩れていた。その後、彼女は震えを感じたが、起き上がれるくらいには元気になっていた。インフルエンザの症状は消えていた。

それからの日々、彼女はすこぶる元気だった。色彩は生き生きとして鮮烈に見え、食べ物はアンブロシア*のような得も言われぬ味がし、音楽に感動して涙が出た。セックスは恍惚として夫との関係は新たな高みに達し、疲労の症状はすっかり忘れ去られていた。今や彼女の心には太陽が輝いていた。

薪を火にくべると、炎は冷たく、固く、密度の詰まったものを熱と揺らめく光に変える。この魔法を賢人たちは、物質を変容させる役人の贈り物と見ていた。体内では、変容の火は小腸で特に強く、そこで私たちが食べた食物はその形と個性を失い、私たちの一部となる。

変容するのは私たちが食べる物だけではない。私たちはすべての経験を取り込み、小腸の役人は純粋な愛の表現から、毒性のあるものや消化できないものを分離しなければならない。私たちの身の回りにある恐れや欲望、攻撃によって混乱したり汚染されないように、取り除くべき多くの不純物がある。アデールにとって、過去の痛みやトラウマを追体験したことは、この役人が有害な過去を燃やし尽くしたことを示していた。変容の旅とは常にこういうものだ。厳しい思いやりをもって、火は破壊される必要のあるものを破壊する。火が仕事の手を止めて、そのプロセスが快適かどうか尋ねることはない。

先日、私は藪もしくは小さな森が見える、メキシコの国境から一〜二マイル離れた場所で教えていた。ある時点で山火事が発生した。高く上った火柱が夜を照らし、日中も煙が空を暗くした。火災と闘うための作業員は到着せず、飛行機が水や化学薬品を散布することもなかった。この火災は三〜四日間続いて、その後自然に消えた。

私は国境のアメリカ側に住んでいたことがあったので、この藪のことはよく知っていた。暑くて雨の降らない夏の乾燥から守るために、植物自身がワックスや油脂の被膜で覆い、被膜は年々厚みを増していく。最終的に落雷が火災を起こし、揮発性の被膜に覆われた植物からなる藪の端まで燃やす。それより先の乾燥していない植物はあまり良い燃料にはならないので、二〜三エーカーを燃やした後、火は消える。

火事で燃えた場所は活性化する。土は灰の中のミネラルで豊かになり、直接日光が当たるようになって、新たな成長のチャンスが生まれる。実際、種子の中には焼けた後にのみ発芽するものがある。若い植物は水分と栄養分がたっぷりで、ご馳走を食べに来る多くの動物にとって最高の牧草となり、獲物を求めて来る人間にとって最高の狩りを提供する。二〜三年のうちに森は回復する。火災があったことを示す唯一の証拠は、特にその場所に植物が繁茂していることだ。人々は火災が破壊と再生の有益な自然のサイクルに寄与していることを理解している。少なくともメキシコではそうだ。

アメリカでは藪を燃やすことなど考えもつかない。私たちは火を信用していない。つまり、世界の面倒を見ている最高統治者を信用していないのだ。私たちは破壊と変容の自然のサイクルを信用していない。なぜならそのサイクルは損失を生み、たとえその損失が有益だとしても何も失いたくないからだ。私たちは損失を避けるために自然界をコントロールしようとする。それで火を抑圧するのだ。世界をコントロー

＊アンブロシア：ギリシャ神話において、神々の食べ物を意味し、これを食べると不老不死になることができ、傷に塗布すればたちまち治癒するとされた。

ルしようとする人間の努力のすべてと同様に、それはただ私たちが避けようとしているものをより一層多くもたらすにすぎない。

森を新鮮で活き活きと保つ局地的で小さい山火事を放置することができないために、(アメリカでは) 今や年々、乾燥が進み発火しやすくなった広大な地域が広がっている。ついにはマッチが落ちるか雷が落ちると、オークやスズカケノキの老木を破壊し、住宅地を飲み込み自動車を溶かすのに十分なほどの熱を発生させて、何万エーカーにも及ぶ大火事になる。

私たち個人の人生においても同じことが言える。火は私たちの人生に葛藤という小さい山火事を起こす。これは問題のある箇所を明らかにし、内面の景色を変容させ新たな成長へと力づけて解決策に向かう準備をさせる。しかし私たちはこのような火を恐れ、葛藤によって、愛情、尊敬、昇進へのチャンスといった何かを失うかも知れないと考える。それで私たちは火を抑圧し、すべてを支配下におこうとする。

年が経つにつれて、抑圧によって心の中にますます火口《ほくち》(燃えやすいもの) が積もっていく。それでアデールは、植物のスピリットからもたらされた刺激によって火口に火がついて、大火事を経験したのだ。この章の前半で、私の生徒のシャーロットの手紙を引用した。彼女は火がついてどういう状態になったのかという自分の経験を、とても表情豊かに書いていた。アデールとシャーロットが変わっているというわけではない。この社会全体が火を抑圧しているので、そこには膨大な量の今にも火がつきそうな火口が眠っている。何が起こるかは、火を見るより明らかだ。

実際、暴力、戦争、政治経済の対立、自然災害など、すでに大規模な山火事が燃えさかっている。人類が必要としている柔らかく、水気をたっぷり含んだ新たな成長をする前に、そうした火は燃え尽きてしまわなければならない。その間、誰が世界をコントロールしているのかを忘れないで、破壊と変容をもたらす思いやりを信頼することだ。

質問　火とあなた

これらの質問に答えることによって、あなたと火の要素との関係を味わい、調べることができます。炎のそばで、少しの間リラックスしてください。ろうそくの炎で十分でしょう。炎の輝きを楽しみ、その存在に感謝して、あなたの経験に光を投げかけてくれるように炎を招いてください。これらの質問を一問ずつよく考えて、その答えを火そのものに向かって語りかけてください。心おきなく笑ったり、泣いたりしてください。心の中にあることを話してください。もしそう思うのなら、矛盾したことを言っても構いません。正直な答えが正しい答えです。

1. あなたが最後に心から笑ったのはいつでしたか？
2. 暑い天候のとき、どんなふうに感じますか？　寒い天候のときはどうですか？
3. 人に対して「熱くなったり、冷たくなったり」しますか？　物事についてはどうですか？

4. 辛い食べ物についてどう思いますか？　熱い音楽についてはどうですか？

5. 赤い服を着ますか？　赤い車を買いますか？　赤い家に住むのはどうですか？

6. 夏についてどう思いますか？

7. 何に対して、あるいは誰に対して情熱を感じますか？

8. 楽しみとしてどんなことをしますか？

9. 悲しい思いをしたのはいつですか？

10. 落胆したのはいつですか？

11. コントロールできないと感じたのはいつですか？

12. 他人をコントロールしようとしたのはいつですか？

13. 仕事に喜びを感じていますか？

14. 家庭生活は楽しいですか？

15. 傷つきやすく無防備になっていると感じたのはいつですか？

16. パーティーのとき、どんなふうに感じますか？

17. 最近、何かいいジョークを聞きましたか？

18. あなたの性生活はどうですか？

19. あなたはどんなことを熱心にしますか？　身が入らないことは？

20. 人と一緒にいるのは楽しいですか？

21. あなたにとって友情はどれくらい大切ですか？

22. 汗をかきますか？　すぐに汗をかく方ですか？　かきにくい方ですか？

23. 循環器系に何か問題はありますか？

24. 日向《ひなた》にいるときどんな感じがしますか？　晴れの天候、曇りの天候ではどうですか？

25. 火または爆発の夢を見たのはいつですか？

26. コーヒーや焦げたトーストのような、苦いものや焦げたものは好きですか？

27. どんなことで憤慨しますか？

28. 伴侶に愛されていると感じていますか？　家族、友達、同僚からはどうですか？

29. もう二度と愛さないと感じたのはいつですか？

30. あなたの心が愛であふれていると感じたのはいつですか？

31. 近所の人のことを知っていますか？

32. つながっているコミュニティーはありますか？

33. 自然とつながっていると感じますか？

34. 自然に愛されていると感じますか？

35. 神、スピリット、あるいは神性とのつながりをどんなふうに感じますか？

36. 誰を愛していますか？

37. 何を愛していますか？

38. 孤立していたのはいつですか？

39. 実際に人と一緒に過ごす時間はどれくらいありますか？　電子機器にどれくらいの時間を費やしていますか？

40. 幸せだったのはいつですか？

41. 安らぎに満ちた喜びを感じたのはいつですか？

42. あなたの人生で、賢明な長老たちとは誰ですか？　どれくらい頻繁に彼らに話しかけますか？

43. あなたの人生で何か燃えているものがありますか？

これらの質問のうち、最も感情的な反応を引き起こしたのはどの質問でしたか？　答えるのが難しかった、あるいは簡単だったのはどの質問でしたか？　あなたの火、つまり人生に対する情熱の強いところ、あるいは弱そうなところがどこにあるのか分かりますか？　あなたの人生の火がほとんど消えてしまったところ、次第に消えつつあるところ、あるいは燃えさかろうと望んでいるところはどこなのか、気付きを促し理解するために、もう一度炎に向かって語りかけてください。どこをどうすればもっと激しく、陽気に燃えることができるのかを尋ねてください。最後に、静かに座って、あなたの火の中に見るもの、喜びと苦悩の両方をそのまま感じてください。

第12章　土

私が生まれる前、焦茶色の美しい母は、私を強く望んだ。彼女は私が乳房にすがり乳を飲むのを感じたかった。彼女は長い間、私が到着するのを待っていた。おそらく何世紀も。ついにもうそれ以上待ち切れないというときまで。彼女は自分の身体から二つの肉の塊を取って、若い男と若い女を形作り、この若者たちを互いの目に美しく映るよう作った。やがて彼らは一緒になって子供を生んだ。それが私なのだ。ついに私は到着した！　焦茶色の私の美しい母は、どれほど幸福だっただろう！　どれほど満ち足りていたことだろう！

けれども、今や私が到着したのでやるべき仕事があった。というのは、私は腹ぺこで食べ物を求めて泣き始めたからだ。母は自分の美しい焦茶色の身体の髪の毛が青々と背高く育って、果物や種ができるようにした。母はそれらの食べ物を美しく作り、その美しさを愛でることができるように、私に目を与えた。母はそれらの食べ物を香り高く作り、その芳香を楽しむことができるように、私に鼻を与えた。母はそれらの食べ物を味わい深く作り、その絶妙な風味を味わうことができるように、私に舌を与えた。母はそれらの食べ物を滋養豊富に作り、そのエキスを消化し母の身体が私のものになるように、私に胃袋を与えた。焦茶色の美しい母は、私が彼女からはぐれるようなことがあれば、私がすぐに弱って、衰弱してしまうことを知っていた。そういう理由で、母は私を自分のもとに留めて、常に私の足の裏に身体を押しつけている。私は足下に母を感じ、それで自分が誰でどこに立っているのかを知るのだ。

私たちはいつも一緒にいるので、私は母を模範として学んでいる。母が私を理解してくれるので、そのことが、私が他の人を理解する道標となっている。母が私を養ってくれるので、私は不安なく、おおらかでいることを学んでいる。いまだかつて母が私を棄《す》てたことはないので、私は誠実さを学んだ。母が私を忘れたことは一度もないので、私は記憶する方法を学んだ。多分、彼女が私に与えてくれた最高の贈り物は、記憶かも知れない。なぜなら、それこそが私が彼女にお返しできる唯一のものだからだ。

この物語はあなたのものでもある。あなたと私は、同じ焦茶色の美しい母をもっている。感謝に満ちた子供にできる最高の感謝を彼女に捧げよう。「焦茶色の美しいお母さん、あなたを忘れずにいます。愛を込めて」

大勢の人が食べたたくさんの食べ物のお陰で、私はここに存在している。同じことが私の家、私の家族、この本、そして、私が書きものをしているコンピューターにも言える。人とその人が成し遂げたものは食べ物からできており、その食べ物は土から生まれる。大地は私たちの母なのだ。

私たちは私たちの母のことをどれくらいちゃんと記憶しているだろう？　彼女が一インチの土を産み出すのにかかった一万年の陣痛を思い出すことができるだろうか？　農業の専門家が「許容できる土壌の浸食率」を語っている間にも、中西部の土がミシシッピ川に流出している。私たちは私たちを養っている人を忘れてしまったのだろうか？　いったん彼女の乳房から私たちみんなが引き離されたら、誰が私たちに食べ物を運んでくれるのだろう？　どこで手に入れたらいいのだろう？

人間の場合も同様に、母の乳房は栄養や身を守る術、アイデンティティー、希望の実現など惜しげもなく与えてくれる。私たちの社会は母の乳房を嫌い、そこから子供たちを引き離すためにやれることはすべてやっている。なぜなら、私たちは栄養、身を守る術、アイデンティティー、希望の実現はお金で買うものだと信じるようになったからだ。女性はもはや単に母親であることに専念してはいない。女性は労働力の一員となって、子供たちのために実際は乳房だけが与えられる物を買おうとしてお金を稼いでいる。

それほど工業化が進んでいない多くの社会では、母親たちは子供たちには授乳が必要で、しばしば二年、三年、あるいは四年間でも授乳を続ける必要があるということを知っている。そういった文化の中では、恥じらうことなく、また挑発でもなく、開けっ広げに乳房を出している。一方、アメリカでは私たちの多くが母親の乳房に対する要求を満たされたことがなかったために、大人になっても執拗に妄想に取り憑かれている。母親を十分に味わえなかったことに対する私たちの不満と激しい怒りは、私たちを魅惑する物を歪めている。私たちは本物の役に立つ、垂れ下がった母親の乳房を拒み、理想化された処女の乳房を渇望する。そうしてブラジャーやシリコン豊胸手術、乳癌などが現代に生み出された。それはまた協調や養育、同情などの女性的な価値も拒んでいる。本物に代わって理想的な殺菌された食べ物が代用品となっている。そうしてついには、土壌や森林、野生動物、女性の身体などを含む、ありとあらゆる形で母と結びついているものが乱暴に扱われていく。

生まれてから死ぬまで、私たちは口を通して母なる大地と密接に関わっていく。口は食べることに関わる胃の延長器官で、胃は大地と私たちをつないでいる。今日、多くの人が胃の中に入る物によって健康を支えることも、あるいは健康を損なうこともあり得るということを意識している。私たちはまた心にも胃があり、そのための食べ物をきちんと取らなければならないということも意識しているだろうか？　あなたの今日の心の食事にはどれくらい栄養があっただろう？　十分に満たされた胃袋は満足をもたらす。満ち足りた人というのは人を羨むことも、欲深くなることも、また競争心もない。満ち足りた人は、人と比べて自分の方が優れているとか劣っていると感じることはなく、他人の基準に合わせる必要がない。満足は感謝の心と共感する能力をもたらす。あなたの今日の心の食事はあなたに満足をもたらしただろうか？あなたは理解や兄弟愛を培う食事をしただろうか？　それともストレスや暴力の方だっただろうか？

最近では誰もが食事である程度のストレスや暴力を取り入れているが、それが摂りすぎにならないかぎり、健康な胃ならよくかき混ぜて、消化しやすい形にまで細かくすることができる。同様に、私たちの胃は心の中で経験について思い巡らす能力を与える。西洋ではこれを「熟考」と呼んでいる。中国では胃が熟考する能力を与えると言われている。しかし、胃が弱ければ、たとえ柔らかい食べ物でも消化することができない。同様に、私たちの心は無害な経験を分解し消化するために何度も繰り返し反芻《はんすう》し、無駄な努力が費やされる。この反芻が心配で、それが高じると強迫観念となる。

熟考すること、つまり、潜在的には強迫観念を生み出す胃の機能は、オーギュスト・ロダンの有名な彫像「考える人」に美しく表現されている。ロダンがフランス人だったのは偶然ではない。なぜなら、フランス人は胃袋に根差していることで知られているからだ。食べ物に関する彼らのこだわりぶり、ことに熟したチーズや年代物のワイン、凝ったソースなどの苦心や熟慮を重ねた末に出来た食べ物を見るといい。フランス人は常に何かを噛み砕いている。もし手近に食べ物がなければ、考えでも結構というわけだ。

フランスでも他のどの場所でも、中産階級の暮らしは頭と身体に食物を与える多くの機会を提供している。身体のための食べ物は、角のコンビニエンス・ストアより遠く離れることは決してないし、電子メディアにおいては、頭のための食べ物を見つけるために自分の家を離れる必要さえない。しかしどこに行けばスピリットのための栄養は見つかるのだろう？　この種の食べ物を供給するコンビニエンス・ストアや店はいったいあるのだろうか？　スピリットも定期的に十分な食事をする必要のある胃袋をもっている。空腹のスピリットは貧しさと不安を感じる。それは、他人に与えるという手の込んだ見せかけを作るかも知れないが、実際には与える物は何もない。飢えたスピリットは最後には闘うことを諦め、ゆっくりと消耗していく死を甘んじて受け入れる。

かつて、ある老人が助けを求めて私のところにやって来た。彼は歩けなかったので、私のオフィスまで運んでもらわなければならなかったが、これは難しいことではなかった。というのも、びしょびしょに濡れたおしめをいれても、たったの三十キログラムほどしかなかったからだ。彼はソファの上に寝かされた。私は彼の冷たい手をとってあいさつをしたが、彼は私のあいさつに応じる代わりに、壁を見つめて横たわっていた。だが、彼の吐き気のするような甘い匂いのする体臭と、くすんだ黄色い顔色を見れば問診の必要はなかった。明らかに彼の土の要素はやせ衰えていた。

私はこの男性を同情を込めて見つめ、たったひとつだけ質問した。「食欲はありますか？」

「いや」と彼は答えた。

私は、彼の胃のスピリットを強める植物のスピリットに来てもらった。ただちに彼は私の方に向いて、私の目をまともに見て言った。「今すぐにでもバーベキューを食べに行けそうだ！」

その後少し雑談をしただけで、彼はもう帰り支度をしていた。彼の動きは非常にゆっくりで、二人の人の助けが必要だったが、彼は自分で歩くと言って聞かなかった。次の一時間、私は彼の家族を診ていたのだが、彼が待合室で大きな声で文句を言っているのが聞こえてきた。「腹が減って死にそうだ。ここを出てちょっとバーベキューでも食べに行こう！」。とうとう彼の家族は彼を近くのレストランに連れて行くことになり、そこで彼はたっぷり一人前食べた。

母親というのは強くなければならない。経験のある人なら誰でも、母親業がかなりの重労働だということを知っている。身体の中では母親の仕事は脾臓《ひぞう》と膵臓《すいぞう》がやっていて、胃から細胞へ栄養を運んでいる。それはあたかも国中のあらゆる場所へグルコースを運ぶ何千台もの黄色いトラックを持っている運送会社を営んでいるようなものだ。脾臓と膵臓の働きは身体の機能と筋肉に作用し、同様に私たちが活動的で筋肉を発達させることを可能にしている。口を持つあらゆる生物に食べ物を得るための筋肉を与えたのは、母なる大地からのもうひとつの贈り物で、彼女の非凡な才能のもうひとつの側面をあらわしている。

この細胞に糖分を運ぶ、あるいは人生に甘みをもたらす機能は一見したところ単純なものに見える。もし現代生活がしばしば辛く無味乾燥なものだとしたら、それは私たちの膵臓と脾臓あるいはそのどちらかが、仕事をするにはあまりにも病んでいるからだ。この病気の徴候はどこにでもある。その最も顕著なものは砂糖に対する中毒だ。グラニュー糖は工場で作られた製品で何の値打ちもない。産業技術が砂糖の精製を可能にし、この中毒性の代用品に対する需要も生み出した。なぜなら、産業化社会は大地によって支えられる心地よさを知らない人々を生み出したからだ。そういった人々はあまりにも心地よさを奪われているので、自分自身の健康を犠牲にすることにはお構いなく、代用品を買おうとする。今日の世界で、世界中どこにでもある私たちの文化から生まれた加工品で、ペニシリンやガソリン、ポリエステルあるいはロックンロールよりももっと広範囲にわたって手に入れられる物がある。それはコカ・コーラだ。

　脾臓や膵臓のアンバランスを示すもうひとつの徴候は、異常なまでの輸送機関のネットワークだ。これまで見てきたように、健全な輸送システムの機能は、単に人々を支えるために必要な品物やサービスを届けるためのものだ。しかし、私たちの社会では輸送機関そのものが目的になってしまった。輸送機関は私たちの召使いであることを止め、その代わりに車の代金の支払い、保険、駐車場、車庫の建設、修理代、ガソリン代、道路の建設と維持を支えるための税金、輸送産業への補助金、石油の利権の保護を意図した常備軍と軍事介入などを通じて、重い貢ぎ物を強要する主人となってから随分になる。もしこれでも十分でないとすれば、増殖しながら社会を蝕《むしば》んでいく癌のような輸送システムは空気を呼吸に適さないものに、また水を飲むのに適さないものにした。輸送システムは、この国を人々が潰瘍や高血圧、そして通勤のストレスに関係するありとあらゆる種類の病気に苦しむ国にした。車の騒音や悪臭があらゆる森や牧草地を貫いている国。車やトラックなしで生きていくすべを知らない国。これはあまりにも信じ難いことなので、繰り返す必要がある。私たちはもはや車やトラックなしで生きていくすべを知らない！

　車の部品店、修理店、ショールーム、トラックの集配所、急送便のオフィスなど、輸送に関係するたいていの神殿には、神話的な崇拝の的となった偶像が祀られた小さな祭壇がある。それが象徴する物は遠い昔に失われたもので、この原初的な損失のために、それを見つけようとして多くの人々が狂ったように奔走している。この奔走が現代の輸送産業を誕生させるもととなった。まだ誰もこの聖なる物を取り返していないので、ひそかにその探求を始めた男性は、それぞれ自分が選ばれた者だと信じ込んでいる。その聖なる物とは言うまでもなく、女性の乳房のことだ。

キャロライナは平日に私の妻の料理や掃除を手伝ってくれていた女性だ。週末の彼女の楽しみは、町の郊外の丘陵地にある自分の小さな畑に行って、トウモロコシの世話をすることだった。ある年の夏の終わりに大地は大豊作をもたらした。キャロライナは節約したお金で収穫した物を運ぶために小さなロバを買った。ロバは高いガソリンも修理代もかからないし、糞尿は環境を汚染せずむしろ豊かにしてくれるうえに、子供を産んで結局は元も取れる。それに本物の自分の乳をもっているので、人間のようにその上に乳房の写真を飾る必要もない。

ラコタ族のシャーマン、ウォレス・ブラック・エルクは、かつてある誠実な若者に地球を癒すために私たちにできることは何かと尋ねられ、このように答えた。「私たちは地球を癒す必要はない。彼女は自分で自分を癒すことができる。私たちがしなければならないのは、彼女を病気にするのを止めることだけだ」と。私はこの単純な真実に、地球はまた私たちを癒すこともできる、ということを付け加えようと思う。彼女の上に山と積み上げた怠慢や荒廃、私たちの病気や無知にもかかわらず、私たちの母は今でも子供たちのことを愛している。彼女はまだ私たちに背を向けてはいない。彼女の乳房は今でも同情と理解というミルクで満たされている。

五十代半ばの医者のロバートは、自分の患者の肉体的な症状だけではなく、精神やスピリットの苦痛を癒す助けとなる方法を発見し、地域の大きな病院のひとつでそのプログラムを始めた。彼の成功は彼の仕事を理解しない同僚の妬みと疑惑を引き起こした。ロバートは病院のお偉方から屈辱を受け、結局は解雇された。同じ頃、妻と離婚し、彼は家から追い出された。数ヵ月のうちに、彼は重い病気にかかった。彼の担当医は肝炎と膵蔵の一部に悪性と思われる大きな腫瘍があると診断した。医者としてロバートはそういった癌は治療の施しようがなく、致命的だということを知っていた。そして恐れと不安の渦中で、彼は身辺整理を始めた。食べることができなかったので、彼の乏しい体力は急速に衰えていった。起き上がることもできなかったので、彼は私を枕元に呼び寄せた。

ロバートは自分の話を詳細にわたって非常に念入りに話した。彼は自分がどう感じているかを私に知って理解してもらい、心の底から同情してほしいと強く願っていた。彼の切望は私の心に触れ、彼の母（大地の母）に対する必要を示していた。私は植物のスピリットの形で彼女を呼び出し、それから帰ろうと立ち上がった。驚いたことに、彼はぱっと立ち上がり寝室のドアのところまで私について来た。そのままキッチンへ直行し、私がアパートを出るときには、冷蔵庫を開けてそこに立ったままがつがつと食べていた。二週間後に再会したときには、彼は活発で自信を取り戻していた。寝たきりどころか、彼は、自らを聖母の化身と謳《うた》っているスピリチュアルな教師を訪ねるため、ドイツに出発するところだった。

質問　大地とあなた

あなたが本当に空腹のときに、自然の中の気持ちの良い場所に好きな食べ物を持って行き、食べ物に感謝してゆっくりと食べてください。食物があなたの口や胃の中で、どのように感じられるかに注意を払ってください。またまわりの環境をどう感じられるかにも注意を払ってください。その後で、以下の質問をよく考えて、かみ砕いてこなし、あなたの肚《はら》から答えてください。これらの質問に答えることによって、あなたの土の要素との関係性を味わうことができるでしょう。

1. 母親についてどう思いますか？
2. 家についてどう思いますか？
3. 安心だと感じるのはどんなことですか？　不安に感じることは？
4. 人に理解されていると思いますか？
5. 他人の面倒を見ることができますか？
6. 自分自身の面倒はどうやって見ていますか？
7. 犠牲を払ってまで他人の面倒を見ますか？
8. 心配性ですか？

9. 自分は太り過ぎだと思いますか？　やせ過ぎだと思いますか？

10. 食べ過ぎていますか？　あるいは空腹ではないときに食べますか？　もしそうなら、それは何故ですか？

11. 本当に満足のいく食べ物を食べていますか？

12. 食べることを楽しんでいますか？

13. あなたが女性なら、自分の胸についてどう思いますか？　もし男性なら、女性の胸についてどう思いますか？

14. 母乳で育ちましたか？　それはどのくらいの期間でしたか？　子供に授乳しているところを見たとき、どんな感じがしますか？

15. 甘い物は好きですか？

16. 胃の調子はいいですか？

17. どんなことが原因で、吐き気を催したり、戻したりしますか？
18. 裸足で歩くとどんな感じがしますか？　手を土につけるとどんな感じがしますか？
19. 荒野の中に一人でいたいと思いますか？
20. 小さい子供たちの面倒を見ることについてどう思いますか？
21. 自分のキッチンを黄色に塗りますか？　リビング・ルームは？　車の色は？
22. インディアン・サマーについてどう思いますか？
23. 足下をすくわれたと感じたのはいつでしたか？
24. 地に足がついていると感じるのはどんなことですか？　足がついていないと感じるのはどんなことですか？
25. 何に執着していますか？

26. 記憶力はどうですか？
27. 悩みを聞いてくれる人はいますか？　あなたの問題を聞いて同情してくれるような人はいますか？
28. 自分が何者なのかをどうやって知りますか？
29. あなたの次の食事がどこから来るのか知っていますか？
30. あなたは人の話を親身になって聞きますか？
31. 人がどう感じているか分かりますか？　そのことを気にかけますか？
32. ホームレスの人にお金を求められたらどんな気がしますか？
33. 人の面倒を見るのは好きですか？　動物の世話はどうですか？
34. 植物、岩、川、風、山、谷などの存在がどう感じているか分かりますか？　彼らの気持ちはあなたにとって重要ですか？

35. あなたは今日何に感謝していますか？

大地は私たちが必要とする滋養とサポートを与えてくれます。これらの質問に対する自分の答えを考えているとき、自然界と（あなた自身を含む）人々がどんなふうにあなたを支えているかを見てください。あなたの不安が高まったのはどの問題でしたか？　あなたに最も大きな安定感を与えるのは何ですか？　外に出て土の上に座り、今日あなたの人生に必要な滋養とサポートを与えてくれる大地を感じ、あなたの身体がリラックスし、心が穏やかになっていくのを感じてください。あなたの安心感、不安その両方があなたの身体と精神、魂を養う存在、母なる大地にあなたを近づけてくれます。

第13章
金属

年老いたシャーマン、ドン・グァダルーペ・ゴンザレス・リオスは彼の神々が棲む聖地へのスピリチュアルな巡礼を先導した。私たちはその準備のために断食し、聖なる泉に行った。そこで老人は私たちに聖なる水を注ぎ、清めた。その後、彼は私たちを荒れ地へと導き、そこで私たちは祖父なる火に、これまで性的に関わった相手の名前をすべて告げ、告白した。そうやって初めて、私たちは穢《けが》れを落としてきれいになり、求めていた神の恵みを受けることができるのだ。

神聖な谷間に入った後、ドン・グァダルーペは広々とした空の下に祭壇を作った。聖なる鷹の翼が空を切る音とともに、彼は私たちがもちこたえられる強さをもてるように、彼のスピリチュアルな力を私たちの一人ひとりにつぎ込んだ。彼は火をつけ、火に感謝の祈りを捧げ、その周りに私たちを呼び集めた。それから座って、彼の秘密のエッセンスが働くのを見守った。

何時間かが過ぎ、夜が訪れた。月が昇り、月に吠えるコヨーテの歌が響いた。私たちはまだ星あかりの下、たき火を囲んで輪になって座っていた。やがて、私たちが今やすっかり落ち着いて、彼の話を聞く体勢が整ったと見て、年老いたシャーマンは語り始めた。

「あなたたちはたくさんの犠牲を払って、はるばる旅をしてここまでやって来た。何かを受け取るためにだ。私はあなたたちに私の秘密を注ぎ込んだ。だから、あなたたちに『偉大なシャーマンの誰それに会いに行ったけど、彼は何もくれなかった』とは言わせない。いいや、私は自分が秘密を明かしたくないものだから知らん振りをする、そんな人間じゃない。いつか私は死ぬ。もし伝えることができないとしたら私が学んだことは何の役に立つというのだ？　私が知っていることは、誰でも知ることができるものであってほしいと願っている！」

「私が持っているものはすべて父親のお陰だということを、あなたたちに理解してもらいたい。私が幼い頃、多分三、四才の頃だったと思うが、父は私を背負って、風の木が棲む聖なる山へ登った。頂上に着くと、父はろうそくに火をつけ私のために捧げ物を置いて、一晩中私のために祈ってくれた。私は何が起きているのか知らなかった。ただ眠りに落ちただけだ。何年も経ってから、父が私にその旅のことを覚えているかと尋ねたので、私は覚えていないと答えた。父は言った。『当然覚えていないだろう！　おまえはほとんど寝ていたからな！』」

「もう少し大きくなったとき、父が私を脇に呼んで言った。『息子よ、話がある。私はただの貧しいインディアンだ。私が死んでもおまえは家畜を受け継ぐことはない。家や金を受け継ぐこともない。だが、おまえは癒しと知恵の道、一生を通じておまえを支える道を受け継ぐことになるだろう』。私は父の贈り物を受け入れ、それでいいと言った。『おまえに私の心を贈ろう』と父は言った。『おまえは私の心を受け継ぐ』。そして、父は私に父の秘密を注ぎ込んだ」

「十二才のそのときから、私はそれ以上父の手を煩わすことはなかった。自分一人で山への巡礼を始めた。六年間毎年通って、次の六年間、自分の誓いを守った。それからまた六年間、私たちが今座っているこの場所に通って、その後の六年間、誓いを守った。修行を始めて四、五年経つまでに、私は父が言っていたことが起こったのが分かった。父は、鹿がやって来て私に身を捧げてくれるだろうと言っていたのだ。その後、私の手に触れてもらいに来た者は皆癒され、元気になった。それはまさに父がそうなるだろうと言っていたことだった」

「いっとき父が与えてくれた道からはずれたことがあった。私は別の生き方を探し始めた。だが、それは散々なことになって、私は戻った。四十八年以上、私はこの知恵と癒しの道を歩いてきた。そしてその道が今日まで私を支えてくれた」

「父が自分の父親かどうかさえ疑ったことも何度かあったが、私はあの父が私の父親だということを知っている。父が私に知恵の種を植え付けた。すべて父のお陰だ。私は父のことを神に感謝している！」

「私があなたたちに言いたいのはこれだけだ。すでにあなたたちは私の民族の伝統について幾ばくかは知ったことになる。次はあなたたちが私に話す番だ。あなたたちの伝統について話してほしい」

「ドン・グァダルーペ」私は言った。「私の民族は伝統を失ってしまったのです」

「どうすればそんなことがあり得るんだ？」彼は尋ねた。「スピリチュアルな伝統は根本的なもので、人がまずはじめに持たなければならないものではないか」

「私たちを導いてくれる人もいないので」私は答えた。「私たちは道を見つけることができないのです。だからこうしてここであなたと共に過ごすために、はるばる遠くからやって来たのです。私たちの誰も、あなたのお父さんのように私たちを教えてくれる父親を持っていないのです」

「そんな、まさか?」老人は尋ねた。

そのときベティーが私の方に向いて、こう言った。彼女の目には涙が光っていた。「ドン・ルペにこう伝えて。昨日、あなたは祖父なる火に、これまでに関係した相手を告白するようにと言いました。あなたに知って欲しいのは、そのリストの一番最初にあったのは私の父親の名前だったんです」

この話にシャーマンは唖然となった。「自分の娘と? 動物みたいに? どうすればそんなことがあり得るんだ?」

「それが私たちの民族が辿り着いたところです」私は彼に言った。


父親というのは世界を通して私たちに道を示す存在だ。父親を通じて、私たちは人生で価値あるものとは何かを知るようになる。私たちの肩に置かれた彼の手が、私たちに尊厳と自尊心という感覚を与える。彼は最初で最高の権威なのだ。彼が私たちを尊重してくれるので、私たちは自尊の念をもつ。自尊の念をもっているので、私たちは他人を尊重する。父親の役割は、私たちの本質が現れ、その本質が私たちの人生に独特な質を与えることができるように、私たちの本質を認め、励まし導くことにある。

あなたの父親はそういったことをすべてしただろうか? もしそうなら、あなたは稀に見る幸運な人だ。あなたの人生は豊かでスピリットとの絆は強い。あなたにとっては、日常のあらゆる経験が重要で意味深い。

あるいは、あなたの父親はベティーの父親に近かっただろうか? 彼はあなたの身体を犯すことはなかったかも知れないが、おそらくあなたの魂をないがしろにして冒涜したのではないだろうか? もしそうなら、あなたは大きな損失に苦しみ、あなたの魂は悲しみのどん底を知っている。

私たちの多くはいつまでも消えない悲しみのために、胸の中の空洞を満たす何かを求めて、呆然と歩き回っている。私たちは父なる神、天にましますわれらの父の存在を求めている。彼はスピリチュアルな富の源で、彼を見つけられないとそれに代わる物を探し始める。私たちは物質的な富が彼の場所の代用になると感じることがよくある。この代用品がどれほど魂を蝕《むしば》むのか、証明する必要はないだろう。ウイチョル・インディアンのドン・グァダルーペは、私たちが彼の民族の貧しさを見て驚くのと同じように、我が民族の貧しさを見てショックを受けていた。

父なる神をもたない者の中には情報や事実、学識などの富を蓄積することで埋め合わせをしようとする者もいる。読み書きのできないドン・グァダルーペは自分を豊かにするために本で知識を学んだわけではない。彼は自分のスピリチュアルな富を分け与えることで、人々に癒しと強さを与えている。彼は講義をして分け与えるわけではない。なぜならスピリットは言葉では捉えきれないからだ。彼は自分の宝を「秘密」と呼んでいる。彼の分かち合いは魂から魂への寛大で直接的な行為だ。

ドン・グァダルーペは、かつて医者の治療に大いに興味を示したことがあった。あるとき、特に深い教えを授けた後、彼は私の上達ぶりに満足気な様子だった。そのとき、彼がウイチョルの者が医者になる能力があると思うかと尋ねて、私を驚かせた。

「もちろん」と私は答えた。西洋医学に必要なのは強い知性だけだということを伝えようとして、「医者になるのに必要なのは、すぐれた読書能力だけなんです」と言った。この人物にとって読書というものが謎だったので、私の答えは全く説明にならなかった。私はもう一度説明を試みた。「ドン・グァダルーペ、つまり、私たちの医学には秘密がないということです」

「ああ！」と彼は言った。それがこの件に関して彼が興味を示した最後の言葉だった。

父なる神を探すもうひとつの方法は、想像上の精神的な富を蓄えることだ。仮にそれが宗教であれ、治療法、芸術、科学、政治であれ、あるいは会社や警察、軍隊であれ、そこには自分の選んだ宗派の重要性によって価値をはかる、必死の求道者たちがいる。しかし、知識や物質的な富を集める人たちと同じく、精神的な賞賛を集める人たちは、父なる神がある特定の寺院に限定されるものではないということを理解していない。彼の存在に至るために、特に達成しなければならないようなことは何もない。ただ呼吸するだけでいいのだ。天にまします神は私たちの周囲の空気全体に広がっていて、呼吸するたびに肺を通して私たちの中に入ってくる。

父なる神の本質は精妙なものだが、昔の中国人はそれを指して要素（五行の木火土金水）のうちで最も密度の濃いもの、つまり金属（五行の中の金）と呼んでいた。おそらくこれは金属が地上で最も純化され、欠かすことのできない重要な要素だからだろう。いずれにしても多くの文化で長きにわたって、人々は金や銀のような金属を価値あるものの印として認めてきた。歴史上のある時点で、私たちは代用貨幣を本物と取り違え始めた。数世紀に及ぶ殺戮《さつりく》と搾取がその結果だ。光り輝く金への強い欲望が、アメリカに渡りそこに住む人々を大量に虐殺し、自然環境を破壊することへとヨーロッパの人々を駆り立てた。これは鋼《はがね》の知識と父なる神を礼拝する宗教の承認が共にあったお陰で成し遂げられたのだ。金への強い欲望、鋼への忠誠、スピリットに対する冒涜、そして、非情な神への崇拝、これらが私たちの西洋諸国の基盤となっている価値観なのだ。

男性女性ともに男性原理の中心にあるのが権威と権力なのだが、私たちのほとんどが権威と抑圧の違い、権力と権力の濫用の違いを理解していない。裁判官、警察官、大学教授、あるいはあなたの上司が職務中に涙を流すのを最後に見たのはいつだっただろう？　私たちはいつイラクやベトナム、広島、あるいはその他の場所で殺した人々に対して、国民として哀悼の意を示す日を設けただろう？
*メンズ・ムーブメントが人間らしさに至る鍵は悲しみだということを発見したのは、ごく最近のことだ。これは多くの人にとって大きな驚きだった。なぜなら、悲しみは強さの鋭い刃先を奪い、優しさで和らげてくれるからだ。だが、柔和で優しくなったとき、私たちはより本物で、力強く、最終的にはより信頼すべき存在になるのだ。

悲しみは私たちの価値観をまっとうにし、尊敬の念を教えてくれる。悲しみが心に深く染みわたったならば、愛する人を失ったばかりの人は、何が大切で、人の命がどれほど貴重なものなのかがはっきり分かる。悲しみについて大問題なのは、私たちが本当にそれを感じていないことだ。私たちは「強く」なければならないと考える。

この型にはまった男らしい強さは、全く強さでもなんでもない。むしろ手放すことへの病的な拒絶と言える。父なる神の本質が肺を通して私たちにひらめきを与えることができる以前に、私たちの中がきれいで、純粋で空っぽになっていなければならない。この清潔さは大腸によって維持されている。大腸が老廃物を取り除き、心と身体とスピリットに輝きと正直さと受容性をもたらす。大腸と肺が協力して働いていることを説明するのに使うことのできる、古い禅の物語がある。これはその物語を私流に脚色したものだ。

＊メンズ・ムーブメント：一九六〇年代後半から七〇年代にかけて、女性解放運動やフェミニズムに呼応する形で起こった、男らしさからの解放を訴えた思想や運動。男性解放運動。おもなものにメンズリブ運動がある。

昔、裕福な商人とその弟がいた。商人の店は繁盛し、大家族で正直なことで評判が高かった。一方、弟は独身で、どんな仕事も長く続いたことのない流れ者だった。ある日、弟が現れ、結婚して、妻には子供までいると告げたときには、商人は驚いた。弟は新しい家族を養うために仕事が欲しいと言った。そして店のどんなつまらない仕事でもいいからやらせてほしいと、兄に頼み込んだ。

商人は弟の誠実さと熱心さに心を打たれ、喜んで彼に仕事を与えた。しかし、弟の突然の変身振りを納得するのに戸惑いを覚え、それについて彼に尋ねた。

「兄さん」と若者は答えた。「私はこれまでずっと、最高のもの、最も崇高なものを知りたいという欲求に駆り立てられてきました。農業はつまらないものに思え、ひとつの商売や職業に就くという考えそのものに、心が押しつぶされそうだったのです。私は彷徨《さまよ》い価値あるものを探し求めてきましたが、私の探求は虚《むな》しく、人生は無意味で陰鬱なものに思えました。やがてついに、偉大な祖父として知られる老人の話を聞いたのです。その老人は偉大な知恵を持った人物で、おそらく神のような賢者だとさえ噂されていました。捨て鉢になってその老人のところに行って、彼の宗派に入信させてもらおうと決心しました」

「ああ、私もその人物の噂を聞いたことがある」と商人は言った。「その老人を訪ねたのか？　老人はどんなふうにおまえを迎えたのだ？」

「実際に彼を訪ねました」若者は答えた。「私が辿り着いたとき、彼は太極拳の稽古をしている最中でした。彼は高齢にもかかわらず、中年の男のように精力にあふれていました。稽古を終えた後、彼は親切に私を迎え、私の訪問の目的を尋ねました」

「『何年も彷徨い、探し求めた挙句、何も価値あるものは見つけられませんでした』と私はその老人に告げました。『虚しさと悲しみが私の運命です。私はあなたが大いなる知恵の宝物をお持ちになっていると聞きました。そして、たしかに、あなたの瞳の輝きとあなたの顔に広がる穏やかさは、私が今なおつかめないでいる何かをあなたが達成したことの証です。私はあなたに教えを請うためにやって参りました』」

「老人はこう言いました。『あなたが来たのは良いことだ。だが、私が求めているのは、受容的な在り方を知っている弟子だ。師というのは能動的で、弟子に自分の知恵を注ぎ込むものだ。言わば、それは一杯のお茶を注ぐようなものだ。実際あなたの器は空っぽで、満たされる必要がある。不幸なことに』かすかな笑みを浮かべて、彼は言いました。『あなたは器を静かに保つことを学んでこなかった。私があなたに教えようとしたとしても、結局私の注いだお茶は食卓の上にこぼれてしまうだろう』」

「面会は終わったように見えたので、私は彼に感謝を述べ、いとまごいをしました。その老人の言葉は、今も私の中に生きています。全くその通りなのです。私はひとつの扉から次の扉へと探求を続けて、何にも長く留まったことはなかったのです。心が落ち着かず、満たされなかったのも無理はありません。私はやり方を変えようと決心し、その後、結婚しました。それで、兄さん、あなたの助けを借りてこの町に留まるつもりなのです」

数年が経った頃には、弟は一生懸命働いて商売の片腕になっていた。成功するにつれて、彼はより独創的で創造的になっているように見えた。彼は重要な市民のリーダーとなり、その地域で最も尊敬される人物の一人となった。

その間、兄の方はあまりはかばかしくなかった。彼の商売は相変わらず繁盛していたのだが、実のところ、彼は弟の高い地位を羨んでいたのだ。次第に彼は自分自身を疑うようになり、気力をなくし、健康状態が悪化した。そんな折、偶然にも例の賢者の噂を再び耳にした。そこで彼は今こそその老人を訪ねて、助けを求めようと決心した。弟は意志薄弱で優柔不断な若者だったので、師（賢者）は弟の湯呑み茶碗に彼の祝福を注ぐことを拒んだが、自分は強く、これまでずっと一生懸命に働いてきたのだから、自分こそ極上の祝福を受け取るのにふさわしい人間であるはずだと彼はふんだ。その結果、偉大な祖父にお近づきになることで、彼は苦しみから救われ、ただの一打で弟の本性を暴くことができると考えた。

彼は賢者の住む地へと旅して、そこで心のこもった歓迎を受けた。師は商人の評判を聞いたことがあり、彼をもてなすことを光栄に思うと言った。商人が教えを授かるためにやって来たことを説明すると、師は実際、とても喜んでいるように見えた。そして商人を部屋に招き、茶でも一杯如何かなと誘った。

「ははーん！」商人は思った。「例の象徴的な茶を注ぐというやつだ！　まさに俺の思った通りだ。いかにも俺は弟子としてふさわしい。俺は本当に受容的な在り方を知っている。なぜなら今や師が俺に霊感を注ぎ込もうとしているのだから」

二人が席に着くと、茶器が一式運ばれてきた。主人（賢者）は丁重に急須を持ち上げると、客人（商人）の器に注ぎ始めた。客人は自画自賛の笑みを浮かべて眺めていた。だが、賢者が茶を注ぎ続けるにつれて、その表情から笑みは消え、狼狽からやがて恐怖へと変わっていった。茶は器のふちに達し、食卓にあふれ始めた。主人は微笑み、注ぎ続けた。食卓の上にあふれた茶が広がっていた。茶が老人の着物にこぼれ始めたとき、このいわゆる賢者がペテン師で、祝福を人に与えることはもとより、一杯の茶を注ぐこともできない間抜けで老いぼれた無作法者だということは明白だった。商人はもはや我慢ならず、「止めろ、止めるんだ、馬鹿者め！」と叫んでいた。「私の器がいっぱいだということが分からないのか？」

「まさに」賢者は言った。「あなたの器はあまりにも満たされている。『俺は偉大な人間だ。俺はとても賢い。俺は弟よりももっと価値がある』。どうすれば私はあなたの器に何かを注ぎ込むことができるだろう？　あまりにもいっぱいだ。あなたの弟が私のもとに来たとき、彼の器は空っぽだった。そして三年前、彼は全面的な悟りを得た。あなたの器を空にすることだ」

これらの言葉に商人は茫然となり、頭が混乱した。あらゆる思考や意見が消え去り、彼は空になった。

その状態になって、彼は真実ふさわしい弟子となった。人がスピリットを受け取る沈黙の瞬間に、それ以上何を言うことが出来るだろう？

商人はそのまま留まり、賢者のもとで九年間学んだ。修行期間の終わりに彼もまた悟りに達した。

ポーリーンは四十才の教養のある企業家だった。私のところに助けを求めて来る人がたいていそうであるように、彼女は自分の身体の症状を訴えることから始めた。「以前、私はマッサージをしていたのですが、手がひどく痛み始めたんです。医者に診てもらうと、腱炎だって言われました。マッサージはやめたのですが、とにかく痛みがひどくなりました。手の力が弱くなって全然力が入らなくなり、痛みが激しくなりました。背中も痛みだしました。二番目に診てもらった医者には手根管症候群だと診断され、三番目の医者には、頚椎に二箇所ねじれがあると言われました。私は炎症を抑える薬を飲んで、自然療法もいくつかやってみました。今は必要なことは何でもやれますけど、でも、いまだにひどい緊張があって、まっすぐ立ち上がるにもかなり苦労するんです」

「今は自分がマッサージを受けているのですが、一回受ける度にその後三日間、熱や寒気、疲労感におそわれます。それに頭痛もあって、肺も感染症を起こしているんです。二年前に煙草は止めたのに、口の中でずっと煙草の味がしているんです。それに、何年も前に気管支炎にかかったときと同じような咳を今でもするんです。左手首と左足の膝だけでなく、身体も痛みます。それでも十分でなければ、腸の具合もひどくて、一週間に一回しかお通じがないんです」

私はポーリーンに自分自身のことをどう思うかについて話してもらった。「時々、気分があまりぱっとしないことがあるの。数ヵ月前に結婚したんですけど、夫にイライラするんです。夫はしょっちゅう私の言うことを否定するんです。もううんざり！　私はちょっと憂鬱になって、実際、この一週間はエネルギーゼロで、やる気もゼロなんです。たえずやり続けようとすることに、ただただもう疲れていて。あれやこれやのセラピーやマッサージを、ただもう止めてしまいたくなるんです。それがあまりにもひどくなると、生きていたくなくなる時もあるんです」

子供時代についての質問に答えて、彼女は言った。「私が幼い頃、父は私を目の中に入れても痛くないほど可愛がってくれていました。でも、私が四才の時に、父と全面的に仲たがいしました。完全に断絶したんです。そのときから今まで、父が私に口をきくのは、何らかの理由で私を怒鳴りつける時だけなんです。十三才になった頃から、私はとても反抗的になりました。今になると分かるのですが、父の注意を引こうとしていたんです」

「何で父と仲たがいしたかって？　確かなことは分かりません。その理由を見つけるために、催眠療法を受けに行きました。記憶が戻ってき始めて、おぼろげながらですが、おそらく父との間に何か性的な関わりがあったのではないかと思います。それが記憶にのぼり始めた途端、信じられないような嗚咽《おえつ》が自分から漏れ始め、私は泣きに泣きました。そしてすべての記憶を締め出したんです。私に分かるのはそれだけです」

ポーリーンについては、白っぽい顔色、泣いているような声の調子、かすかに腐ったような匂いのする体臭、圧倒的な悲しみの感情が、彼女の苦しみが天にいる父（神）との断絶した関係によって引き起こされたということを、私に知らせていた。そう理解すると、彼女の物語全体が意味をなした。彼女の父親との断絶は、それ以降、何十年も謎のまま留まる悲しみに、幼いポーリーンを陥れた。大人になって催眠下でその出来事をほぼ思い出しかけたとき、彼女はこらえきれずに泣いたが、そのできごとに直面するだけの感情的強さを持っていなかった。思春期になって、彼女はあらゆる種類の権威、すなわちあらゆる種類の父親らしさを現すものに反抗することによって、彼女にとっての神の不在を行動で示し始めた。一方、神の不在によって魂を鼓舞するものを失ったことで、彼女の身体は徐々に弱くなっていき、その結果、慢性の肺や結腸の疾患、慢性的な痛みや疲労を引き起こしていたのだ。四十才になってようやく反抗から脱却して結婚できるまでになったのだが、彼女が選んだ相手は、まさに彼女の父親のように酷評ばかりする男性だった。これはポーリーンにとって危機だった。今では痛みはあまりにも深く、彼女はもはや生きていたくないと思うほどになった。彼女が助けを求める気持ちになったのはそのときだった。

　助けは彼女を天にいる父（神）へと連れ戻す、植物のスピリットの形でやってきた。最初の治療から一週間後のポーリーンの言葉は次の通り。「随分気分がいいわ。強くなった気がするし、それに希望もあるの」。その希望と強さを持って、ポーリーンは人生に戻る道を歩み始めた。

質問　金属とあなた

　早起きをして、排便を済ませ、丘か山の頂上に行ってみましょう。深く呼吸し、あなた自身の人生経験を敬う気持ちの表現として、ひざまずいてお辞儀をするか、または厳《おごそ》かな儀式を執り行ってください。一つひとつの質問がかけがえのない知恵の宝石だと考えて、質問に取り掛かってください。これらの質問に答えることによって、あなたの金属に対する関係を尊重することができます。

1. 自分の父親をどう思いますか？
2. 秋にはどんな気持ちになりますか？
3. 最後に泣いたのはいつですか？
4. 大切な人を失ったのはいつですか？
5. 大切なものを失くしたのはいつでしたか？
6. あなたが逸した絶好のチャンスはどんなものでしたか？
7. 何を後悔していますか？
8. 便通はありますか？

9. 何かに恨みを抱いていますか？

10. 新鮮で清浄な空気はあなたにとってどれくらい大切ですか？

11. あなたは金持ちだと思いますか？　それとも貧乏だと思いますか？　その理由は？

12. 自分が信じていない仕事で大儲けをするチャンスがあります。あなたはその仕事を引き受けますか？　その理由は？

13. あなたが守っているのはどんな伝統ですか？　守ることを避けているのはどんな伝統ですか？　その理由は？

14. 警察官が近くにいるときどんなふうに感じますか？　上司では？　その他の権威のある人物ではどうですか？

15. あなたの家族はあなたを尊重していますか？　仕事の仲間はどうですか？　あなたは彼らを尊重していますか？

16. 尊敬を得るためにどんなことをしますか？

17. 他の人はあなたをほめますか？　彼らがあなたを立派だと思うと言ったら、あなたはどう思いますか？

18. あなたが立派だと思うのはどんな人ですか？　その理由は？

19. 葬式のときどんな気持ちになりますか？

20. 間違ったときどんな気持ちになりますか？

21. あなたが最後に間違ったことを認めたのはいつですか？

22. ピリッとした辛い食べ物は好きですか？

23. あなたは何かの権威ですか？　権威であることを楽しんでいますか？

24. 誰の権威を尊重していますか？

25. どんなものを収集していますか？

26. 白い服を着るとどんな感じがしますか？

27. あなたは何について潔癖主義になりますか？

28. あなたの強いところはどこですか？　弱いところは？

29. どれくらい金属を身に着けていますか？

30. 強い男性の近くにいるとどんなふうに感じますか？　弱い男性では？

31. あなたの宗教あるいは精神的な道は何ですか？

32. 何にあるいは誰に敬意を表しますか？

33. あなたはいつ不名誉なことをしましたか？

34. あなたの人生で一番大切なものは何ですか？

すべての形ある生命の中にある父なる神のエネルギーは、私たちを傷つけることや挑戦を突きつけること、あるいは私たちを怒らすこともあり得ます。私たちを導き、私たちの生命を研ぎ澄まし、権威と導きをもたらすもの、あるいは私たちを豊かにするものが渾然一体となって、私たちの人生に利益と損失をもたらすのです。これらの質問の中で、あなたが憂鬱になり悲しくなるのはどの質問ですか？　あなたのどこに成長させ発展させる必要のある、金属的で鋼のような隠れた強さがあるでしょう？　屋外に出て、深く呼吸してみましょう。呼吸は私たちを父なる神につなげてくれる力の源泉なのです。この金属のような天の力に、私たちの人生を強く堅固なものにし、喪失感を癒し、機会を受け入れ、世間で行動し生きぬく新たな能力を獲得できるよう願ってください。そして、こうした感情と洞察の中心に座り、あなたの身体と精神とスピリットに生命を吹き込む、天にましますあなたの父（神）に尊敬の念をもってください。

第14章 水

中央メキシコのある山の頂上に、エル・テポステコとして知られる小さなピラミッドが建っている。最初に訪れたとき、この遺跡に私の想像力はとりこになった。それはどういう目的のために使われていたのだろう？　どんな神々がここでは崇拝されていたのだろう？　友人たちに尋ねてみたが、彼らも私同様、そのことについてほとんど何も知らなかった。私が聞いたのは、その建物が二つの神、ケツァルコアトルとトラロックに捧げられたものだということだけだった。それらの名前は私にとっては何の意味もなかったので、自分でそのピラミッドについて調べてみることにした。私は山に登り、壁の長さを測り、ある種の不安をもって、儀式を行う壇上に横になった。私はガイドなしでここにいる権利があっただろうか？無礼ではないだろうか？　ここは黒曜石のナイフを持った僧侶たちが人間の生贄《いけにえ》から、いまだ脈打つ心臓を切り出した場所なのだろうか？　それとも、それをしたのはペルーのインカの人々だったのだろうか？私は目を閉じ、最善を願った。

ジャガーが現れ、素早くピラミッドのまわりを回った。彼のしっぽはピンとたっていた。突然彼は向きを変え、私と向き合った。「つまり」彼は言った。「おまえはトラロックに会いたい？　そうだろ？」

「ええ、まあ。彼に会いたいとは思っています」私は答えた。「どうすればいいですか？」

「おまえを連れてってやろう。私の背中に乗りなさい」

私はジャガーに乗った。彼は空中に跳びだし上昇した。私たちは空に達し、まるで紙のスクリーンか何かのように、そこを突き抜けた。私たちは地上とは異なる空の下、別のもっとカラフルな世界に来ていた。その猫はさらに上昇を続け、この新しい空も突き抜けて三番目の世界に入った。彼は走り続け、次の空もその次の空も、次々と突き抜けていった。

十三番目の世界でジャガーは止まり、私に降りるようにと言った。私は降りて、私がいる小さな平原の端を見渡した。眼下には通り過ぎてきたばかりの世界が、ピラミッドの階段のようにきれいに積み重なって見えた。

振り返ると、長い金髪を垂らした青い目の若者がいて、その人には後光がさしていた。彼の掌《てのひら》は正面を向いていて、それぞれの掌の中心から一筋の水がほとばしり出ていた。この水が下の世界に流れ落ちていって、やがて私たち地球の水系を形成し、そこでは魚が泳ぎ、植物が繁っていた。

若者が口を開いた。「やあ！　私がトラロックです」

「あなたがトラロック？」

「そうです」

「では何故あなたは金髪で青い目をしているのですか?」

「あなたが外国人なので私が外国人に見えるのです。このピラミッドを建てた人々には違って見えていました。人が違えば違って見えるのです。でも、私のことは誰でも知っています。私は雨の神です」

「あなたにお目にかかれて本当に光栄です。どうかあなたご自身のことについて少し教えてください」

「あなたはさまざまな要素を学ぶ学生であり、医者でもある」とトラロックは言った。「あなたが雨や水について知っていることを私に話してください」

「時間はありますか?」と私は尋ねた。

「もちろん」とその神は答え、座席に着くと煙草に火をつけた。

「いいですか、つまりこうです。水は神秘的で聖なるもの、生命の源です。私はよく何故生命が海に誕生することを選んだのだろうと考えました。答えは水のすぐれた感応性にあると思います。まず第一に、生物はかわるがわる動いたり静止したりするもので、水は運動も静止も同様に支えてくれる要素なのです。非常に多くの動きがあります。関節は水の中で動くし、食べ物は水の中で消化され、精子は水の中を泳ぎ、脳は水の中で思考します。水のうねりが、意志の力や野望といった魂の動きを引き起こし、また、静寂のときもあります。私たちの中にある水が動きを止めると、私たちの心は穏やかになり、現象の水面下に没入します。呼吸や思考の間に、永遠のときがあるのです」

突然、私は神に講義をしていることに気が引けた。「私の調子はどうでしょう?」

「素晴らしい!」トラロックは言った。「続けて」

「さて、もう一つだけ私が申し上げたいことは、死についてのことです。すべての生物は生命を求め死を恐れます。そのため水は生命と恐れの源であるばかりでなく、恐れの崇高な形式である畏怖の源でもあるのです」

「大変結構でした！」トラロックは言った。「あなたはこういったことを人々に伝えるべきです！　人々はあなたが今おっしゃったことを知る必要があるし、知るべきことはもっとあります。あなたには、言うべきことがさらにあるのです」

「たとえば、どんなことですか？」私は尋ねた。

「人々の水の無駄使いぶりをご覧なさい。どれほど水を汚染しているかを。自分たちが全面的に降る雨に依存していることや、自分の血管の中を流れる血液がまさに水だということを、人間は分かっていないのです。たいていの人にとって、水は売り買いされる日用品にすぎず、蛇口をひねれば出てくるものなのです。彼らにとって、雨は運転をしづらくする厄介ものなのです。彼らは私のことをまるで感情を持っていないかのように扱っています。当然、私も彼らを同様に扱います。さまざまな病気、恐怖症、極度の疲労、洪水、旱魃《かんばつ》。何をお望みですか？」

「それであなたは私にこのことを人に伝えろと？」

「そう、彼らに伝えてください。彼らは知る必要があります」

「彼らは私を信じません！　自分を信じることさえおぼつかないのに！　私は本当にこの会話をしているのですか？　それともでっち上げているのですか？」

「いずれ分かります」トラロックは言った。「まもなく、あなたは奇跡、偶然の一致を受け取ることになるでしょう。それであなたは私が本物だということを確信するでしょう。さて、あなたとお会いできて本当に良かった。もう帰ってよろしい」

私はトラロックに感謝を述べ、私の世界に戻ってくれるようジャガーに頼んだ。

数ヵ月後、私はカリフォルニアにいる私の妹を訪ねた。彼女の本棚にあった『メソアメリカの神話』という本が私の目に止まった。本を取り出し、適当にページを開いた。そこにはアステカの浅浮き彫りの写真が載っていた。その彫刻の一番上に、両手を体の脇に当てて、掌を正面に向けた若者が立っていた。それぞれの掌からほとばしり出た一筋の水が下の世界に流れ落ちて、そこでは魚が泳ぎ、川の土手には植物が生い茂っていた。写真の解説にはこう書かれていた。「トラロック、アステカの雨の神」。約束されていた偶然の一致がここにあった！

私は雨の神が語った言葉のことを考えていた。「彼らは私のことをまるで感情がないかのように扱っている」。それは真実だった。私の患者はあらゆる種類の有毒物質で、体内の水を汚染していた。彼らは刺激物を使って働き過ぎて、熱望や意志の貯水池を涸《か》らし、そうなってから、その結果現れた鬱、不安、疲労感、恐怖症、関節炎などの身体の症状を訴えて私のところにやって来るのだ。大規模なところでは、私たちは地球の水も同様に扱っていた。殺虫剤や除草剤、重金属、核廃棄物などで汚染して、その他に何があるかは誰にも分からない。私の住む町では市の職員が降水量で補給できる以上の水を、地下からポンプで汲み出していた。

人類が常にこうだったというわけではない。私たちが水の神と関わり合っていることを知っていた長い、長い時代がかつてあった。

私の義理の妹がメキシコのタラウマラ・インディアンを訪ねて行ったとき、彼らは深刻な旱魃に見舞われていた。穀物、ひいては彼らの生命が危機に瀕していたため、部族の人々がシャーマンの導きのもとに結集した。彼らは雨の神に捧げて、夜通し歌い踊った。夜明けには、激しい雷雨が喜ぶ踊り手たちをずぶ濡れにした。

私たちにはそのインディアンたちが持っていたに違いない、霊的な交感をほとんど想像することも出来ない。私たちはそんなことが可能だということすら信じないかもしれない。それほど私たちは水の神から離れてしまった。しかし、この種の水の神との交流は、すべての人類にとってかつては当たり前のことだった。ほんの昨日まで、そうやって生き残ってきたのだ。

今日でもそれは可能だ。トラロックに会った後、私たちが経験している旱魃に対する助けを求めるため、夢で旅をした。彼は雨を降らすための儀式を授けてくれた。それには私が描いたトラロックの絵と、チョコレートでできたろうそくという一定の小道具が必要だった。私は小さいへたくそな漫画を描いて、ろうそく作りに取り掛かった。最初のろうそくはまあ小さな炎を燃やし続けられるくらいにはなんとかできた。ろうそくを灯した後、私はなんとなく漫画の前にろうそくを置いた。十四時間のうちに予報にはなかった嵐が巻き起こり、町に雨の恵みをもたらした。その後もいくつかの嵐が続いてやってきた。

再び乾燥した翌年まで、トラロックをもう一度訪ねる必要はなかった。一九八七年二月三日、カリフォルニア州サンタバーバラで、私ははじめて完全なセレモニーを行った。それは暑い晴天の日だった。雨は全く降っていなかったし、降るという予報もされていなかったが、翌朝目覚めると、土の上にごくごく小さなクレーターが点々と出来ていた。わずかな雨が夜の間に降ったのだ。しかし、その後の日々は晴れて乾燥し、儀式は失敗だったように思われた。

私は二月八日に雨の神を再び訪れた。「儀式のどこがまずかったんですか?」私は尋ねた。

「どこも。魅力的だと思いましたよ」彼は答えた。「あなたがうまくやったということを知らせるために、小雨を降らせたんです」

「今年十分な雨の恵みを受けられるように、もっと私にできることはありませんか?」

トラロックは渋い顔をした。「もし毎年十分に雨が降ったら、人々はそれを当然のことと受け取ります。それでは彼らは何も学ばない」

「でも、あなたは自然が苦しむのを望んではいませんよね?」私は尋ねた。

「植物や動物は一年くらいの旱魃や火事なら生き残ることができます。あなたはここで私と時間を無駄にするより、あなたが知っていることを人々に伝え、教えるべきです」

「私にそれが出来るかどうか分かりません」私は言った。「自信がないんです。もし、もう一回納得のいくシンクロニシティーが起きなかったら、この事の全体をまた疑いますよ。あなたは本格的な雨を降らさなければいけません」

「もう一本、ろうそくをくれますか?」トラロックは尋ねた。

「もちろんです」

「よろしい。では、交渉成立です」

私はチョコレートのろうそくに火を灯し、雨の神についての記事を書こうと腰を下ろした。もし彼が本物なら雨は降るだろう。そして私は自分が知っていることを人々に伝えなければならない。もし降らなければ、わざわざその記事を書き上げることはない。

私は午後三時に書き始めた。風が起こり、雲が厚くなった。五時半には雨が数秒間降った。真夜中過ぎに雨は激しくなり始め、一定したものになった。私は記事を書き終え、教え始めることをトラロックに約束した。

数年後、私は北カリフォルニアのシエラネバダ山脈のふもとに住んでいた。そのあたりはひどい旱魃になって二年目を迎えていた。その前年、私はあるアイオワの農家のグループが共同でお金を出し合って、サウスダコタのローズバッド居留地からラコタ族のシャーマンと、彼の雨乞いの踊り手たちの一団を雇ったという新聞記事を読んだことがあった。インディアンたちは到着すると儀式を執り行った。その後、雨は約束どおり三日間降り続いた。もしこれがアイオワで起こり得るのなら、それはどこでも起こるはずだ。どこでも農家というのは現実的な人々だ。今こそ水を感情のないものとして扱うことに代わる、別の実際的な方法を示すときだった。私は牧場主や農家の人たちに雨乞いの儀式を提供する。もし成功したら彼らは料金を支払い、水とのより良い関係性に向かう確実な変化を起こすことに同意するだろう。成功しなければ、料金の請求も支払いの義務もない。

私は雨の神に私の計画を話した。私はアメリカ先住民のメディスンマンのような信用に足るものを持っていないと彼に話した。誰かが私のことを真面目に受け取る以前に、私には否定できない結果を出しておく必要があった。私は彼に、夏中私の家の庭の芝生を緑に保つのに十分な雨を降らせて欲しいと頼んだ。つまり、その地域にとっては奇跡を。彼は助けることに同意したが、それには二つ条件があった。まず第一に、このプロジェクトは人々が生きるためのより良い道を見つける手助けをするためだけのものであるということを、私が理解していなければならないということ。私の個人的なエゴ・トリップのためではないということ。二番目は、私たちが始める前に私の意図を人前で公表しなければならないというものだった。もし私がすすんで物笑いの種になるというリスクを冒さないなら、事の全体を忘れた方がいいというのだ。私は彼の条件を承諾した。私は地方新聞に私のプロジェクトを知らせる広告を出し、定期的に彼の雨乞いの儀式を行った。

春から夏にかけて、雨はずっと降り続けた。七月半ばまで裏庭のオークの木の下の芝生はずっと青かった。一方、中西部と南西部では、穀物や家畜が渇水で死につつあった。私は手を広げる時が来たと感じた。私はアルバカーキにあるアラン・セイボリーのホリスティック管理センター、現ホリスティック・マネージメント・インターナショナル（holisticmanagement.org）と契約を更新した。

アランは素晴らしい画期的な農業の経営方法を教えていた。彼のクライアントは世界でもっとも偏見のない農家のひとつだった。私はアランに私の提案を彼らに紹介してくれるよう頼んだ。アランは彼が仕事上で直面する大きな障害は、一般の人の承認ということだと説明した。もし彼が雨乞いのことを話して回れば、世間の人は間違いなく彼の気が変になったと思うだろうということで、彼は私の提案を紹介することを辞退せざるを得なかった。しかし、それから二週間後、彼は考え直した。彼はテキサスで最もひどい打撃を被っていた地域でセミナーを開いていて、牧場主たちは地割れや死んでいく家畜のことや破産の話をしていた。「ここに」心の中で彼は思った。「失う物は何もない、あるとすれば得することだけのグループがある」。彼は私の雨乞いの提案を話した。反応を示した者が一人もいなかったばかりか、提案がなされたと気付く者すらいなかった。彼らは皆まるで何事もなかったかのように話し続けた。

トラロック・プロジェクトは他の人々のためのものだったが、誰もそこから恩恵を受ける準備ができていなかったので、私は儀式を行うことを中止した。雨は止み、私の庭の芝生は茶色になった。私は他の誰も助けることはできなかったが、少なくとも、私たちが彼を扱うように私たちを扱う雨の神がいるということを確信した。

私たちは一瞬ごとに適量の体液で満たされる必要がある。危険はアドレナリンを必要とするし、食物には消化液、セックスには別の液体が必要になる。すべて水分のあるものは水であり、水分は膀胱のスピリットによって集められる。私たちのエネルギーも液体のように流れて、膀胱に集まる。プールが満たされていると、水のように変化とともに流れていく。プールが干上がると、恐れや麻痺が起こる。つまり、流れのない状態ということだ。

腎臓のスピリットは、水の深い神秘を秘めている。冬を水の季節と考えてみるといい。種は生命を孕《はら》みながら雪の下、大地の子宮の暗い静寂の中で眠っている。大地の子宮の奥深く、世界に誕生をもたらす太古の混沌がある。種は生命の泉に達する。ここで水を吸い上げ、種は生きる意志を吸収する。その水は死から生を、無から存在をもたらす力に満たされている。種はこの力を世界へと運び、その一滴を精液を通してそれ自身の種へと伝える。

この力は腎臓に潜んでいるのだが、十分に説明することは出来ない。ただ、その効力のいくつかを指摘できるにすぎない。中国の賢人は、腎臓は生命力の源で根本であると言った。中東の賢人はこう言った。「もしもあなたが水とスピリットから生まれたのでなければ、あなたは神の王国に入ることはできない」

植物は腎臓や膀胱をもってはいないが、私たちと同様、液体を蓄え神秘的な生命の泉をもっている。さらに、植物は私たちが求めれば、私たちの水に安らぎをもたらしてくれる。

一例として、三十代半ばの女性、ロバータは水に関わる植物のスピリットの力の恩恵に預かった一人だ。最初の訪問で、ロバータの症状を聞いているとき、私は彼女の声の中に呻《うめ》くような声を聞き、彼女の青ざめた顔色を見、淀んだ池の腐敗した匂いを嗅ぎ、彼女を麻痺させている恐れを感じ取り、彼女の人生の物語に繰り返される水のアンバランスというテーマに気付いた。

以前私は、夜には十四時間も寝ていたんです。でも、今ではマッサージを受けなければ全然眠れないんです。とても気分が悪くて、挫折した気分で、やっていけないんです。胃に穴があいていて、心が休まるときが全然なくて、ただいつも不安なんです。

私は子供の頃、腎炎という腎臓の病気で三年間、寝込んでいました。十二才頃まで、私は完全な幻想の世界に住んでいました。病床にあって、私は何時間も自慰行為に耽《ふけ》りました。それほど楽しんでいたというわけではなくて、ただ不安から逃れようとしていたんです。でも、ともかく性的な関心を抑制できなくなって、これまでに八回くらい中絶手術を受けたと思います。正確なところは分かりません。でも、そのことでとても罪悪感があって、その結果が怖いんです。

私はいつも流れのままに漂ってきました。その当時のボーイフレンドはいつも何かにつけて私に指図《さしず》していました。スペインである人と別れた後、私はひどく憂鬱になって、ベッドから起き上がることもできませんでした。とうとうあるヒーラーが私を起き上がらせて、私は仕事に出かけたんです。私は莫大なお金を儲けましたが、全部浪費してしまいました。申しました通り、私はただ流れのままに漂うんです。

私の母はとても独占欲が強くて、批判的でした。母は完璧で、いつも私の不完全なところを指摘していました。父がちょうど三ヵ月前に亡くなって、それで私は本当にどうしようもなくなってしまったんです。私にとって父はほとんど神のような存在でした。素晴らしい画家で、詩人で、哲学者でした。その一方で、父も私を震え上がらせていました。とても暴力的で、よくベルトで私を叩いてました。私はこれまでずっと父を極度に恐れてきました。そう言えば、幼い頃からずっと身体が震える傾向がありました。

今はまるで水がなくなってしまったみたいな気分なんです。すべてが干上がっていて、私の人生の景色はまるで塩でできているみたいなんです。

私は、ロバータに生命の水を呼び戻してくれるように植物のスピリットに頼んだ。二回目の訪問で、彼女は昼間はとても気分が良くて、また活動したくなってきたと話した。夜は前よりよく眠れるようになったが、魚がでてくる悪夢に悩まされていた。三回目の訪問までに、彼女は一種の冬眠状態に入っていた。彼女はその時期、暗くした寝室で夢想したり、物思いに耽ったりしながら過ごしていた。四回目の訪問にロバータは現れなかった。彼女は仕事を探しに出かけたのだ。

あなたが不安と逃避的な幻想の中に生きたロバータの人生の物語を、衝撃的で悲しいと考えるなら、私はあなたに同意するが、彼女の状態が稀だと考えるなら、同意できるかどうかは分からない。

不安に対する少し丁重さに欠ける同意語として、恐れという言葉がある。神経過敏もまた恐れであり、懸念も恐れの一つの表れだ。ストレスの多くは恐れだ。緊張は恐れから引き起こされ、心配は恐れに基づいている。感情的な麻痺は恐れの感情を示すもので、思考でさえ恐れを避けようとする恐れに満ちた手段なのだ。

最近では誰が不安、神経過敏、懸念、ストレス、緊張、心配、感情的麻痺あるいは思考から解放されていると主張できるだろう？　どれくらいの人がテレビ、映画、コンピューターゲーム、読書、スポーツ観戦、過食、ドラッグ、アルコール、機能不全の恋愛、ポルノ、過度の運動、買い物など逃避的な戦略にはまり込んでいるだろう？　この人気のないテーマを直視してみよう。恐れとは何だろう？　その役割は？　恐れによって何がもたらされるのだろう？

まず第一に、恐れは感情である。他の感情と同じように自然なもので、それなりの役割を持っている。私たちに危険から逃げ出したり克服するために必要なものを与えることによって、私たちの人生を守ってくれる。この有名な闘うか逃げるかの反応は、腎臓に付随する腺から分泌されるアドレナリンによって引き起こされる。この反応を煽ることで、恐れは接近してくるバスの進路からさっと飛びのいたり、攻撃してくる相手を退《しりぞ》けるのに必要な力を後押しする。このレベルでは、はっきりと目前にある危険に考えることなく反応するので、恐れは必要かつ良いものだ。

次のレベルでは私たちの理性が危険を認め、状況をコントロールし「良い」結果を出せるような計画を思いつく。昔ならそのような状況はこんなふうになる。「私は空腹で、家族も空腹だ。私たち全員が飢えてしまうかも知れない。森の中には鹿がたくさんいるが、鹿は私より足が速くて、もっと素早い。だが、私には名案がある。この尖った石をあのまっすぐな棒に植物の繊維でくくりつけよう。次に鹿を見かけた時にそれを投げつければ、私たちは食事にありつけるだろう」

恐怖映画の中に、この古い物語の二十世紀バージョンがあった。一見無敵のモンスターが魅力的な女性と、他の世間の人々を脅かしている。聡明な若い科学者が巧妙な計画を思いつき、モンスターを殺しその女性を救い、その女性は惚れ惚れして彼の腕に落ちる。ついでに、その他の世間の人々も救われるというわけだ。

巧妙な計画を持った恐れは、たくさんの鹿を殺してきたが、モンスターは恐れそのものなので、実際にはモンスターを殺すことはできない。恐れに駆り立てられた行動は、さらなる恐れを生み出す。昔の時代にはそれは単純なことだった。鹿を満喫した後、家族はやがてまた空腹になった。不安はまた狩りへと追い立てる。恐れが永遠になくなることは期待されておらず、生活の一部として受け入れられていた。それは来ては、去っていく、それで問題なかった。

しかし、どこか道の途中で、人々は理性を駆使して恐れに打ち勝つことに、あまりにも強くこだわり過ぎてしまった。その戦略は物事をコントロールするのに効果的に見えた。人生は何かを失う恐れを払いのけるためのコントロールのゲームになった。その戦略はより多くを自分のものにすることにあった。より多くの利益、より多くの土地、より多くの家畜、より多くの天然資源、より多くの奴隷、より多くの女達、より多くのお金、より多くの権力、より多くの名声、より多くの敵対する企業の買収、より多くの何もかもすべて。貪欲さはモンスターを負かそうとした。しかし、より多くのものを持てば持つほど、さらに失う恐れが増すので、モンスターはあなたを墓場まで追って生き続ける。道の途中であなたは自分が必要とするものを与えるように意図された、奇跡的な自然界の一部であることを忘れてしまった。

私たちの社会は恐れを養い、強化する。理性の巧妙な戦略は、最高の価値あるものと見なされている。私たちは偽りの約束に目がくらみ、その約束の原動力となっているハムスター・ウィール（回し車）が見えない。理性はこのように担ぎ上げられ、最高統治者の王位を奪う。すべての独裁者と同じように、恐れはそれ自身の支配をますます求める。その高い場所から、感情は手に負えないほど危険に見える。感情が赴くままに流れるのを許される代わりに、感情は塞き止められている。恐れのダムの後ろで、感情はますます大きく、より強力になる。恐れは私たちを危険から守ることになっていたのだが、今では恐れ自体が危険な存在になってしまった。緊張で震え呻《うめ》きながら、ダムはついに爆発する。私たちは洪水から身を守るためならほとんど何でもするが、立ち止まって結果を考えようとはしない。

人生は津波のように見えるだろうか？　干からびた砂漠のようだろうか？　私たちが雨の神の感情を無視したということはあり得るだろうか？　私たちは彼の贈り物をにべもなく拒んだのだろうか？　植物のスピリット・メディスンはダムを壊す手助けをして、私たちを生命そのものの流れである、感情の自然な流れに開いてくれる。

質問　水とあなた

これらの質問は、あなたが人生の水の流れを感じる手助けをしてくれます。河の流れを見つめて、それがあなたの心の中を流れていると想像してください。質問に対する答えが下流に流れて行くままに、ためらうことなく任せてください。

1. 海のそばではどんな感じがしますか？　湖のそば、川、沼ではどうですか？
2. 冬をどう思いますか？
3. 暗闇は怖いですか？
4. 死ぬことは怖いですか？
5. 最も怖いものは何ですか？
6. 恐怖映画は好きですか？
7. 危険を求めますか？
8. どのくらい塩分を欲しますか？　どのくらい塩分を摂取しますか？
9. 水を飲むのは好きですか？
10. 水泳は得意ですか？

11. どんな抱負を持っていますか？

12. 今までに一度も経験したことがないことをやらなければならないとき、どんな気がしますか？

13. やりたいと思ったことが怖くてできなかったのはいつですか？

14. 恐れに打ち勝ったのはいつですか？

15. 青い服を着るとどんな感じがしますか？　青い部屋ではどうですか？

16. 失禁したのはいつですか？

17. 何にまたは誰に畏敬の念を抱きますか？

18. どんなことで不安になりますか？

19. 何かの恐怖症になったことはありますか？

20. 神に畏怖の念を抱きますか？

21. 神経質になったのはいつですか？

22. 興奮したのはいつですか？

23. ジェットコースターやその他祭りの乗り物に乗るのは楽しいですか？

24. ベッドから抜け出す動機は何ですか？

25. 瞑想しますか？

26. 身体が震えたのはいつですか？

27. 雨天にはどんな感じがしますか？

28. 水道の水はどこから来ていますか？

29. 下水道の水はどこに行きますか？

30. 今日どのくらい水を使いましたか？

31. あなたの人生には緊張や不安はどのくらいありますか？

32. あなたはどんな感情を恐れていますか？

33. あなたが神経質になるのはどんな状況ですか？

34. リラックスしてストレスを解放するのにどんなことをしますか？

35. 感情的に麻痺したのはいつですか？

36. あなたはいつ不安に対処するためにアルコール、医薬品、その他ドラッグの助けを借りましたか？

37. どのくらいテレビを見ますか？　一日に何時間コンピューターを使いますか？

38. 働き過ぎていますか？

39．どのくらい考えますか？

質問に対するさまざまな答えを考えながら、人生に対するあなたの感情的な反応が自由に流れているところ、制限されているところがどこにあるかに注目してください。最も驚いたのはどこですか？　目を閉じて、大いなる河、大いなる生命のエネルギーの流れに身体を沈めていると感じてみてください。そして生命の経験の深みへと連れて行かれるままにしてください。この存在の源に浸った後で、聖なる水に感謝を捧げてください。

第15章 木

ドリーマーの最初の夢は要素だったと言う人がいる。彼の想像から火、土、金属、水が突然生じて、すべてが混沌とした変転の中でうねっていた。創造を終えた後、ドリーマーはそれをじっくり眺めて悦に入った……それもつかの間。結局、彼は絶え間ない変転に飽き飽きした。全くの無と比べれば、それはかなり興味をそそるものではあったが、絶え間ない変転にはたいした構想がなかった。実際、ここもあそこもなく、前も後ろもなく、あなたも私もなく、絶え間ない変転には構想など全くないと言えた。それでドリーマーは無限の時を遊んで過ごすのにうってつけの物語を切望し始めた。物語がまだ生み出されたことがなく、それを語る者も演じる者もいなかったことを考えると、これは注目すべきことだが、それならばドリーマーこそ注目に値する。

ドリーマーの数ある注目すべき特質のうちのひとつが創意工夫の才で、彼は永遠に尽きることなく本当にすばらしい物語を生み出す方法を考案した。彼は、中心のない自分の宇宙のど真ん中に育っている木を夢見た。

　おそらくあなたは、木がそれほど壮大なドラマの源泉になるとは考えないかも知れないが、当初は事情が違っていたのだ。かつて、ある木が成長していた。その木が成長するには空間が必要だった。ザッ！　突然、それまではただ混沌だけが支配していたところに空間が出現した。そしてそれで十分でないとするならば、木は枝を伸ばし、根を下に向かって伸ばす必要があった。再びザッ！　突然、宇宙には方角が生まれた。いまや秩序を整える方法があったので、木は火に集まって上で太陽になるよう指示し、土には下に集まって地面となるよう指示をした。火も土も、ともにいったん要素の新たな配列になじむと心地よい目的意識を感じ、まもなくそれに金属と水も加わった。

　空間と方角を創造したので、宇宙の中心の木は成長し始めた。成長するにつれて、木は成長のための原料が必要になったので、手近にある火、土、金属、水を使った。これらの要素は組み合わされて新しく独自なものになった。各要素から作られたそれぞれが独自で、とにかく各要素とは別個のもの。それが最初の主役だった。

　木は成長し続け、主役の木は年老いた。つまり、木は未来へと動いたのだ。今までは進むべき未来はなかった。成長や発達がなかったので、それまでは何も起こったことがなかった。少なくとも対比させるものが他に何もなかったのだ。ある一瞬と他のどの一瞬とも区別することはできなかったし、時は存在していなかった。だが、木の成長がそれに終わりをもたらした。いまや空間だけでなく、時にも方向があった。そして、木は先を見て、どんなふうに成長を続けようかと計画し始めた。そのため木は最初の予言者となった。

　木が成長して未来を見たとき、死という問題を予見した。そして、その問題に対して性という愉快な解決策を出した。もちろん、性にはもう一人、別の存在が必要なので、木は魅力的な相手を夢見てくれるようにドリーマーに頼んだ。たちまち、新しく二番目の木が近くに現れた。最初の木は猛烈に夢中になって、すぐに種族を増やし始めたいと願った。けれども、二番目の木はそれ自身の計画を持っていた。根を下ろし、苗を育てる以前に、自分自身の成長のために枝を張り広げることにもっと関心があった。必然的に、二本の木はけんかになって、新しい木は離れていった。もしその木が考えを変えていなかったら、宇宙はいまでも怒りで麻痺していただろう。だが、有難いことに二本の木は仲直りして家族になった。

そういうわけで、ドリーマーは宇宙の中心に木を据えて、その木から時間、空間、個性、葛藤、性そして死が生まれた。もちろん、これらが良い物語の材料であることは偶然の一致ではなく、その木が紡ぎ出した最初の物語は、今でも最も優れた物語のひとつだ。少年が少女に出会い、少年は少女を失う。少年は少女を取り戻す。そのとき以来、若い木が芽を出すたびに、何十もの新しい物語がそれとともに生まれるので、ドリーマーは一瞬も退屈したことがない。

春。柳の種が芽吹き、木になろうと成長し始める。柳は決して草の葉にはならない。決してマスやシロアリにもならない。それは柳の木になる。柳は柳になるための内なるビジョンをもっていて、事あるごとにこの青写真とも言えるビジョンに助言を仰いでいる。「ええと、待ってください……、日光は十分にあります。水分の蓄えも。ミネラルも土の栄養分も保たれているから、はい、さらに成長するチャンスがあります。ひれを付け加えましょうか？　計画をチェックしてみましょう。いいえ、違います。ひれじゃありません。私たちは木を増やすことになっています。そこに柳の木を」

ただちに柳は正確にどこにどうやって木を増やしていくかを決定しなければならない。背の低い藪になるのか、やせた背の高い木になるのか？　まっすぐに伸びるのか、それとももっと光を受けるために、あちこちを少し曲げるのか？　どの枝を先に伸ばすのか？　もしかしたらどの枝もみな同時に伸ばすべきなのだろうか？　そこには何千もの決定事項がある。

私も柳とさして変わりない。私も自分の魂の中に持ち運んでいるビジョンに相談しながら、そのビジョンを実現する方法について決定しながら成長しているところだ。柳の成長と私の成長の仕方には次のような違いがある。つまり、柳はその最後の日まで伸び続けるが、一方、私の身体は何年も前に成長を終えたという点だ。それ以来、とにかく私が成し遂げた成長は、私の精神とスピリットの中で起こってきた。教育によって成長が妨げられたので、この領域は大いに成長させる必要がある。

私の学校での経験は、特別にトラウマとなるようなものではなかった。実際のところ、私は「優秀な」学生だった。いわば、私の成長が妨げられたのは、私が受けた学校教育のせいではなく、イニシエーションを受けなかったことによるのだ。イニシエーションというのは、人に彼または彼女の人生の目的を示す儀式のことだ。この儀式は伝統的な社会では、一般に思春期を過ぎて間もなく行われる。なぜなら思春期は肉体的な成長が終わり、魂の教育を始められる時期を表しているからだ。人生の目的を理解することが、自分の魂が持ち運んでいるビジョンを生きるための始まりとなる。儀式にはいろいろなやり方があるが、常に長老たちの導きのもとに行われる。イニシエーションを受ける者はしばしば家族から離れ、荒野の中で断食やその他の苦難を通り抜ける。その結果、彼らに生きるべき道を示し、人生の途上で助けとなる霊的な力を授けてくれるスピリットの訪問を受ける。イニシエーションを授かった者は、部族に貢献する方法を理解して社会に復帰する。そのとき彼らは自分自身が長老となるべき若い成人となるのだ。(注6)

私は表面的には、バル・ミツバ*という形式的なイニシエーション（成人式）を経験したけれども、私は全く無知な若者だった。私が公的な教育をたくさん受けたということとは関係がなかった。ビジョンがなければ、私は知る必要のあることを何も知らなかった。二十代の頃、父はよく私に向かって、いつまでふらふらしているつもりだと問いただした。父にそう言われると無性に腹が立って、ふらついてなどいないと主張していたが、父は正しかった。私はふらついていた。部分的にはそれを認めざるを得ないことに腹を立てていた。それ以外の部分は自然な怒りだった。私はもう幼い子供などではなく、人生の方向性を見つける必要があったが、援助してくれる者は誰もいなかった。

幼い子供たちは、人生の方向性にはあまり関心がない。子供たちにとってワクワクする質問とは、「クリスマスには何が貰えるだろう？」というものだ。人々はイニシエーションを受ける年頃が近づくと、人生が彼らにより大きな役割を呼びかけるのを感じるようになる。するとワクワクする質問はこうなる。「クリスマスに何をあげられるだろう？」。成長するにつれて、彼らはクリスマスは一年中続き、自分たちの死後にも続いていくということを悟る。老人にとってのワクワクする質問はこうだ。「今から七世代先のクリスマスに何を渡すことができるだろう？」

第11章で考察したように、怒りは侵害された自分の境界を回復するために起きる。たとえば、誰かがあなたのつま先を踏んだら、怒りの感情が起こって自分の境界を回復するように促す。あなたの怒りに対する関係性が良好ならば、「失礼ですが、私のつま先を踏んでますよ」という穏やかな表現で目的を果たす。もしあなたが全く何も言わないか、あなたの反応が敵意を持ったものか攻撃的なものであれば、あなたの怒りは蓄積され、バランスを崩すことになる。

若者たちのスピリチュアルな領域は成長する必要がある。彼らが自分の必要とする援助を受けることができなかったら、これは自分の領域を侵害されたことになって、怒りが自然に起こる。もし若者が成長を著しく阻害されたら、彼らの怒りは暴力になり得る。これがスラム街で起こっていることで、最近では中産階級の地域でも同様なことが起きている。

私自身のイニシエーションの過程は、三十才を過ぎてから始まり、十年以上にわたってビジョン・クエスト*やその他一連の経験をするという、遅く、ゆっくりとした非公式なものだったが、私は幸運だった。今日、多くの人が自分の人生の目的を見つけ出せないでいる。そういう人たちは自分の天賦の才能を表現する方法がないので、一日一日が最後まで同じように単調で欲求不満なものになる。

現代生活は、魂にではなくショッピング・モールに道を開いている。そして、成長する力はそちらの道へと進路をそらされてきた。その結果がいわゆる「国民総生産」の成長で、この国民総生産が毎年増えていかなければ、「経済」は破綻する。手に負えなくなった急速な成長を表す言葉がある。それが癌だ。癌は私たちの体内、そして地球上で拡がり続けている。なぜなら、木と同様、私たちも成長していかなければならないからだ。そこから脱却する唯一の方法は、肉体的な成長は、長老となるための本物の成長に向けての道を準備する若者の段階だ、ということを再認識することにある。

＊バル・ミツバ：ユダヤ教において、十三才の男子の成人式。または成人式を受ける少年の意で、ミツバとはユダヤ教の戒律を指す。

＊ビジョン・クエスト：人生の道標となるビジョンや霊的な力を授かるための通過儀礼、儀式。

短期的に見ると、再認識への見通しは良くない。マスメディアは私たちが若さを崇拝し、できる限り若さを継続させたいと望んでいることを示している。この冷酷な若者崇拝は形成外科医のナイフよりも刃先が鋭い。私たちの文化は消費者としての主要な年月が終わるや否や、長老をスクラップの山に投げ捨てる。無知のまま放置されていることに腹を立てているのは私一人ではない。心の奥深くでは、たいていの人が生まれついての消費者という前提に憤慨している。この怒りは健康なものだ。なぜなら、怒りが障害に打ち勝つための力を与えるからだ。怒りは欲求不満をつのらせる経済システム全体を破壊し得る。しかし、この種の爆発的な変化は起こりそうにもない。なぜなら、私たちの抱える欲求不満は否定とアルコールで骨抜きになっているからだ。

ジョージ・ブッシュ・シニア（父の方）が合衆国大統領としてロシアを訪問したとき、この国の新聞は彼がミハイル・ゴルバチョフ大統領とウォッカのグラスを掲げている写真を第一面に掲載した。二人の国家の首脳がアルコール以外の危険なドラッグで、公然とお互いを祝して乾杯するところを想像できるだろうか？　コカイン、あるいはヘロインだったとしたらどうだろう？

スペイン人が五百年前にメキシコにやって来たとき、彼らは自身の文明よりもはるかに進歩した文明に遭遇した。この文明はプルケ*またはリュウゼツランのワインを珍重していたが、酔っ払うことは法によって長老以外は誰でも厳しく罰せられた。この文明を崩壊させその民族を奴隷として従属させた後、スペイン人は長々と条項をつらねた新しい拘束的な法律を導入した。しかし、侵略者たちははじめて蒸留酒を入手可能なものにし、酒酔いに対する法律上の罰則をすべて取り除いた。

私たちの社会におけるアルコールの特権的な地位を理解するためには、木の要素の働きが肝臓にあることに留意しなければならない。肝臓は霊的な魂を宿す、ビジョン、成長、創造性の源であり、また怒りを宿すところでもある。私たちの人生のプランはここにある。アルコールは肝臓をだめにする。肝硬変になる何年も前に、魂のビジョンは失われている。アルコール中毒の人は自分が何について怒っていたのかを忘れる。これは部分的には、アメリカ先住民の間にアルコール中毒が蔓延していることの説明になるかも知れない。考えられる限りのありとあらゆる方法で痛めつけられ、打ち負かされ、略奪され、大虐殺や虐待という目に遭ってきた人々が、自分自身の身体や伴侶や子供たちの身体から激しい怒りを取り除いているのだ。だが、怒っている酔っ払いは、自分の怒りの原因を覚えているかも知れない正気の人に比べれば、全然問題にならない。アルコールのお陰で、ショッピング・モールではいつも通り商売が続いている。

あなたが文化的に受け継いだものが何であれ、もし誰もあなたに人生の目的を教えなかったのなら、あなたの精神的な発達はおろそかにされてきた。あなたの先祖がどこで生まれたかということは関係ない。どこに行こうと、経済という化け物は酒を持ち歩く。あなたはアルコール中毒の国に住んでいる。そしてショッピング・モールではいつも通り商売が続いている。

しかし、いくら人間の夢が混乱し希望のないものになっても、野草は今でも喜んで人間を彼らの楽園に連れて行ってくれる。彼らがどうやってやるのか私には分からない。それは私がじっくり考えたいと思いながら、また、多分決して解けない謎ではあるが、私はミステリーが好きなのでそれで構わない。私はただ植物に魔法を願い、それがやって来ると感嘆するということを続けているだけなのだ。

＊プルケ：リュウゼツランの絞り汁を発酵させて作る酒。

同僚が私のところに彼女を連れてきたとき、エドナの人生はたしかに混乱し希望のないものだった。彼女は一連の慢性疲労の症状があると言ったが、彼女はこの二年間ベッドに横になる以外、ほとんど何もしていなかった。彼女が感じていたのは、まるで巨人が彼女を釘付けにして動けないようにしているような感覚だった。それが彼女の木の要素が妨げられ、成長することができないという彼女なりの表現だった。そして彼女のかすかに緑がかった顔色、叫んでいるような声の調子、怒ったような態度、不快な臭いのする体臭が、この評価が間違いないことを裏付けていた。私の元生徒であり同僚でもあるドナ・ギルミンに私の所見を伝えた後、エドナの件を彼女に任せた。

半年後にエドナに再会したとき、彼女は満面の笑みを浮かべていた。「エリオット、あなたに聞かせたいすごい話があるの」と彼女は言った。

「聞きたいね」私は言った。

「ええ、何しろ、以前私はひどいアレルギーだったでしょ」とエドナは始めた。

「いや、そんなことは聞いてないけど」私は遮った。

「ともかく、ひどいアレルギーだったの。でも、それがドナのセッションを数回受けた後、驚くほど良くなってることに気が付いたの。で、ドナに言ったの。『それでドナ、私に何をしてくれてたの?』。すると、彼女はエニシダだって言ったの。『エニシダですって?』『それにいつも苦しめられていたのよ』って私は言ったの。随分前にレストランに入ったとき、ひどい喘息の発作に襲われたの。まわりを見ても発作の引き金になるようなものは何も見あたらなかったから、ウェイターにその辺にエニシダがないかどうか聞いてみたの。そしたら彼はその大きな部屋のずっと離れた反対側を指差したの。暖炉の上に乾燥したエニシダの小枝が一本あって、彼が言うには、それはもう何年もそこにあったそうなの。呼吸ができなくて、ろくに食事もできなかったからレストランを出たら、あっという間に喘息が止まったの。この話をドナにしたときに、彼女が私の治療をしてくれるようになってから、エニシダと私は友達になった！　ということも言ったの。そして、ただそれを証明するためだけに、満開のエニシダの大きな繁みに顔を突っ込みに行ったの。悪影響も何もなかったわ！」

「もうひとつあるの」とエドナは続けて、私の目の前に、広げた指を突き出した。彼女の指の爪は長く、丈夫で、見た目も健康そうだった。以前は、菌の増殖のせいで黄色く腐って、変形していたのだ。これは重要なサインだった。なぜなら中国の生理学によれば、爪の健康は肝臓の健康にかかっているからだ。

「素晴らしいよ、エドナ」私は言った。「ところで、倦怠感の方はどうなった？」

「ああ、あれね」彼女は言った。「いいえ、もう疲れを感じたことないわ。実際、人生ではじめて何をすべきか分かったような気がしてるの。それで、新しい仕事につく準備を始めるために、学校に戻ったところなの」

質問　木とあなた

これらの質問はあなたが自分の成長過程を見る助けになります。背の高い木に背中をもたれて立ってください。背骨が幹で、頭が木の上から出ているところを想像してください。この見晴らしの良い場所から、あなたのこれまでの人生の風景を眺めることができます。明確に、そして誠実に質問に答えてください。

1. 春をどう思いますか？

2. 苛立ちの種となるのはどんなことですか？

3. 決断するのが難しかったのはいつですか？

4. 計画が妨害されたときどんな気分になりますか？

5. 誰かに対して最後に叫んだのはいつですか？

6. 最後に誰かに対して叫びたいと思ったのはいつですか？

7. 緑色の服を着るとどんな感じがしますか？　緑色の部屋ではどうですか？

8. 園芸の才能がありますか？

9. 押入れは整理されていますか？　ポケットは？　財布は？　机はどうですか？

10．人やイベントを組織するのは好きですか？

11．あなたは協調的な方ですか？

12．将来の展望はどうですか？

13．手の指、足の指の状態はどうですか？

14．どれくらいの頻度でアルコールを飲みますか？　それは何故ですか？

15．どんなことで失望しますか？

16．風の強い天候をどう思いますか？

17．すっぱい味のするものや酸性食品は好きですか？

18．泣きたくなるほど怒ったことはありますか？

19. 方向感覚はどうですか？　道順を教えるのはどうですか？
20. 子供の頃、何かの発達障害がありましたか？
21. どういう状況で生まれてきましたか？
22. 出産についてどんな経験や感情をもっていますか？
23. 今から五年後の自分の人生にどんなことを望みますか？　十年後はどうですか？
24. 老齢になったときの計画はありますか？
25. どんな創造的活動をしていますか？　どれくらいの頻度でしていますか？
26. 何か新しい考え、あるいは概念を思いついたことがありますか？
27. 十年前と比べて、今日のあなたはどれくらい良い人間になっていますか？
28. あなたの人生における夢は何ですか？　将来への希望は？

29. 希望に満ちていると感じたのはいつですか？
30. あなたはどのように欲求不満や苛立ち、不快感を表しますか？
31. あなたの個人的な境界線を引くのはどのようなところですか？
32. 他人がその人の境界線を超えていたらどうしますか？
33. あなたはどんなときに怒りを表すことを避けますか？
34. 度を超した怒りが攻撃に変わったのはいつですか？
35. 度を超した怒りによって誰かを憎んだのはいつですか？
36. あなたはどのような状況で苛立ちましたか？
37. あなたの境界線を明言することで、トラブルを避けられたのはいつでしたか？

38. あなたの人生の目的は何ですか？

質問に答えながら、あなたが今、どれくらい自分の人生の成長過程に対して敏感であるかに気付いてください。木と同様、私たちはさまざまな季節、さまざまな土壌に育ちます。あなたは今、成長のどの季節にいますか？ 成長は早いですか？ それともゆっくりとしていますか？ どういった種類の成長ですか？ あなたの成長にとっての障害は何ですか？ あなたが今いる成長の段階は、人生の他の時期とどこか似ているところがありますか？

あなたとともにある木にもう一度注意を集中させてください。この偉大な教師に、あなたの人生をさらに内なる成長と変化に向けて開いていくために、何をすればよいのかを尋ねてください。この木と並んであなたの身体から地中へと根が伸びていくところをイメージし、次に心の中であなたから葉が芽吹き、花が咲き、実がなるところを思い描き、あなたが成長していることを喜んでください。あなたの中で成長が妨げられ挫折しているところを感じてください。そしてあなたの生命の上に向かって力強く伸びていく力、あなたの生命そのものである木に触れてください。

第16章
その他のアンバランス

植物のスピリット・メディスンへの私のアプローチでは、健康上の問題のほとんどは、木火土金水《もっかどこんすい》の各要素の力との関係がアンバランスになっていることを伝えるものと理解されるが、要素のアンバランスによらない問題もある。ここではそのうちの二つ、憑依と男性的な力と女性的な力のアンバランスについて考えてみようと思う。

憑依

映画が憑依とエクソシズムのイメージをセンセーショナルに表現したため、人々はこの現象を迷信以外の何物でもないと片付けてしまった。しかし、憑依は実際には病気だ。私がこれまでに出会った中で唯一憑依を認めていないのは、従来の西洋医学だけだ。

憑依を理解するには、人間の身体と精神とスピリットを、共に共鳴場を生み出す多くの振動する部分からなる複合体とイメージするといいだろう。食物などの外部からの一定の影響は、共鳴を高めるために取り込まれる。他の影響は入るままにしておくと、場を損なったり、壊しかねないので締め出される。皮膚は有害なものを取り除く良い働きをする。あなたがガラス瓶に入ったヒト免疫不全ウイルス（ＨＩＶ）を自分の腕に注いだとしても、皮膚に傷がなければ全く何の影響もないだろう。

私たちはまた精神的、霊的な面で不調和な影響を締め出す、いわゆるエネルギーの皮膚も持っている。ひどく困難な状態にあると、時にはトラウマによってエネルギーの皮膚に穴があいたり、低レベルのストレスによって蝕《むしば》まれることがある。いずれの場合にも、有害な外部の影響が侵入することが可能になる。一本の弦の音が外れているギターやウイルスの侵入したコンピューターのように、たとえ小さな不協和音でも全体の機能を変えてしまうことが起こり得る。それが憑依なのだ。

人生の状況がよりトラウマやストレスに満ちたものになっているので、ますます多くの憑依された人を見かけるようになった。彼らの多くがたいていノーマルで、世間に通用する生活を送っているので、センセーショナル好きのメディアにとっては面白くない話だろう。

憑依された人というのは本来のその人ではないので、憑依が取り除かれるまでその人と通じることは不可能だ。時折、人は自分で憑依されたことを認めることがある。たとえば、ある若者はこう言った。「時々、僕を納得させておかしなことや破壊的なことをやらせようとする、説得力のある声を聞くことがあるんだ」。ある若い女性は私にこう言った。「私は憑依とかそんなナンセンスなんか信じないわ。でも、もし信じているとしたら、私は憑依されていると言うでしょうね。あの自動車事故以来、まったく自分じゃないような鬱になりやすくなっているの」。憑依が取り除かれたとき、彼らに現れていた声や鬱などの症状は消えた。

しかし、ほとんどの場合、人は憑依されていることに全く気付かない。そういう人はたいてい自分がかつてのように、他人とうまく付き合っていくことができないということにも気付かないが、人の本質が不自然に遮断されていることがその人が憑依されているかどうかを特定する鍵になる。多くの場合、エネルギーの「皮膚」を弱め、憑依の侵入を可能にした特定のトラウマあるいは感情的なストレスがあったことを病歴が示している。

憑依を引き起こしているものとはどういうものだろう？　霊的な存在なのだろうか？　ある種の感情的なエネルギー？　物理的あるいは精神的な毒素なのだろうか？　植物のスピリット・メディスンではそうした質問に答えることには関心がない。私たちの解決策はそれが何であれ、侵入する影響を消滅させる有益なスピリットを呼び出してくれるよう植物に求めることだ。中国医学では、やっつけてくれる有益なスピリットは龍《ドラゴン》と呼ばれている。中国文化の中で龍は天の恵みを授ける生き物なのだ。龍の性質もまた謎のままだが、その実際的な効果は否定できない。

夫と妻（内なる結婚）のアンバランス

現代医学には知られていない内なる夫と妻のアンバランスがある。ある意味、これは憑依よりももっと深刻だ。何故なら、注意が向けられなければ、早死にという結果を引き起こすからだ。内なる夫と妻のアンバランスを理解するために、まず内なる夫と妻のバランスを受け入れることから始めるといいだろう。誰でもこの世界で生き残るためには、男性性と女性性、両方の性質が必要になる。私たちには行動的、攻撃的なやり手の部分が少しは必要だし、またいくらかは世話をし、協力的で、受容的な態度が必要になる。この二つは、古代の結婚における夫と妻のように互いに支え合うべきものだ。夫は狩りをするための筋肉と気質を持ち、妻は生まれながらに家族の世話をする天賦の才に恵まれ、幼い者を養う乳房と気質を備えている。

夫と妻がそれぞれの性質に忠実である限り、家族は生き残っていく。これが夫と妻が相互にバランスがとれている状態だ。だが、もしもある日夫が家に帰って来るなり、毛皮に身を投げ出して、「ハニー、僕はマンモスを追いかけることに嫌気がさして疲れた。獲物を引きずって家に持ち帰った途端、君たちがそれを食べ尽くして、それで僕はまたすぐに次の獲物を見つけなければならなくなるんだ。もううんざりだ！　これからは君たちのように火のそばでのんびりやることにするから、君が出かけていって、家に肉を持って帰って来てくれないか！」と妻に言ったとしたら、どうなるか想像してみてほしい。おそらく妻は男の子たちを連れて狩りに出て申し分なくやるだろうが、家に残された幼い子供たちはどうなるだろう？　すがる乳房がなければ、まもなく彼らは飢え死にするだろう。この状態がずっと続けば、家族は夫婦のアンバランスが原因で滅びるだろう。また、もしも妻が虐げられて、野営地の周囲にいることに嫌気がさしたから、これからは夫のように動物を殺して楽しむ権利を思う存分主張するつもりだと突然告げたとしたら、もちろん結果は同じことになるだろう。夫婦のアンバランスによる死だ。

女性運動にも男性運動にとっても好ましくない人物とされる前に、男性であれ女性であれ、誰もが夫と妻の特徴を持っていると主張していることを思い出してほしい。私たちは皆、部分的には狩人で、部分的には養育者でなければならない。

内なる夫と妻のアンバランスで苦しんでいる人は、そんなふうに考えられる医学的理由が見つかるずっと以前に、死が近いと感じることがよくある。男性的、攻撃的原則が弱まり、力を放棄するにつれて、その人は活力を失う。六十才の主婦、グレンダはそのような状態で私のところにやって来た。疲労感が大きくほとんど動くこともできないような状態だった。医者は抗体が形成されると同時に、彼女の甲状腺ホルモンが破壊されていることを発見したが、その症状を治すことができなかった。西洋医学以外のセラピストの多くも成功しなかった。グレンダが私の診療用の寝台にやっとのことで上ったとき、彼女は自分の寿命が長くはないと感じていると、か細い声で告白した。私の見解では、彼女の甲状腺ホルモンは、彼女の人生と仕事を再スタートするやる気を起こさせる「夫」の原則を運ぶ媒体だった。私の植物の友達が、彼女の内なる夫と妻に甲状腺からの分泌液のことで争うのを止めさせるや否や、彼女は再び元気いっぱいになった。

私のもう一人のクライアントのボブは航空会社のパイロットで、「もう自分にとっては何もかもがつまらなく思えるし、人生に興味が持てないんだ。仕事がないときはずっと家でブラブラしていて、これは自分らしくないことなんだ。以前の僕はいつも幸福で、とても意欲的なタイプの人間だった。働くことが好きでフライトがなくて家にいるときは、いろいろなプロジェクトに取り組んで楽しんでいた」と訴えた。

「身体の調子も良くないんだ」とボブは続けた。「大量の食べ物を食べている。でも、常に空腹で、食べている物からそれに見合うだけのものを得ていないような気がするんだ。それから、僕と妻は子供を作ろうと努力してきたけど、子宝に恵まれないんだ。医者が僕たちを両方調べたら、彼女の方は大丈夫だったけど、僕の精子の数はないに等しいくらいだった。これが僕にはすごく気がかりだった。でも、時々、僕たちに子供が出来なくて、結局はそれで良かったのかも知れないと思う。何故って具合が悪くなって以来、僕は妻に我慢ができないんだ。彼女がほんの些細なことを口にしただけで、猛烈に腹が立って、自分を抑えることが出来ないんだ」

ボブの症状は内なる結婚の壊れた状態を劇的に現したものだ。この内なる結婚の中で、彼の内なる夫が内なる妻の尻に敷かれて不能になり、自分（内なる夫）を空腹にさせている内なる妻に対して激怒していることを表していた。この内なる夫と妻のアンバランスを正すことでめざましい結果を得た。彼は治療の五日後に再び訪れて来た。そのとき彼の語った言葉を、私はそのまま記録した。

僕の中で起こった変化は言葉では表現できないよ！　この間ここを出た途端、僕は突然、笑い始めた！笑いを止めることが出来なかったんだ！　ほんとに救われたよ！　僕はやっと人生に戻ってきたんだ。自分にエネルギーが戻ってきて、また家の周囲で仕事をしだしたよ。今のところそれほど空腹には気が付かないし、妻に対して腹が立つこともないんだ。

六週間以内に、ボブはまた精子の数を調べてもらった。その数は、植物のスピリットが彼の内なる夫と内なる妻を仲直りさせる以前の四倍以上になっていた。

第17章　治療法

ギル・ミルナーは印象的な経歴のリストを持つ優秀な医者で、特筆すべきは神経科医、精神科医、小児精神科医であり、一流大学の医学部教授というものだった。数年前、彼は私の主催するトレーニングに参加した。私は彼のような経歴を持つ人物が、なぜ植物のスピリットに関わろうとしているのか不思議でならず、夢の旅が毎回終わる度に、彼がノートに何を書きつけているのか見ようと肩越しに覗き込んだ。その度に、下に外国語で手早くメモをとった、音節をもつ難解そうなくねった線を見出した。

数日後、覗き見していることの決まり悪さよりも好奇心の方に負けて、「ギル、あなたがノートに書いているそのおかしなものは何なのですか？」と尋ねた。

「ああ、それはですねえ、植物の歌です」と彼は答えた。

「それはどういうものなんです？」

「ええ、それぞれの植物が歌の形で力をくれるんです。そうですよね？」

「知りませんでした。そうなんですか？」

「そうなんです！　彼らはあなたに歌を歌わないんですか？」

「いいえ。まだ経験したことがありません」

「ふーん、私はてっきり皆同じなんだと思っていました。見てください、これはメロディーを覚えておくための一種のメモなんです。そして、その下に書いてあるのが歌詞です」と、ミルナー医師はノートを見せながら説明した。

そのコースの最終日、受講生がお互いを治療しあった後、私は彼に近づいて「もう皆治療が済んだようです。私を除いては」と言った。「あなたに治療をお願いしたいのですが」

「ええ、もちろん喜んで」と彼は答えた。

「あなたに私のメディスンの歌を歌って欲しいんです」私は言った。

医師は赤面して足元を見つめ、しどろもどろしながら何か支離滅裂なことを口走ったが、再び顔を上げ、私の断固とした様子を見ると、彼は頷《うなず》いた。私は彼が面談して脈診ができるように診察台に横になった。所定の手続きの後、彼は他の受講生とどの植物の歌を歌うべきか相談するために隣の部屋に消えた。数分後に再び現れると、彼は私の太鼓を手に取り、ゆっくりとした軽やかな駆け足のようなリズムを叩いて、反復される単調で、奇妙にも美しい歌を歌い始めた。それは絶対的な断固とした調子だった。私はその歌が胸の中に入ってくるのを感じ、涙があふれた。ミルナー医師はテンポを速め、私の気分を盛り上げた。私は微笑んだ。彼は歌うのを止めて私の脈を診た。するとまた受講生全員が相談するため隣の部屋に行った。

全員が戻ってくると、彼は前と同じように太鼓を叩き歌ったが、今度の場合、効果はより深く内面的なものだった。私は目を閉じると、突然その部屋で起こっていることすべての意識を失った。気が付くと森の中にいて、カナダサイシンが一面カーペットを敷き詰めたように咲いた、森の地面に座っていた。カナダサイシンの歌は、紫色の花の口からあふれ出て、ハートの形をした葉、豊かな土壌、カエデの優雅な腕に抱かれてためいきを洩らしているような微風、その他言葉にならない天の恵みなど、さまざまな宝物を私に差し出していた。

ギルが歌い終わると、私は教室に戻った。「カナダサイシン」「アサルム・カナデンセ*（Asarum canadense）」と私は言った。彼は頷き、すでに素晴らしい治療効果があったことは知っていたに違いないが、私の脈を調べた。私は起き上がり、彼を抱きしめて感謝を表した。彼の顔は紅潮し、目には涙があふれ、身体が著しく震えていた。

「調子はどうですか？」私は尋ねた。

「どこに旅行に行っても」と彼は言った。「シャーマンが必ず私を探し当てて、私に羽をくれるんです。自宅の引き出しという引き出しは、どれも羽でいっぱいなんです。私には何故彼らがそんなことをするのか全く理解できませんでした。『私は医者だ』『私は彼らメディスマンがやるようなまじないを使うつもりはない』とよく独り言を言ったものです。でも、今その理由が分かりました」

植物のスピリット・メディスンは、植物のスピリットが彼らの恩恵を授ける呪術的・宗教的儀式だ。で

＊アサルム・カナデンセ（Asarum canadense）：カナダサイシンの学名。

は、どのようにして植物のスピリットの恩恵を呼び起こすのか？　歌を歌う人もいれば、錠剤や水薬を使う人もいるし、さらには手を置いたり、羽を振り動かしたり、踊る人もいる。どれほどたくさんの方法が発見あるいは再発見されるのを待っているかは誰にも分からない。

どのような方法が使われたにしても、植物のスピリットが招かれ、その患者が自然界の夢に入るのを助ける。これは病気と闘うこととは何の関係もない。私たちにとっては、関節炎や偏頭痛、あるいは鬱や癌に効く薬草というものは存在しない。どんなメディスンを植物のスピリットがくれたにせよ、それがそのスピリットがあなたの患者にしてくれることなのだ。アマゾンのマッツェ・インディアンがピーター・ゴーマンに言ったように、植物を癒しに使いたいのであれば、それを夢に見なければならない。さもなければ、それはあなたのために働いてはくれない。二人の人が全く同じ夢を見ることは稀で、また二人の人が同じ植物を全く同じように使うことも稀なことだ。

従来の薬草療法家でさえも、彼らの技術が極めて個人的なものであることを非公式に認めている。ある薬草療法家が成功したことでも、他の人がそっくりそのまま真似して同じ治療法を用いることはできない。ホメオパシーの薬草療法は例外だ。

ホメオパシーは特定の薬がどのような症状を引き起こすかを発見するために、厳密な経験的手法を用いる治療法である。ホメオパシーの創始者であるサミュエル・ハーネマンは、植物を患者が苦しむ自然発生の病気と類似した、人為的な疾患を引き起こすために与える病原菌のような働きをするものと見なした。これは患者の回復力を刺激し、自然発生の病気と、植物によって引き起こされた人為的疾患の両方の病気を非常に速く克服するのを助ける。ホメオパシーはうまく用いられれば非常に効果的だが、植物と癒しに対して植物のスピリット・メディスンとは異なる関わり方をしている。

バッチ・フラワー・レメディーはホメオパシーから派生したものだ。イギリスのホメオパシーの医者であったエドワード・バッチ博士は、「ネガティブ」な感情の状態を癒す植物の力に敏感だった。彼は特別な訓練なしに誰にでもできる医療の単純なシステムを作ることを目指し、その目標は成功を収めた。対照的に、植物のスピリット・メディスンを学ぶ者は、それを必要とする人に、メディスンが差し出してくれるすべてのものを届ける準備が整うまで、何年も専門的なトレーニングを経なければならない。

私は植物（葉や絞り汁など）を使った自己治癒はほとんど効果がないと考えている。時には自己治癒が起こることもあるが、病気は私たちの情緒的盲点に根づくものだから、それは通例というよりむしろ例外的なことだ。病気は助けを求める叫び声であり、しばしば自分自身を救う最善の道は他人の援助を受け入れることなのだ。誇張され過ぎた自立は、私たちを孤立させ病気に向かわせる態度だ。治癒は私たちのつながりと相互依存を祝福するものになり得る。

マイケル・ハーナーは、彼が一九五〇年代にアマゾンで出会ったあるインディアンのシャーマンについての逸話を語ってくれた。ハーナーはその若者の力に感銘を受けたと同時に、彼と一緒にいるのも楽しかった。二人は友達になった。マイケルがアメリカに戻る前、交友関係を継続できるように、バークレーに呪術で夢の旅をして来るようにと彼の友人を招待した。マイケルが非常に驚いたことに、その強力なシャーマンは意気消沈しているように見えた。

「私にはできない」と彼は言った。

「何故できないのですか？」マイケルは尋ねた。「私はあなたがはるかに優れた事をしているのを見てきた！」

インディアンは答えた。「あなたをバークレーに訪ねることはできない。何故なら私には手がかりがないからだ」。これは、経験に代わるものはない、という彼流の表現だった。

同じことが植物のメディスンを学びたいと思っている人にも当てはまる。経験に代わるものはない。このメディスンは生きている植物との親密さからやって来る。ちょうど誰も小説の中の登場人物と子供を作ろうとは思わないように、本に出ている植物とメディスンを作ろうなどと考えるべきではない。この本においてはなおさらのことだ。ここで私が親交を持ったいくつかの植物の例をお話ししようと思うが、あなたの場合はまた違ったものになるだろう。


私の好きな植物で火の要素のアンバランスを助けるものに、アカバナルリハコベ（学名：Anagallis arvensis）がある。アカバナルリハコベはアメリカやヨーロッパ、世界中のその他の地域でお馴染みの道端に生えている植物だ。丈が低く、広がって生える草で、一般に、花の色はサーモンピンクで中心が紫紅色、おしべは明るい黄色の小さな花をつける。晴天に開花し、暗いときや曇りのときにはしっかり閉じる。この草には苦くて嫌な味があり、若干毒があると言われている。全体的には親しくなるのが難しい植物なのだが、努力する価値はある。イギリスの薬草療法の中では憂鬱を追い払う植物として定評があり、サマーセット地方の人々には、いまだに「笑いの運び屋」として知られている。

この植物のスピリットへの夢の旅は、遠く離れた小さな惑星に到着するまで、はてしなく続く冷たく暗い宇宙を超えて行かなければならなかった。その天体は最も遠くの地点に到着するまで、人気《ひとけ》がないように見えた。そこで私はぴったりしたTシャツに黒いズボンをはいた、ぶっきらぼうで無精髭をはやした男に出会った。

「あなたがアカバナルリハコベの精ですか？」と私は尋ねた。

「それがどうしたってんだ？」

「あの、私は……」

「おい、いいかよく聞け、すぐに隣の太陽系に出発するんだ。あっちにはきれいな花が咲いてるぜ。とっとと失せやがれ」

これはアカバナルリハコベの精に違いなかった。彼は目覚めているときの現実でもそうであったように、夢の中でも同じ辛らつさと同じ過剰防衛を示していた。私は太陽の暖かさで彼が開きその美しさを分かち合うことを思い出していた。

「あなたの花がとても好きだなあ！」と私は言った。「色のコンビネーションが抜群で、それを見ると幸せな気持ちになるんです！　あなたはきっとそのぶっきらぼうな外見の下は楽しい人に違いありません！」。彼ははじけるように少し微笑むと頬を染めた。私は続けた。「あなたはこんな寒い小さな星にたった一人で何をしているんですか？」

涙が頑固そうな男の頬を伝ってこぼれ落ちた。「人があまりにも冷酷で、心がないんだ！」と彼は言った。「ガードを下げたら傷つけられる。僕はなんでも深刻に受け止めるたちで、あまりにも傷つきやすいんだと思うよ」

彼が心包のためのメディスンを持っていることを、私に知らせるためにそれ以上話す必要はなかった。私が彼の行動を理解したことが分かると、彼は頭をそらせて天真爛漫《てんしんらんまん》に笑った。

「あなたを使ってもよろしいですか？」私は尋ねた。「あなたのメディスンを他の人たちにも分けてくれませんか？」

その返事として、彼は私の両手を取り、私たちは喜びに身を任せて輪になって踊った。

もうひとつ、ビロードモウズイカ（学名：Verbascum thapsus）は、南北アメリカ大陸やユーラシア大陸など、新旧両方の世界で一般的に見られる草だ。その葉は柔らかく、フワフワした産毛がありフランネルのようだ。二年草の植物で背の高い中心の茎の先端に甘い香りのする明るい黄色い花をつける。オリーブ・オイルにこの花を浸して作った温かな浸出液は、子供の耳が痛いときの点耳薬として使用される。

私が植物の夢を見てよくあるのは、何も見えず何も聞こえないけれども、はっきりとした内的な感覚を経験することである。その感覚が不快なものなら、その植物のスピリットがその不快感を癒してくれるものと考える。もしその感覚が好ましいものなら、その植物のスピリットが与えてくれる恩恵を示していると考えることにしている。私のビロードモウズイカへの夢はこんなふうだった。何も起きなかったように見えたが、私はまるで今しがた母が私に温かいミルクを飲ませて、私をビロードモウズイカのフランネルのシーツでくるんで、やさしい子守歌を歌ってくれたような、甘やかされた感覚と安心感を抱いた。そのとき以来、私は土の要素のアンバランスで苦しんでいる多くの人に慰めと安心感をもたらすために、ビロードモウズイカを使ってきた。

オオバコ（学名：Plantago ssp.）はヨーロッパ原産で、世界中を植民地化したヨーロッパの人々に付いて世界中に広がった。アメリカの先住民の中には、この植物を「白人の足跡」と呼ぶ部族もあった。何故なら新参者が歩いた所ならどこにでもあるからだ。若い葉はサラダとして食用にできる、柔らかくてくせのない植物だ。この柔らかさは恐るべき強さでバランスが保たれている。オオバコは最も強健な草の間で競ってよく育つ。実際、温和な気候に暮らしていれば、おそらく芝生の中や、あるいはすぐ近くの公園にオオバコが生育しているだろう。

エダウチオオバコ（学名：Plantago psyllium）は、市販されている多くの繊維性緩下剤、サイリウム（または、サイリウム・シーズ）の元で主原料である。その他オオバコは民間の薬草療法家の間で、多くの用途に用いられてきた。化膿した傷に絞り汁をつけると、たいていの感染や炎症を二十四時間以内に治してしまうので、バーモントの農場時代から私のお気に入りだった。

すでに述べたように、オオバコは私が最初に夢を見た植物である。オオバコの精は片方の手に魔法の杖を、もう片方の手に眠り薬の小瓶を持った翼を生やした妖精のように私には見えた。オオバコの精は私に精神的、霊的な膿《うみ》や便秘に相当するものに、彼女のメディスンを使うことが出来ると言った。彼女は自分のことを穏やかだが強力に魂を浄化する者と呼び、古い汚れで精神が汚染されているところに、清らかさと輝きをもたらすことができると私に教えてくれた。従って、彼女と最も強力に密接な関係にあるのは金属の要素で、特に結腸と強く結びついている。そういった問題が不眠症の原因になっている場合、彼女のメディスンがことさら必要になる。

アメリカ北西部のストリーム・オーキッド（学名：Epipactis gigantea）と、アメリカ北東部とヨーロッパのアオスズラン(学名：Epipactis helleborine)はどれもカキラン属(学名：Epipactis)に属し、同様のメディスンを持っている。野生のランを訪れたとき、私は花の持つ複雑な美しさを堪能したが、葉をつかんだ時に感じた尋常ではない感覚はさらに印象深かった。まるでその植物が私を安心させるように握手しているかのようだった。これはストリーム・オーキッドを夢見た後に、私がノートに書いたものだ。

ストリーム・オーキッドは信頼している旧友のように、非常に親しみやすいスピリットだ。私たちはお互いに非常によく理解できたので、話をする必要がなかった。ストリーム・オーキッドはテレパシーで、水の要素のアンバランスに由来する孤独や、恐れ、不安に効く万能薬だと私に伝えてきた。その効果は、生涯の伴侶と並んで、静寂に包まれた池を眺めているときのような、深く穏やかな気配からきている。このスピリットは完全に忠実で、別離の不安に対して信頼できる助けになる。

その行動は自生地の静けさを分かち合おうとする意欲から来ている。植物はそれを取り巻く周囲の波動でできている。ラン（オーキッド）が自生地に選んだ湿り気を帯びた、日陰の静かな場所をよく観察するといい。ランは静けさを常に吸収し体内に蓄えながら、魔法のような場所だけに生育している。

世界中でネコヤナギは自然の再生を予告する春のメッセンジャーだ。ヤナギ（学名：Saliy ssp.）の仲間は木の要素のためのメディスンになる。実際、ヤナギの木はバランスの取れた木の性質を示す素晴らしい見本を提供している。ヤナギを使って仕事をした事のある人なら誰でも、他の木であれば折れるところをヤナギなら、しなって折れないということを知っている。その一方で、ヤナギの成長力の圧倒的な強さは他に類を見ない。湿った土に挿した乾燥した小枝から根と葉が発芽する。

木の要素が柔軟性を失ってしまった人や挫折した人、神経質な人、無器用な人に、ヤナギは寛容さと柔軟性をもたらす。木の要素が弱くなってふらついている人、希望をなくした人、成長が妨げられている人に、ヤナギのスピリットは湧き上がる力や将来のビジョン、新たな成長をもたらす。

植物のスピリット・メデイスンのもうひとつのカテゴリーには、特に五行（木火土金水）に該当する要素を持っているわけではないが、私たちのスピリットに特別なものをもたらしてくれる植物が含まれている。それらの治療から得られる効果は多岐にわたっている。ここでは私のお気に入りのうちのいくつかに触れるだけにしようと思う。

鍼治療を表す中国語は二つの文字（鍼灸）からできている。最初の文字は皮膚に刺す鍼《はり》を表し、二番目の文字は乾燥してふわふわのオウシュウヨモギ（学名：Artemisia vulgaris）を表している。ヨモギは鍼の療法家の技には欠かせないものなのだ。患者の生命力を刺激するために、乾燥したヨモギを小さく円錐形にしたものを、身体上の鍼のつぼに置いて燃やす。

ヨモギはそれが生育する地域ではどこでも高く評価されている。カリフォルニアの先住民の間では、ヨモギは予言とスピリチュアルな癒しのための聖なる植物であり、中米の民間薬の中でも重要なものとされている。ヨーロッパのある伝統の中では、鮮やかな夢を見るために枕の下にヨモギの小枝を置くなど、アングロサクソンの時代から魔法の風習と結びついてきた。

植物のスピリット・メディスンにおいても、ヨモギは重要な位置を占めている。経絡内でエネルギーの移動を生み出すために使用される最も重要な治療薬だからだ。この移動は多くの場面で必要とされる。たとえば、ひとつの経絡から次の経絡へとエネルギーが流れていくときに、時としてその流れが妨げられることがある。また、身体の一方の側のエネルギーがもう片方のエネルギーより著しく少なくなって、機能の偏りを引き起こすということも起こり得る。どちらの問題も熟達した中国の脈診を通じて発見することができるし、どちらもヨモギのスピリットによって治療できる。

これは、ヤブイチゲ*に関する私の最初のフィールド・ノートを書き写したものだ。

（学名：西部／Anemone lyallii，東部／Anemone quinquefolia，ヨーロッパ／Anemone nemerosa）

ほっそりしたニンフまたはノームが現れて静かに飛び去ったので、私はついて行った。私たちは岩棚に降り立ち、静かにしかるべき瞬間を待った。その岩棚は幅の狭い裂け目に続いていて、裂け目の内部には、真ん中に石像を安置した広い部屋へと通じる洞穴があった。石像は生き返り四つん這いになって、私を背中に乗せた。それは亀に変わって、静かに川へ向かった。私たちは川に飛び込み、川底に留まった。

謎めいた旅だったが、要はこうだと思う。人生の悩みや問題が、つつましいアネモネが育つ森のセイヨウスギやモミの木のように、大きくそそり立っている。植物のスピリットの世界に入るには、岩あるいは通常の目覚めている状態の裂け目に気付かれずに滑り込む軽さ、素早さ、タイミングが必要だ。それでアネモネは特に患者が鈍いか、あるいは世間的な問題に心を奪われている場合、もうひとつの治療の前に使用することになっている。それは二番目の治療を患者の洞穴（頭蓋骨）へと導き、石像（彼の神性）に引き合わせる。その二つが流れの（意識の）底で一緒に遊ぶ。

セイヨウオトギリ（学名：Hypericum perforatum）は薬草療法家や植物の魔術師たちの間で根強い人気のある植物だ。時代を超えて、どの治療システムでもこの薬草の使用法を発見してきた。十字軍の時代のキリスト教勢力にとっては（けがの手当てに使用された）傷薬であった。セイヨウオトギリは、以前は悪魔を追い払う薬草という評判だったが、最近ではヨーロッパの薬草療法における抗鬱薬として人気を博している。ホメオパシーではハイペリカムと呼ばれていて、あるゆる種類の神経の損傷に欠かせないものとなっている。ただアメリカの西部でだけは、セイヨウオトギリはクラマスソウとして知られ、大切に扱われてはいない。それどころか、クラマスソウは牧場や放牧地にはびこるので、化学的撲滅キャンペーンの標的になっている。

私のセイヨウオトギリの夢は短くシンプルなものだった。どこからともなく聞こえてくる声が私に告げた。「私はばらばらに引き裂かれたものをひとつに結びつけます」。そのとき以来、私はセイヨウオトギリをばらばらになった魂の接着剤として使ってきたが、次に紹介するケースでは、驚くべき成果を収めた。

二十代前半の女性が数ヵ月前から始まったひどい疲労を訴えて、私に相談にやって来た。それ以前は彼女は行動的で精力的だった。彼女に質問していくうちに、病気が発症する前の九ヵ月間に、彼女が二回妊娠中絶していたことを発見した。ボーイフレンドは彼女をとても支えてくれたし、彼らは二人ともこれが最善だということで合意していた、と彼女は言った。彼女はボーイフレンドを愛しているし、二人は後で子供を持つことを計画していると話した。妊娠中絶について自分には何の問題もないと報告しているとき、彼女の声は全く落ち着いているように聞こえた。しかし、これは彼女の理性が報告していることだった。彼女の心はそんな短い間に二人の子供を失ったことで、大きなショックを受けていたし、その証拠に疲労が現れているのだと告げていた。

＊ヤブイチゲ：キンポウゲ科イチリンソウ属に属し、アネモネの近縁種。落葉広葉樹林の林縁や林床に生え、しばしば群生する多年草。（英名：ウッドアネモネ）。

彼女の理性と心が離れている限り、この若い女性が回復しないだろうということは明らかだったので、私はその隙間を埋めるためにセイヨウオトギリを呼んだ。セイヨウオトギリのスピリットを受け取った瞬間、彼女は診察台の上にまっすぐに起き上がり、彼女の活気のない瞳は突然輝きだした。「わあ、すごくいい気分！」と彼女は言った。

ある植物がスピリットのメディスンを届ける方法を発見するのを助けてくれた。この仕事を始めた頃、私はメディスンとして使っていたそれぞれの植物から作られたホメオパシーの製剤を持っていた。これらの製剤は、患者を癒してくれるスピリットを彼らに届けるための基剤として役立っていた。後になって、私は、フィラリーまたはストークスビルとして知られるオランダフウロ（学名：Erodium cicutarium）をその用途で使い始めた。

オランダフウロは世界中の温和な地域の荒地なら、一般に見られる可愛らしい小さな植物だ。レースのようなシダ状の葉と紫紅色の星の形をした花を持っている。この植物のスピリットは私に一種のスピリットのメッセンジャー・サービスを提供してくれた。食品医薬品局がホメオパシーのレメディー（治療薬）を私に供給するのを止めるまで、何故私にメッセンジャーが必要なのか私には想像できなかった。私はオランダフウロのスピリットに戻り、私の患者を癒すときの助けとして必要になるかも知れない他の植物のスピリットを呼び出してくれるかどうか尋ねた。オランダフウロのスピリットは喜んでお手伝いしたいと言ってくれた。これがうまくいくとは信じ難かったが、彼の言葉を額面通りに受け取るか、あるいは植物のスピリット・メディスンを使って仕事を続けていくことを完全に諦めてしまわねばならないかのどちらかだった。私は彼の申し出を受け入れて、研究室よりももっと純粋で、もっと的確なメディスンをオランダフウロが運んできてくれることを見出した。

それ以来、私は治療に使用するオランダフウロの製剤を準備するのに、ホメオパシーの＊希釈振盪法《きしゃくしんとう》や＊ラジオニクス、フラワー・エッセンスやその他、さまざまな方法を実験してきた。私の植物のメッセンジャーに、患者の身体に私の手を通して植物のスピリットを運んできてくれるように頼んだことがあった。これらすべての方法がうまくいった。ここ数年は、もっぱら私の植物のメッセンジャーに、そのときに必要な植物のスピリットなら何であれ呼び出してくれるように頼んで、手のひらに直接来てもらう方法を使っている。

＊希釈振盪法：ある作用を持つ植物・鉱物・昆虫をアルコールに浸け原液を作り、その原液をアルコールと蒸留水からなる液体に一対九十九の割合で入れ（希釈し）、それを振って叩いて（振盪し）混ぜ合わせる。これを繰り返し原液の物質が分子レベルで検出できなくなるまで薄めていき、物質の情報パターンだけを取り出す方法。

＊ラジオニクス：百年以上前にアルバート・エイブラムスによって発明された装置および治療法。すべてのものには波動があり、レートと呼ばれる数値で表される測定可能なもので、機器によって同調・変調することで、すべてのものに対して変化を起こすことができるとされた。

第3部

ヒーラーのメディスンの夢

第18章 ドン・エンリケ・サーモン

この本を書いていく過程で、植物と関わる仕事を始めて以来ずっとそうではないかと思っていたあることを私は確信した。それは、私が植物のスピリット・メディスンを発明したわけではないということ。世界中至るところに、植物のスピリットで癒しを行う人々がいる。これは世界の偉大な医療の伝統のひとつなのだ。

何故、私はこれまで植物のスピリット・メディスンのことを聞いたことがなかったのだろう？　何世代にもわたって民族植物学者たちは、地球のあらゆる地域に住む植物を使うヒーラーの治療を目録に載せてきた。しかし、私がこの本の初版を書く以前には、「向精神性の」植物を使わない、スピリチュアル・ヒーリングの実際に関する文献はなかった。植物のスピリットは精神に作用を及ぼす数少ない分子だけに拘束されるものだろうか？　社会科学者はすべての植物が奇跡で神秘だということを認めることができるだろうか？　生態系の激変を避ける道を探すうえで、現代人は我が植物の兄弟姉妹から、首尾よく地上で生きていく方法を学ぶための時間を取るだろうか？　すぐに行動を起こせば、私たちを植物の知恵に導くことができる、今でもわずかに存在する植物を使って治療をするヒーラーを見つけられるかも知れない。

本書の第3部では、そういった四人の人々に出会うことになる。それぞれが各人各様の植物のスピリットの力との関わり方をもっているが、それぞれの物語で同じテーマがさらに詳しく述べられている。そのテーマとは、信頼に足る知識の源泉としての夢や、巡礼、ビジョン・クエスト。人類を癒し、教えようとする植物のスピリットの意欲。地底世界への旅。患者に対する個別の、型にはまらない治療の重要性。各要素の力と活発さ。感謝と謙虚さの重要性などである。

まず初めに登場するのは、メキシコでララムリ族あるいはタラウマラ族として知られる部族の若者で、エンリケ・サーモンという植物のヒーラーである。ドン・エンリケは南カリフォルニアで育ち、両親と祖父母によって部族の伝統的な訓練を受けた。彼は英語、スペイン語、ララムリ語を流暢に話し、古代の知恵を現代人に説明する類い稀な才能に恵まれている。

インタビューはアメリカ南西部にある彼の家の近くで行われたものだ。

エリオット：君がどうやって植物のスピリットについての知識を学んだかということを、話してくれないかな。

エンリケ：そうだね、子供の頃は祖父母がそばにいたし、それに母がいつも植物についていろいろなことを教えてくれた。病気やケガを治すのに医者のところには行かずに、みんな植物を使って治した。そんなふうにして育ったんだ。十二才くらいの頃に、祖父母が僕に植物について教えるつもりだと言った。その頃はまだほんの子供だったし、他の事で忙しかったからあまり気にしてなかったけど。ともかく、彼らは僕に教え始めたんだ。

エリオット：君のシャーマンとしてのトレーニングは植物から始まったというわけ？

エンリケ：そう。どの植物がどの病気に効くとか、そういったこと。祖父母が植物の中にあるスピリットと接触する方法を教え始めるには、僕がもう少し成長するまで、しばらく待たなければならなかった。彼らは植物を採集してその植物と大地に祈り、その中にあるメディスンをより多く引き出すための決まった歌とやり方を僕に教えてくれた。

エリオット：そのために歌があるいうこと？

エンリケ：歌は植物と大地に対するもの、そして患者をもっと助けるために植物からメディスンを手に入れるためのもので、植物に助けてくださいとお願いすることなんだ。その植物が自然にしていることをしてくれるように、つまり、その植物が地上に置かれた目的を果たしてくれるようにお願いするんだ。成長するにつれて、いろいろなことを学んでいって、とうとう祖父は僕にスピリチュアル・ヒーリングについてさらに多くのことを教え始めた。僕たちの周りに常に存在するスピリットと接触する方法とか、幽霊や魔女やまじない師から憑依された人の中に入っている霊と接触する方法とか、そういうことについて学んで、スピリットを使って憑依された人を保護し治療することを学んだんだ。何故ってスピリットはそこにいて、僕たちを助けようとただ待っていてくれるからね。彼らに少しでも助けてもらうためには、正しい言葉や歌を使わなければならないんだ。

十八才になるまでにそんなことを学んで、それから家を離れた。その頃までにはかなりやれるようになってたけど、学ぶべきことはまだまだたくさんあった。

ニューメキシコのナバホの土地では占いがさかんで、そこにいたときに占い方のコツを覚えた。それはある人のどこが悪いのかを判断する別のテクニックだった。それからあるオグララ・スーの人物が四つの方角の力やスピリットと接触する方法について随分教えてくれた。それからチワワ（メキシコの州の一つ）に足繁く通って、そこのヒーラーたちのやることを観察したり、いろいろと質問してもう少し学んだ。

僕がこれまで学んできた道筋は、概《おおむ》ねこんなところかな。僕は今でも学んでいるし、いろいろなことを習得している。質問もたくさんしている。

エリオット：個々の植物について、具体的に名前をあげて話してもらえないかな？　他の人を助けるためにどういう使い方をしたとか、学んだことだとか。

エンリケ：僕の植物のスピリット・ヘルパーは僕たちの言葉でチュチュパテ、メキシコではオシャと呼ばれているものなんだ。すごく強力な植物だけど、同時に寛大な植物でもあるんだ。つまり、メディスンとしてすごく強力な植物がいくつかあって、オシャはすごく強力だけど、副作用が全く無いんだ。僕は感染症や、切り傷、関節炎、頭痛、喉の痛み、風邪、腹痛なんかに使っている。ほとんど何でも治してしまうんだ。濃く煎じたお茶にするか、ただ根っこを取って噛むんだ。ひどい味だけどね。僕はいつも一本持ち歩いている。ガラガラヘビや魔女を追い払うんだ。魔女には気を付けなきゃいけない。連中はいつなんどき間近に来ているか決して分からないからね。オシャが時々僕に話しかけてくるんだ。

エリオット：そうなんだ？

エンリケ：そう。根っこがね。植物全体が話すんだけど、僕は根っこからより多くのメッセージをもらうんだ。

エリオット：オシャはどんなことを君に話すの？

エンリケ：人のどこが具合悪いのか理解するのを助けてくれる。患者について問題があって、どうしたらいいのか確信がもてないときは、オシャのところに行く。そうすると教えてくれるんだ。一緒に働いてくれる植物を僕が分かるように手助けもしてくれる。それと、僕が問題に深入りし過ぎているときも教えてくれる。

エリオット：誰か他の人の問題？　それとも君自身の問題？

エンリケ：誰か他の人の問題に深入りし過ぎた場合。特にまじないを扱っているとき、つまり、人が何かに憑依されたとき。オシャが教えてくれるんだ。「ちょっと、ここは気を抜いて！」とか、オシャに手助けしてもらってセレモニーのやり方を考えることもある。

一例として腰を悪くした女性の場合、彼女はいろいろな医者のところに行ったけど、医者にはどうすることもできなかった。それで僕のところに来たんだ。オシャが僕に後にも先にも一度もやったことのないあることをやるようにと言った。地面の上にある特別な模様を描いて、その上に彼女を座らせるようにと言ったんだ。それがどんな図形だったかもう思い出すこともできない。大きな円がひとつあって、その周りに小さい半円がいくつもあったことは覚えているけどね。それがオシャが僕を助けてくれるひとつのやり方なんだ。時には「その人を助けることはできない。お前にはまだ力が足りない」と言われることもある。それが僕の植物のスピリット・ヘルパーなんだ。

エリオット：そういった情報を植物から受け取るための精神状態にもっていくために、どんなことをしますか？

エンリケ：二〜三時間リラックスできる静かな場所を見つけるようにするんだ。家でもできるけど、でも外の方がいい。他の事はあまり考えない。その植物で作ったお茶を飲んで、その植物そのものになるんだ。ここが奇妙なところなんだけど、僕は摘んできた植物と一緒に仕事をするんだ。中にいるスピリットは生きている。そのお茶を飲んで、何かが起きるのを待つ。寝る直前にそうして夢を待つか、または日中にそうしてその場所に座って、短いメディスン・ソングをハミングする。目を閉じると、スピリットが僕のところにやって来る。僕にはスピリットが人のように見えることはあまりなくて、たいていは動物なんだ。動物がやって来て、「やあ元気？　これが私の姿だ。質問は？」って、ラテムリ語で話しかけてくるその声を聞くんだ。僕が質問をすると、彼らは答えてくれる。時として、「ああ、それは今すぐは教えられない」とか、「今はまだ準備ができていない」とか、「多分、君が五十才になった頃に。今はまだ若すぎる」とか、そんなふうに言うこともあるけど。大体は植物の使い方を理解するうえで助けになるいいメッセージなんだ。時には大して何も教えてくれないこともあるけど、でも、いつもすごくポジティブな経験なんだ。

エリオット：それは君自身が編み出したやり方なの？　それとも君のおじいさんが教えてくれたやり方なの？

エンリケ：祖母が彼女のやり方を教えてくれた、違うやり方だけどね。祖母は生きている植物に話しかけて、植物に触れて、ただそこに座るんだ。僕には兵役があったし、それから大学にも行ったから、違うやり方を編み出したんだ。いつも植物に会いに郊外に出かける時間が取れないからね。それで植物を採って、その植物が乾燥した後でも、スピリットは植物の中にいるってことを見つけたんだよ。でも、そんなに長い間じゃない。多分、八ヵ月後にはもうそこにはいない。僕はチャンティングを取り入れた。それは祖父から学んだことで、祖父はいつも必ず歌っていた。だから僕は祖父母の両方から学んだことを取り入れたんだ。僕にとってはそれがうまくいく方法で、すごく強力なんだ。

エリオット：植物のスピリットの癒しの力を使うとき、君はいつも患者にその植物の一部を食べさせたり飲ませたりする？

エンリケ：時々、スピリットは僕に特定の植物を組み合わせて、それを煙にして吸う儀式に使うように伝えてくることもある。

エリオット：君に吸うように？

エンリケ：そう、僕が煙を吸って、患者の身体の上に吹きかけるんだ。植物のスピリットが目に見える形になって出て来て、患者の中に入って身体をもっと丈夫にするんだ。

エリオット：植物のスピリットで遠隔ヒーリングをしたことはある？

エンリケ：トウモロコシを使って、遠隔ヒーリングをしたことがあるよ。ある友達がいて、彼がどこの部族の出身だったかは忘れたけど、ある日裁判に行くことになって、その前の晩に裁判の状況が誰にとってもポジティブなものになるように出来ないだろうかと、僕に依頼してきたんだ。裁判所に出廷する時間を彼から聞いていたので、その同じ時間に外に出て、コーンミールを使って歌を二つ三つ歌った。トウモロコシはありとあらゆるヒーリングに使えるすごくポジティブな植物で、それでそこの状況を良くするためにトウモロコシを使って、うまくいった。全員にとって勝利で、裁判がすっかり終わっても友人として変わりないまま出て来たと、彼が話してくれた。彼らの友人関係は今でもうまくいってるんだ。

エリオット：歌についてはどうかな？　何か植物が君に教えた歌はある？

エンリケ：うん。いくつか教えてもらったことがあるよ。そのうちの二、三曲は忘れたけど、それは特殊な例に使った歌だったんだ。植物を使って仕事をするときには必ず使うようにと教わった一般的な歌がひとつある。

エリオット：それを教えてくれたのは……？

エンリケ：僕の祖父だ。すごくシンプルな歌。タラウマラの歌は冗長なんだ。僕がずっと繰り返すもんだから、儀式に参加した人はそわそわしだすんだ。今、僕がその歌を歌っても、何の働きもしない。それは違った状況でなきゃ駄目なんだ。「ヘイ　ヘイ　ヘイ　ヘイ」それだけ。僕が祖父から学んだのは歌のスピリットそのもので、全般に何にでも効く歌なんだ。

その他にもいくつか別の機会に歌う決まった歌がある。場所とか家族全体を癒すようなときには、その歌は「ヘイ　ヤ　ホ　ヤ　ヘイ　ヤ　ホ」といった調子で、それをずっと繰り返すんだ。

〈ここでエンリケはズボンの裾を持ちあげて、向こうずねを調べた。〉脚に虫がいっぱいたかってる。僕が塗ったクリームのせいに違いないよ。

エリオット：〈虫を払いのけながら〉僕の方にも何匹かいるよ。

エンリケ：いつも虫が僕の後をついてくるんだ。いいメディスンか何かを持たなきゃ。ちょうど今、植物の歌をひとつ思い出そうとしているところなんだ。これを聞いて。典型的なタラウマラの歌じゃ全然ないんだけど。「ヘイ　ヘイ　ヘイ　ヘイ」。あのときのあの歌はセージの繁みと関連があって、セージがこの歌を歌うように教えてくれたんだ。僕はそれをある友人の霊的な浄化のために使った。彼は大変な目に遭っていて、しばらくの間、その辺には彼を追い回す魔女が何人もいたから、僕はその歌をよく使ったんだ。彼がどこかに行ってしまってからは使ったことがないから、多分、あれは彼のためだけの歌だったんだろうね。

エリオット：他に話しておきたいことはある？

エンリケ：長い間、僕はアメリカ先住民とラテン系アメリカ人としか仕事をしようとしなかった。彼らは僕がどこから来たのか理解しているし、それでうまくいくんだと思っていたからね。もし誰か、いつも白人の医者にかかっていた人が、道を外れてやって来て、僕にスピリット・メディスンを使って治して欲しいと思っても、多分それはうまくいかない、あるいは、長い間僕はそういうふうに考えてきたんだ。でも、それからビジョンを見た。三年前にこの山脈の斜面に一人でメディスン・クエスト*に出かけたんだ。もう

＊メディスン・クエスト：ビジョン・クエストと同様、自然の中に入って、癒しをもたらすものを探求すること。

少し違ったメディスンやアイデアを求めて。歌を歌いながら、植物を煙にして吸いながら、と言っても幻覚性とかなんとかじゃなく、ただいくつかの植物を煙にして吸い込んで何かが起きるのを待った。一頭の熊がそのあたりを頻繁にうろついていたけど、そいつはただ僕が一人でいたから、危害を加える恐れのあるものから守ってくれていたんだ。僕は鹿からたくさんのメッセージを受け取っていた。とうとうビジョンは鹿から夢の形でやって来た。それはこのクエストからは何か新しいメディスンを受け取ることはないと伝えていた。「私があなたに与えるのは従うべき道です。新たな道ではなく、あなたがすでにその途上にある道に付け加えるべきものです」。それは白人のためにスピリットの世界への入り口をいくつか伝えることだった。

アメリカ先住民は物事を見極める彼らなりの方法を持っている。もし大きな嵐がやって来ても、アメリカ先住民は大地に深く根ざしているから、ここでずっと生存していくだろうけど、アメリカの白人の多くはあまり根を張っていない。次に嵐がやって来たら、彼らは皆宇宙に吹き飛ばされるだろう。

僕はどうにかそういう人たちを助けるようにと命じられたんだ。スピリットの世界へ近づく方法とか、アメリカ先住民が大地に根を張る方法とかをね。それについて僕に考えられる唯一の方法は、僕たちが今現在やっているような物事を学ぶ方法や、どうやって僕が植物やスピリットからメッセージを受け取るのかといったことを白人に伝えることなんだ。おそらく他にもあなたの本を読むことで、もう少しいろいろなことや考え方を学ぶ人がいるかも知れない。先住民の伝統は消えつつあるからね。

僕のやり方がみんなにうまくいくとは限らない。タラウマラのやり方は白人やアパッチ、何であれ通用しない。何故なら伝統に培われた独自の考え方があるからね。白人にとっては、僕たちの伝統的なやり方を採用することではなく、僕たちから伝統が働く仕組みを学ぶことが最善の策だと思うんだ。それから学んだことをまとめて、「オーケー、これはどういう仕組みになっているんだ？　自分たちにはどういうふうに働くんだろう？」っていうわけさ。

エリオット：基本的に私がやっていることはそれだと思う。

エンリケ：そう！　そう！　それで僕はあなたがやっていることが好きなんだ。

エリオット：典型的な白人が、もし何か植物について学びたいと思ったら、大学に行ってたくさんの本を読んで、本を読んできた他の人たちの講義を聞くことになる。

エンリケ：それは知識に向かう別の道だ。

エリオット：その通りなんだ！　君の知識への道について少し話しをしてもらえないかな。

エンリケ：僕自身は一種の謎なんだ。

エリオット：君の部族の知識について聞きたいんだ。

エンリケ：オーケー。タラウマラにとって何かを知るということは、植物の科学的な名前を使えるということとは何の関係もない。アメリカ人は何でも自分たちの小さな箱に入れることが好きだね。タラウマラあるいはララムリにとっては、あらゆるものが互いに結びついている。実際、何かをその小さな箱に入れることはできない。そのものを殺すことになるし、切り離すことになる。宇宙中に限なく根を張る大きな根っこのシステムがあるんだ。この根っこのシステムから一部を取り出して箱に入れて分類すれば、それは死んでしまう。あらゆるものが互いにつながり合っているからね。

エリオット：タラウマラは植物についてどんなふうに学ぶの？

エンリケ：僕たちタラウマラは成長期に基本的な教育を受けるんだ。それは本を読むこととは関係ない。個々の植物の使い方、治療用、食用、飲料用にどうやって使うのかということを学ぶ。実地で教わるんだ。それぞれの植物に応じた耕作の仕方を教わる。

そこで、もしあるタラウマラが平均的なタラウマラよりもう少し学びたいと思ったら、彼はスピリットと接触して夢を待たなければならない。その夢が彼をリアルな世界へ連れて行く。僕たちはここではリアルな世界に住んではいないんだ。ここは生身の世界で、リアルな世界じゃない。リアルな世界とはオシャのスピリットがやって来て、僕に話しかけるところだ。リアルな世界はテクノロジーやそういった諸々の本の中には存在しない。それは僕たちのビジョンや夢の中にあるんだ。夢やビジョンを見るときはいつでも、僕たちに向かって扉が開かれている。そこから何かを学んだら、そのとき実際に何かを知ったことになる。それが「真の知識」で、そういう仕組みになっているんだ。

もし僕が平均的なタラウマラよりもっと多くの事を知りたいと思ったら、僕はそれをビジョンや夢を通じて経験しなければならない。すべてのタラウマラがそうするわけじゃない。僕たちはそれぞれ違った道を持って生まれてくるんだ。僕たちの中にはいい農家になるように生まれついた人もいるし、ヒーラーや素晴らしいバスケットの作り手になるように使わされた人もいる。

なかにはカトリックや（キリスト教の）別の宗派のクリスチャンになるタラウマラもいる。カトリックになる人については、たいした問題はない。カトリックの信仰やそこで実践されていることは、一種儀式化されていて本当に素晴らしい。その儀式があの別の領域に連れて行くから、それはいいことなんだ。エホバの証人やプロテスタントはタラウマラを真の知識から引き離す。何故なら（カトリックを除く多くの宗派の）クリスチャンにとって真の知識というのは聖書という例の本のことだからね。でも、真の知識は文字の中にはないし、本の中にもない。科学者がしていることはそれだけどね。伝統的なタラウマラは今でも物事を真に理解するこのもうひとつの道を尊重している。タラウマラの中には尊敬する人のところに何日もかけて行って、その人に物事を学ぶ手助けをしてもらう者もいるんだ。

エリオット：そういう「真の知識を持った人」というのはタラウマラの間で最も尊敬されている人たちなの？

エンリケ：そう！　彼らは時間をかけてこうした物事を学んでその知識を伝え、伝統を生かし続けてきた経験豊富な年長者たちなんだ。たとえば、僕の母がそうだ。彼女は学校をちゃんと出なかったけど、僕が知っている最も賢い人間の一人なんだ。もし大学出の人が彼女をあるカテゴリーに分類するとしたら、彼女はリストの一番下になるだろう。でも、それは白人の社会の中でのことで、たとえば、僕が彼女をホピ族に連れて行ったら、そこでは今でも古いやり方が尊重されていて、彼女は伝統の中のたくさんのことを知っているから、非常に聡明な人物で、知恵があるとみなされるだろう。ホピの人たちなら彼女を見て、こう言うだろう。「ほんとに、彼女は伝統的な食べ物を料理することができるし、大地からじかに食糧を手に入れることができるから、セイフウェイに行く必要がない。こんなバスケットを作れる。彼女はこうしたメディスンすべてについて知っている」ってね。それ以上何を求めることが出来るだろう？　そいつはすごい！　一生かかる学びだ！

たいていのアメリカ人は知識の持つもう一つの意味を理解していない。アメリカ人にとっての知識というのは、シェイクスピアをそらで暗唱できたり、核分裂をさせることができたり、そういったことなんだ。だけど、自分が話していることの意味も分かっていないそういう連中に、論文を書いて感銘を与えられるということ以外、その知識が何の役に立つんだい？　僕は博士号を取るところだけど、その三文字が僕をもっと強力なヒーラーにしてくれるわけじゃないし、薬草についてさらに学ぶ助けになったり、トウモロコシを収穫してトルティーヤを作れるようになるわけでもない。それが役に立つのは、僕が論文や本を書くときに人が読む気になるだろうということだけだ。それはちょっと悲しいね。

エリオット：ところで、君に全く違うことについて尋ねたいんだけど。地元の植物を使うことと、どこかよその土地で育った植物を使うことに対して何か意見はある？

エンリケ：誰かを治療する場合、僕はその人が住んでいる地域の植物を使う方を好むな。そこに住んでいる人は、周囲に生えている植物と接触している。周囲の植物は影響を与えているんだけど、人は気が付かない。そういう植物は根強いんだ。彼らはこんなメッセージを出している。つまり、この土地に長くいた多くの人は、ここの植物のようだ。彼らは辛抱強い人々だ。厳しい環境だと分かっているけど、その環境を愛しているからそれに耐えて、それが彼らの一部になる、と。だから僕はできるだけその人の住んでいる環境に育っている植物を使う方が好きなんだ。儀式で使うことになっている植物を摘んできてもらうこともある。メディスンがどこからやって来るのかを知ることで、その植物のメディスンのスピリットを感じる手助けになると思うから。白人のメディスンの多くは、それがどこから来ているのか分からない。どこかの研究室から来るんだ。時には植物から直接来ている場合もあるけど、でも錠剤や瓶入りの液体になるまでに、植物のスピリットはおおかた殺されてしまう。その中に化学物質は含まれているとは思うけど、でも生きた化学物質じゃない。そういう意味で、僕は身近な環境からほとんどの植物を使うようにしているんだ。

第19章 ドン・ルシオ・カンポス

ドン・ルシオ・カンポスがどこに住んでいるかを私に教えてくれたのは、ナワ族インディアンの薬草療法家、ドニャ・モデスタ・ラバナ・ペレだった。友人のジョンが健康上の問題で助けを求めていたので、私は彼をメキシコのモレロス州にあるドニャ・モデスタの家に連れて行った。ドニャが彼のために祈り、新鮮な薬草を彼の皮膚にこすり付けている間、ジョンは日差しを浴びてマットに横になっていた。治療が終わり、友人が静かに休んでいる間、私とドニャ・モデスタは雑談した。

「あなたの国の人は、薬草のことを私に教えてもらいたがってここに来るけど」と彼女は始めた。「そういう人は決まって特定の病気を治す薬草を捜しているの。彼らは『それでドニャ・モデスタ、この病気のことだけど、この病気にはどの植物が効くの？』って聞いてくるのよ。だから、私は彼らに言うの。『特定の病気に効く薬草なんてないわ』ってね。するとまた、『この問題にはこれというような植物があるはずだ』って、彼らは言うの。だから、彼らに言ってやるの。『この問題にはこれという植物があるんだったら、じゃあ、外に行って自分で見つけて来てちょうだい！』ってね」

彼女は笑って、話を続けた。「私は何にでも同じ植物を使うの。私の母が使っていたのと同じものよ。母が生きていたとき、母は村で一番のヒーラーだったわ。今では私が一番よ」

「ドニャ・モデスタ」と私は彼女に尋ねた。「植物のスピリットは、実際どのくらいヒーリングをするんだろう？」

「大部分よ。絞り汁は植物の血液なの。その血液が太陽の癒しの力を捉えるの。植物を摘むと、私たちの兄弟の植物はその癒しの力を私たちに分かち合うために自分の身を捧げるの」

「ドニャ、僕も植物のメディスンについて学んでいるんだけど、僕の母はあなたのお母さんのようには教えてくれなかった。僕は植物と話をしながら学んでいるんだ」

「そうなの？」

「そう。あなたは植物と話はしないのですか？」

「もちろんするわ！」彼女はウィンクで知らせた。「でも、生徒にはそのことは言わないの！」

「何故言わないのですか？」

「私のことを信用しようとしない人も中にはいるから」

「ねえ、ドニャ、ドン・ルシオというヒーラーのことを聞いたことはないですか？」

「ええ、彼のことなら知っているわ。トラルネパントラの近くに住んでいて、人は彼のことを『本物のシャーマン』と呼んでいるわ」

「僕は彼が植物のスピリットで、つまり葉っぱや花を使わずに治療をするという話を聞いたことがあるんです。彼はただ名前を呼ぶだけで、植物のスピリットを呼び出すそうなんです」

「私はそんなこと信じないわ。いい、病気が治るのは植物に血液があるからよ。脳や心臓、脊椎、肝臓、腎臓とか、身体に直接付ける必要があるの。重要な器官の近くに植物の絞り汁を付けなければいけないの！」

ドニャ・モデスタに彼の住んでいる場所を教えてもらった後、私は一人でドン・ルシオに会いに行った。ドン・ルシオの家に到着したとき、彼はグァテマラ人の薬草療法家とその彼の二人の弟子の相手をしている最中ということだった。彼らは連れ立って羊を放牧に連れて行く途中だった。私は牧草地の柵に沿った道で彼らに追いついた。年老いたシャーマンは馬に鞍を付け、手綱を持ってそこに立っていた。

グァテマラ人の薬草療法家は片手に摘んだばかりの植物を持って、つま先立ちしていた。彼はもう一方の手を口にあてて、「それから、これは？」とドン・ルシオの耳に向かって叫んでいた。「あなた方の言葉、ナワトル語でこの植物は何と言うんですか？」

ドン・ルシオはその名前を発音した。

グァテマラ人は叫び返した。「私の言葉、キチェ語ではこれを……と呼んでいます」彼は柔らかに軟口蓋音を発音した。「それでメキシコでは、この植物を薬用としてどういうふうに利用しているのですか？」

「これが薬用だったとは知らなかった！」

「そうです、友よ、これは薬用です！」

「ええ、そいつは驚いた！　ちっとも知らなかった！　それでそいつを何に使うんだ？」

「これはあなたのような耳の遠くなった年寄りに効くんです」薬草療法家は叫んだ。「これを二、三時間日干しにして、それから耳の中に詰めるんです」

「ああ、それでこれが薬用というわけか！」ドン・ルシオは愛想よく言った。

ドン・ルシオは馬に乗って曲がりくねった小道に羊を連れて行き、グァテマラ人と私は車道を歩いて、一緒に牧草地へと向かった。薬草療法家は見覚えのある植物を見つけると必ず立ち止まり、茎を摘んで、その使い方について自分の生徒たちに簡単に説明しようとした。私たちはのろのろと進んだ。その教師は道沿いに生えているものは何でも知っているらしかった。三人はお互いに自分たちの言葉でやりとりしていたので、私はこのレッスンには加わっていなかった。

ドン・ルシオが私たちが歩いていた道を横切ったときには必ず、その教師は彼にスペイン語で声を掛けた。

「友よ、ナワトル語でこの植物は何と言うんですか？」

弟子たちはルシオの返事を大急ぎで書き留める。

「友よ、キチェ語ではこれを……と言います」グァテマラ人はまた別の柔らかな軟口蓋音を発音する。「それで、これを食用それとも薬用にするんですか？」と彼は尋ねる。

「いや、わしはこれのどんな使い方も知らん」

「友よ、これは薬用ですよ！　これは……に素晴らしく効くんです」。そして彼はその症状にあたる名前をあげる。

「ああ、それでこれは薬用というわけだな！　そいつは驚いた！　ちっとも知らなかった！」。老人は若い者が自分の知識をひけらかすのを楽しむのと同じくらい、自分が知らないふりをするのを楽しんでいるように見えた。どちらも私たちがドン・ルシオの家に帰り着くまで、非常に楽しそうだった。

ドン・ルシオは私を客間に誘った。グァテマラ人たちはいとまごいをして去り、私は彼らに二度と会うことはなかった。

客間は切りたての花の香りで満たされていた。一つの壁全体が十字架像や聖者の像などで、仰々しく埋め尽くされた祭壇で占められていた。その他には背もたれが真っ直ぐな椅子が五、六客あるだけで、部屋はがらんとしていた。シャーマンは私にひとつの椅子に掛けるように促すと、自分もその隣に腰掛けた。彼は微笑みながら私の方に振り向くと、私の膝を軽く叩いた。「さて、お若いの、君の用件は？」

「私は植物で治療をしています」と私は言った。「でも、私は植物そのものではなく、植物のスピリットを使っているんです」。私は手を彼の腕の上に置いた。「私はあなたが同じようなことをされると伺っています」

「何だって？」彼は言った。

私は手を口にあてがって、彼の耳元まで寄って叫んだ。「私は人々を治療するのに植物のスピリットを使っています。あなたも同じですか？」

「そう！　植物のスピリット！　それだ！　植物には動きがある！　スピリットを持っている！　魂さえ持っている！　そうでなければ、植物は生きてはいないし、神が地上に植物を置くことはなかっただろう！」

「あなたが治療をするとき、あなたは植物のメディスンを患者に食べさせたり、飲ませたりしますか？」

「いや！　私は純粋に意思だけで仕事をする！」。彼は人差し指で自分の額を軽く叩いた。

「そういうやり方で仕事をする人は、ごくわずかしかいません」と私は言った。

「そうだ！　物を探して歩き回るあのグァテマラから来た連中みたいじゃなくな！　これが私の仕事のやり方だ……」。ここでドン・ルシオは時々話に興が乗ってくると空いた方の手で私の手に触れながら、込み入った物語を始めた。話の要点は、不当な理由で投獄された、遠く離れた街にいる会ったこともない男を自由にするために、彼がどのように魔法のような手段を使ったかということだった。釈放後、その男は感謝を述べるためにドン・ルシオの住む村までやって来た。二人は偶然通りで出会ったが、ルシオにはその訪問者が誰なのか全く分からなかった。だが、その訪問者はすぐにルシオに気付いた。彼は刑務所の独房の窓からシャーマンが彼を助けに来たのを見ていたのだ。

「そういうものだ」と彼は結論づけた。「そういうふうに事は働くのだ」

「あなたは知識をどのように学んだのですか？」私は彼に尋ねた。

「誰にも教わってはいない。随分若い頃に雷に当たったのだ。一人で野原を歩いていたら、稲妻がこっちを目がけて落ちて来た。そいつは玉のようなもので、その中の一つひとつの色が全部どれも違う、とても美しいものだった。結局それに当たって私は意識を失った。二時間以上地面に倒れていた。笑い事じゃないぞ！　それから起き上がって家に帰ったんだが、ひどく具合が悪かった。私は昏睡状態に陥って、それから数分意識が戻っては、また昏睡状態になるという具合で、都合三年間、寝たきりだった。私の身体は横になっていたが、魂は旅をして学んでいたのだ！」

「最初の一年は天の天候係の人たちと一緒に過ごした。地球中あちこちへ、どの国にも天候係の人たちと旅をして、雨を降らせた。二年目は種たちと過ごした。人間によって栽培されるすべての植物のスピリットに会った。三年目は家畜の群れとその番をする人々と過ごした。私はさまざまな群れをなす動物すべてに出会った。私はどこもかしこも行った！　ありとあらゆるものを見てきた！　イタリア人！　イヌイット！　ロシア人！　アフリカ人！　そして、いいか、私たちはみんな兄弟なのだ！　あなたは私の兄弟だ。何故なら私の血管の中を流れている血があなたの中にも流れているからだ！　そうじゃないか？」

「そうです、ドン・ルシオ。その通りです」私たちは目を見交わした。「あの、ドン・ルシオ、かつてエル・テポステコのピラミッドに行ったとき、私は雨の神に会ったんです」彼の祭壇にあるカトリックの肖像画に怖じ気づいて、あえて異教の神の名を口にはしなかった。

「トラロック！」と彼が言った。

「そう、トラロックなんです！　彼が私にたくさんのことを教えてくれました。彼の両掌から幾筋も水が流れ出ているのを見ました」

「もちろんだ！　この世界に水を手渡しになるのはあのお方だ！　だから、私はここにあの方を祀っているのだ。日照りで人々が苦しまないで済むよう雨乞いをするとき、私は誰かに支えてもらわなければならない。それでトラロックを祀っているのだ」

「ちょっと待ってください！　つまりあなたの祭壇にトラロックを祀っているということですか？」

「当たり前だ！　来なさい、見せてやろう」彼は私の膝から手を離し、私を祭壇へと引っ張って行った。台の上には他の宗教的な肖像画に混じって窮屈そうに、木彫りのキリストの仮面が立ててあった。彼がその仮面をどかすと、ナワ族の雨の神、トラロックの奇怪な石像が現れた。

私たちは椅子に戻り、腕を取り合って話を続けた。「わしを何才だと思う？」と彼は尋ねた。七十五才くらいと見たが、「うーん、分からないけど、多分六十五才」と私は言った。

「友よ、そんなにはずれてはいないぞ。わしはこの九月七日で七十八才になった。だが、いまだに女性が好きだ！　さあ、何故だと思う？」彼はにやりと笑った。

「ただ自然に、じゃないですか」

「ただ自然にだって、え？　おい、君は結婚しているかね？」

「はい。子供もいます」

「そうか。君に教えてあげよう、友よ。こんな世界は他のどこにもない。愛を交わしてたくさんの子供を作ることができるのは、ここだけだ。神はあちらこちらにほんのわずかの人が散在しているというのではなく、神の民がたくさんいることを望まれた！　それで神はこの世界をこういうふうにお作りになられたのだ」

「でも、この世界は困難なものでもありますよ。人は互いに悪いことをします。妬みは多くの病気のもとになっています。人が互いにやっている事はひどいものです。だから私は人が互いの妬みで引き起こした病気を取り除かなければならないんです」

「だが、ここだけが唯一の世界ではないぞ。この世界のとなりにもうひとつの世界がある！　兄弟、もうひとつの世界は美しいぞ！　その世界の食べ物は素晴らしい！　この世界のようにほんのちょっぴりなんていうことはない。そこではたらふく食べることができる！　四六時中愛を交わすことができて、しかも子供ができる心配もない！　疲れることも全くない！　身体は羽のように軽い！　その世界は美しい。そしてその世界から癒しがやって来るのだ。兄弟よ、それが存在の本来の在り様で、私の仕事もそれなのだ。素晴らしい！」

「有難う、ドン・ルシオ」と私は言った。「あなたにお目にかかれて本当に光栄でした。またすぐにあなたに会いに戻って来ます。もしも私の町においでになることがあれば、私の家をご自分の家だと思ってください」

「有難う。次に来るのを待っているぞ。それから戻って来るときは、誰かアメリカ人の娘を連れて来るんだ。いい娘をな！」

次に彼の家に戻ったとき、私はアメリカ人の娘を連れて行かなかったが、ドン・ルシオはそのことには何も触れなかった。彼は儀式の準備に追われていた。ネオ・アステカ（アステカ族の末裔）のグループが客間を占領し、お香の煙が雲のようにドアや窓から流れ出していた。儀式を尊重する人々はコロンブスのアメリカ大陸到着以前の衣装をまとい、リュートを演奏しベツレヘムの星や十字架の道を讃えて歌った。

私は客間に入った。銀色のラメの腰布を巻き三フィートの高さの羽根の頭飾りを付けた、スポーツ選手のように見えるひげを生やした男から声を掛けられた。彼が私に帽子を取るようにと言ったのでそれに従った。この儀式はトラロックを礼拝するためのものだと聞いていたので、私はチョコレートの捧げ物を持って来ていた。それを女性の司祭に手渡すと、司祭はそれをお香の煙にくぐらせて四つの方角に捧げてから、その他の捧げ物と一緒に祭壇に置いた。その他の捧げ物はすべて花だった。

外に出て、少し苛立った様子のドン・ルシオを見つけた。

「儀式はどこで開かれるんですか？」と私は尋ねた。

「ここにいる者の準備ができ次第」と彼は答えた。「私がみんなを教会に先導する」

明らかに私の理解は間違っていた。この催しがトラロックを記念したものであるはずがなかった。カトリックの教会で異教の神が礼拝されることはない。私はドン・ルシオがどんな儀式を行うのだろうといぶかった。長いこと待った後、老人は花を入れたバスケットを二つ手に持つと、村の教会を目指して出発した。私は彼から運ぶようにと頼まれた、長さが五フィートもある重たいろうそくを引きずりながら、後ろからついて行った。

教会は数百本のろうそくや何千本もの花、たくさんの色紙で飾り付けされていた。「世の光、キリスト」を祝う聖燭祭《せいしょくさい》の記念日だった。ルシオが祭壇の前に捧げ物を置いたのとほとんど同時に、アステカ族の一団が吊り下げ香炉の煙をくゆらせながら進んできた。彼らは祭壇の前で隊形を整えると、大きな声で聖歌を歌い始めた。村人たちがやって来だした。豪華な白い第一聖体拝領の服に身を包んだ少女の一団が、半裸のアステカ族の人たちの隣に陣取った。村の司祭が祭壇に歩み寄り、祭服をまとった。まもなく教会は忠実な信者の群集でいっぱいになり、入り口の階段の所まで人があふれ、ミサが執り行われた。

アステカ族の一団が別れの歌を始めた。彼らは歌を歌い楽器を演奏しながらも、軍隊のような正確さで後ずさりしながら教会から退場していった。彼らが中庭に到着するまでには、村のブラスバンドはすでに生きのいい曲を音高らかに鳴らし、ロケット花火が次々に轟音《ごうおん》を響かせながら打ち上げられていた。売り子たちはキャンディーやソフト・ドリンクを売り歩いていた。白いドレスを着た少女たちは外に群がって、くすくす笑っていた。二〜三人のバイオリン弾きが騒音にかき消されながら、ダンス用の曲を演奏していた。それはまさに典型的なメキシコの混乱状態で、トラロックとは何の関係もなかった。あるいは私はそう考えた。私はドン・ルシオに別れの挨拶をせずにその場を離れた。

それは二月二日、乾季の真最中のことだったので、私はいつも通り晴れ渡った青空の下、車を運転して家に帰った。その夜、どしゃ降りを告げる雷鳴で目が覚めた。翌朝起きたときには町は水浸しだったが、空は申し分のない青空で、その後何週間も続く晴天を約束していた。私はドン・ルシオの祭壇に思いをはせた。そこには雨の神がイエス・キリストの仮面の陰にひっそりと立っている。

第20章
西アフリカの植物のスピリットによる治療

このインタビューから西アフリカでは植物のスピリット・メディスンがさかんだということが分かった。私の友人、シリ・ジアン・シン・カルサは、その国の医療に関する博士論文の研究のためにトーゴで数年を過ごしていた。カリフォルニア州サクラメントにある彼の家を訪ね、トーゴでの植物のスピリット・メディスンの存在について、学んだことを話してくれるよう頼んだ。彼は伝統的なヒーラーと西洋の医者との相互の関係について話し、中でもとりわけ並外れたヒーラー、トバエ・アグバガ・アソウについて語ってくれた。

エリオット：君が西アフリカのトーゴに行ったのは、どれくらい前だった？

シリ：一九八〇年から一九八四年まで。トーゴで伝統医療と西洋医学の歴史を比較していたんだ。もっぱら僕は二十世紀に焦点をあてていたけれど、伝統的なヒーラーと話をして、できるだけ昔に遡《さかのぼ》れるところまでやってみようとしていたんだ。

エリオット：伝統的なアフリカの治療法の中での薬草と植物のスピリットの役割について、君はどんなことを発見したの？

シリ：薬草はヒーリングのあらゆる面で使われていた。ヒーリングを起こす薬草のそれぞれに結びついたスピリットがあって、そういったさまざまな薬草に宿るスピリットを呼び出すのに、音が使われていた。また薬草が彼らに提供してくれる情報にアクセスするために、ヒーラーはトランス状態やときには化学的な手段を通して、変性意識状態に入っていくんだ。薬草のスピリットが彼らに話しかけるのを聞くために、二十年もの長い間訓練を受けた人も中にはいたよ。

エリオット：これには長く続く系譜があるのかな？

シリ：僕の友人でアフリカの考古学の第一人者、メリック・ポスナンスキー博士は、六百〜八百年前に存在していた村を見つける最良の方法の一つは、どこでもいいからアフリカのどこかに行って、薬草が何かの周囲を丸く取り囲んでいる場所を見つけて、その薬草が生えている場所の内側を掘れば、そこには村があるということを発見した。村人が自分たちにとって非常に重要な植物をいつでも入手できるように、最も広く利用される薬草の多くが、ひそかにあるいは公然と村の周囲に育っているんだ。ある薬草は何千年も前に使われていたと証明できる例があって、僕が研究した村の伝統によれば、彼らの薬草の使用は何千年にも遡るんだ。

エリオット：ヒーリングに使用されるのは、必ずしも植物の葉っぱや根っこ、あるいは植物本体というわけではなく、植物のスピリット、あるいはエッセンスである。で、合ってる？

シリ：そう、その通り！　植物の各部分がそれぞれ質の異なるスピリットを持っているし、それに植物全体のスピリットというものもある。ヒーラーはその両方に注意を払っていた。だから、西洋の植物学者と全く同様に、ある植物の樹皮はある目的のために使用され、花や葉はまた別の目的に使用されるんだ。

エリオット：君が遭遇したヒーリングで、何か特に植物のスピリットと関わるような話はある？

シリ：ヒーリングがある度に、そこには植物が関わっていた。一定のやり方があって、それぞれの植物とその範囲内でコミュニケーションをとらなければいけないんだ。常に太鼓の音や声が植物のスピリットを刺激するのに使われる。薬草を活気づけて、その薬草を患者の味方にするために、何かしなければならないんだ。

エリオット：そういった事例を徹底的に追求することはできたの？

シリ：ああ。僕は西洋医学の医者と一緒に研究していたし、アメリカで最も保守的な機関のひとつ、UCLAの医学史科に通っていたから、研究期間中に起きていたことについて、西洋医学の立場から見た意見を含めなければならなかったんだ。西洋医学の医者に何百ものインタビューをしたし、伝統的ヒーラーにも何千とインタビューした。西洋医学の医者は治療中の患者の病気について話してくれたし、西洋医学の医者の診断と治療を受けた多くの人が、伝統的ヒーラーのところに行くときに僕を同伴させてくれた。僕はどの薬草がどんなふうに与えられるかを見ることができた。

糖尿病にかかった人を西洋医学では治せない、ただコントロールするだけだけど、僕は薬草が糖尿病を治すために使われているということを発見した。彼らが西洋医学の医者のところに戻ると、糖尿病の症状が全く消えているというわけなんだ。癌、心臓疾患などかなり広範囲にわたる病気を西洋医学の医者が診断して、それから伝統的ヒーラーが治療していた。時には、僕が人にお金を払って、西洋医学の医者のところに戻ってもらわなければいけないこともあった。彼らはもう治ったと思っているから、時間を無駄にする理由がないだろ？　僕は西洋医学の医者の証明が欲しいし、医者の方は時々すごく驚いていたよ。

年配の医者たちはフランスのパリ大学医学部大学院とかリヨン大学医学部大学院で勉強したアフリカ人だった。若手の医学博士たちは、「伝統的ヒーラーの迷信的、原始的、役に立たないやり方」に対して容赦なく批判的だったけど、年配のアフリカ人の医者たちは自分たちにできることの限界を知っていたので、常に伝統的なやり方に敬意を持っていた。医者がせいぜいコントロールするだけで、おそらく治すのではなくて痛みを鎮めることくらいしか期待できないような病気を、アフリカ人のヒーラーたちが治すことができるのを目の当たりにしてきた。

そこでは二つのシステム間の、本当の意味での相互の関係が発達したんだ。僕がその町でインタビューした人の誰もが、ある病気についてはまず伝統的ヒーラーのところに行き、また別のことでは西洋医学の医者のところに行くようにしていた。僕が研究させてもらった伝統的ヒーラーで、自分自身または家族の誰かが、何らかの病気で西洋医学の医者にかかったことがないと言える人は一人もいなかった。彼らは極めてオープンだった。彼らは常に実験的で、常にシステムを変えていて、西洋のシステムよりもずっと流動的なシステムだった。すべての植物にスピリットと力が宿っているし、大地、空気、水、自然界のあらゆるものにも宿っているんだ。

エリオット：君がいちばん親しかった人について話してくれないかな。その人は何て言う名前だったの？

シリ：彼の名前はトバエ・アグバガ・アソウといって、とても興味深い弟子の期間を過ごした人なんだ。ある日、彼はひどく石ころだらけの道を歩いていた。すると自転車に乗った老人が彼に近づいて来た。その道にはすごくたくさんの石がころがっていたから、その老人が自転車に乗ることができたということ自体驚くべきことに思えた。その老人に、「明日ここに戻って来なさい。君に非常に重要なあるものを見せよう」と言われたので、彼は次の日その場に戻った。するとまた老人が自転車に乗って現れたが、不思議なことに、今度は太鼓の音が聞こえる近くの丘の上だった。それは何かの儀式のような、素晴らしい太鼓の音だった。老人は彼を連れて儀式が行われている丘のてっぺんに行った。そこにいる人たちは、アソウのことを知っているようだった。彼を抱きしめ、彼に会えたことをとても喜んでいたが、アソウの方では彼らの中の誰にも見覚えがなかった。そこにしばらく居るようにと勧められたので、座ることにした。その後、彼は身体が麻痺していくのを感じて、起き上がろうとしたが、動くこともできず、とても怖くなった。その次に分かったことは、自分が地面の中へと深く深く、どんどん深く降りて行くところだということだった。彼はそこで地球時間にして九年間過ごした。

エリオット：いわゆる地底世界で？

シリ：彼はまさに地球の中心に行ったんだ。そこには彼が出会った中で、最も優れた教師たちがいた。その教師たちが薬草や、薬草のスピリットを呼び出すことや、ヒーリングのさまざまな面について彼に教えたんだ。ヒーリングを学ぶため、地底世界に同時に五十〜六十人の人が来ていた。読み書きができる者はノートを取り、できない者は覚えたことを確認するために、毎晩テストが行われた。僕の友達はテストを受けなければならないグループの中の一人だった。

僕はアソウが住んでいたロメの近くの小さな村出身の、彼の身内の多くにインタビューしたんだけど、身内の人たちは彼がどんなふうに消息を絶ったかということを話してくれた。彼らはアソウが何かの動物に殺されたと思っていた。彼は地球時間で九年間、消息不明だったんだ。その九年間は、地底世界では何世紀も経ったようだった。そこでは時間の感覚が違っていたと、彼は言っていた。彼が学んだ量とそこで過ごした日数は、通常の地球時間の九年よりずっと多かったんだ。特に薬草の使い方については、いくつもの生涯を要するほどの知識を学んだ。その後、彼が戻ったときには大きなお祝いがあって、それから彼はヒーラーになった。

彼は僕が人生で出会った中で、最も親切で機転がきいて、傑作で情が厚い人間の一人だった。彼はものすごく謙虚なうえに、非常に強い個性の持ち主で、途方もない個の力を持った人物だった。彼にはおよそ三十人の弟子がいて、彼のところにヒーリングしてもらうために、毎日五百人ほどの人が詰めかけていた。まさに壁から壁まで人でぎっしりだったよ。

エリオット：彼はそういう人たち全部の面倒をどうやって見ていたんだい？

シリ：部分的には彼の弟子が仕事をしていた。どんなときでも彼には三十人くらい弟子がいたからね。アソウは人を見たら、その人に必要なことが分かるんだ。僕はたまに朝の二時から翌日の朝の二時まで彼に付いていたことがあったけど、彼はひっきりなしに人と接していたよ。弟子に言って、ある人たちのためにはある薬草を用意させ、他の人たちにはある薬草をどこで摘めばいいか教える。あるいは儀式を行ってスピリットを呼び出す。するとスピリットが彼らにどの薬草を使えばいいとか、そうした薬草のスピリットを活性化させる方法とかを教えてくれる。彼はそれぞれに違ったやり方で治療していた。ある人たちには彼はすごくひょうきんになる。そうするとその人たちは爆笑する。ある人たちには彼は何も言わず、ただ聞く。ある患者たちには説教をして、彼らが泣くまで患者に叫び続けるということもあり得る。治療は最低でも十二時間ずっとひとつのグループから次のグループへと、矢継ぎ早に切れ目なく続くんだ。彼は普段は三時半頃に起きると、さまざまな薬草のスピリットを呼び出して、いくつか決まったチャントを唱える。自分自身を調整するか、あるいはその日やらなければならない仕事のために自分を浄める。常に彼の行為の中心は薬草だったんだ。

エリオット：君は以前、彼の弟子の多くが、彼ら自身非常に尊敬されているヒーラーだと話していたよね。

シリ：彼らのほとんどがアソウのところで薬草についてさらに学ぶ以前に、すでに自分たち自身の村で高い水準の名声を得ていた。アソウにとっての薬草というのは、西洋で僕たちが理解しているような単なる薬草ではなくて、薬草と結びついたスピリットで、いろいろな薬草を組み合わせるときは、個々の薬草のスピリットとは違ったスピリットをもたらすことになるんだ。

エリオット：君が彼と彼の植物のスピリットに触れた、驚くような体験を詳しく話してくれないかな？

シリ：僕は朝早く起きてヨガをするのが好きで、トーゴでは毎朝三時半から六時までヨガをやっていた。ヨガと瞑想とお祈りをしていたんだけど､誰も僕がやっているところを見たことはなかった。僕はこのヒーラーのところに週三回、インタビューをするためと治療を見学させてもらうために通っていた。

二〜三ヵ月が過ぎた頃、彼が僕を彼のところに呼んでこう言った。僕にとても親しみがわいて友達になりたいと思うけど、僕が彼のことを本当は何者なのか全く分かっていないと感じて、とても心が痛むと。僕は彼が何者なのか、彼を包み込んで彼に作用しているスピリットを見たり感じたりできなければ、理解できなかった。ある人物に作用している力がどんなものなのかが分からなければ、その人物が何者なのか本当に知ることはできないもの。彼は、自分が本当は何者なのかというビジョンを僕に示してくれる植物のスピリットを呼び出す方法を、喜んで僕に教えるつもりだった。それで彼は二週間でそのための薬草の準備が整うので、その頃にまた来るようにと言った。

彼はまた僕がこの国に到着して以来、「僕のアパートに通って来ている」とも言った。彼は毎朝僕の二時間半の瞑想やヨガに付き合い、僕のやっていることが気に入っていて、自分が見たものを詳しく話してくれた。僕がやっていたクンダリーニ・ヨガの動きのいくつかをやって見せ、僕がやっていた呼吸法の一種が気に入っていた。僕の部屋にあった花の香りを好んで、僕の身体にとてもいいと言っていた。その花というのはチュベローズのことだけどね。彼は僕が間違った種類のお香を持っているから、僕に合ったお香を持ってきてくれると言った。僕が白いキャンドルしか持っていないことで、ひどく限定されているとも言っていた。僕には七種類の色のキャンドルが必要だった。

エリオット：実際には、彼は君のアパートに一度も行ったことはなかった？

シリ：その通り。彼は現実には一度も僕のアパートに来たことはなかったし、彼のグループの他の誰も来たことはなかった。誰も僕の朝の精神修行に来たことはなかった。僕の妻の他には誰もね。実のところ、彼がそういったことを何もかも知っていたことにも驚かなかった。さらに親しみがわいたよ。あまりにもいろんなことを詳しく知っているものだから、毎朝彼が僕の家に来ていたと感じたくらいだよ。

二週間後に再び彼を訪ねると、彼は薬草を用意していた。薬草は乾燥して、簡単に粉々になってしまいそうな状態だったけど、彼はあの丈夫ながっしりした手で、まさに完璧に薬草を選り分けることができた。彼が薬草に触れるときの敬意のこもったやり方には、本当に感銘を受けた。それまで経験したことのないような感動を覚えたよ。彼の植物との在り方を見ているうちに、大切な何かが伝わってきたんだ。彼は三種類の薬草を選んで、僕がいつもの二時間半のヨガや瞑想の修行をやっている間、七本のキャンドルそれぞれの下にその三種類の薬草の葉を置いて、彼が僕にくれたお香を焚くようにと指示した。彼は修行の最後に植物の中のスピリットを呼び出し、ひいては彼のスピリットを呼び出すために唱えるいくつかの言葉を教えてくれた。

僕がそれをやったとき、妻も一緒だった。僕たちは部屋の中で雷鳴を聞き、稲妻を見た。それから大きな獣の波動と唸り声を感じた。ライオンのような感じがしたけど、僕たちの心の目には、部屋の中にクロコダイルがいるのが見えた。僕たち両方ともにそう見えたんだ。僕は彼が部屋の中にいるような感じがした。これまでには見たこともない彼を見た。彼は透明だった。彼は自分の身体の中に僕を入れた。彼の胸には大量の喫煙が原因で痛みがあった。彼の身体がアルコールでやられているのを感じた。でも、とりわけ感じたのは、その人物の偉大さだった。僕はそれまで一人の人間が、他人への奉仕にそこまで休みなく没頭できるということを知らなかったし、僕の目に彼がそう映っていたように、人がずっと霊的に通じた状態でいられるということを知らなかった。僕はまた彼の中に矛盾も感じた。彼の身体の痛み、抱えていたジレンマ。僕が理解したのは、一人の強烈な人間の極めてもっともな状況だった。

次に彼のところに行ったとき、自分が見たものや、やったことを彼に話した。そのとき彼は、僕が見た動物、ライオンとクロコダイルがたしかに彼の守護動物であることを認めた。それらの動物は彼にとって非常に重要な存在だった。たしかに、彼の胸はひどく痛んでいた。喫煙の量が度を超していると、誰も彼に注意したことはなかったし、彼のしていることは間違っていると、彼に忠告することを誰もが恐れていた。彼は反応が返ってきたことに感謝していた。彼が消費しなければならなかった量からすると、アルコールは彼の身体には毒だったが、彼とつながっているスピリットがアルコールを欲しがっていた。スピリットがアルコールを手に入れるために、彼は酒を飲むしかなかった。彼は毎日大量に飲んでいた。彼が酒を飲む理由が何だったにせよ、彼は偉大な人物だった。昨年他界するまで、彼は多くの人を助けた。

第21章 グランマ・バーサ・グローブ

私がバーサ・グローブ夫人に会ったのは、一九九一年のある凍えるような秋の朝、ユート族の居留地の南部にある彼女の自宅だった。彼女が質素な家のドアを開けて、暖かな笑顔で私を出迎えてくれたとき、私は人が彼女のことを「グランマ」と呼ぶ意味がすぐに分かった。キッチンに入り私が持って来た食料品や雑貨の袋を下ろすと、彼女は私を居間へ案内した。彼女は巨大な剥製のバッファローの頭の下にある肘掛け椅子に座り、私は彼女の向かい側のソファに落ち着いた。彼女は私にテープレコーダーのスイッチを入れるのを許可する前に、私が何を求めているのかを正確に説明するように求めた。私は彼女に自分はメディスンとして、植物のスピリットを使っていると告げた。私は人々が植物には癒しをもたらすことのできるスピリットがあるということを知ることは重要なことだと考え、植物のスピリットについての本を書いていること、そして、彼女が持っている知恵を人々といくらかでも分かち合ってくれることに協力していただけるように願っていると告げた。

彼女は満足した様子で、私にレコーディングを始めるように促すと、ユート族の言葉で長い祈りを詠唱した。それに続いたインタビューは深く幅広いものだった。と言うのも、グランマ・バーサはほとんど正午になるまで話したからだ。ここにはその中から植物のスピリット・メディスンに関係する部分を書き写した。

バーサ：誰かが私に癒しに関わることを頼みに来たときに、やらなきゃならないことはこういうこと。お祈りをして、大いなる祖父にその人が探し求めているもの、望んでいることをお尋ねしなければならない。何故なら、大いなる祖父はその人のことをご存知で、私がその人にどういうことを言わなきゃならないのかを理解しているからよ。私はそのことを言うためのお許しを願わなきゃならない。ただすぐに言うというわけじゃないの。

それは植物を採集するときも同じ。採集するにもそれぞれに時期や季節があるの。ある植物は早朝に集めることができるし、真昼や午後というのもあるし、それから夕方というのもあるかも知れないわ。ある植物は月が出ているとき。春や夏や秋というのもあるし、シダーのようなものは冬に採集するのよ。ただ外に出て行って、切ったり摘んだりするわけじゃない。出かけるときには刻みタバコか、彼らに捧げようと思う贈り物なら何でも持って行くことにしているの。

あなたがシダーだとしてごらんなさい。私があなたにお願いして、あなたの援助や、着物や手足をくださいとお願いするようなものよ。何故使うのかその理由、人のためにやるのだということを話すの。そのことを告げて承諾を得たら、そこではじめて贈り物を捧げるの。私はたいていスカーフを結ぶわ。だから、セールを見かけたときは、たいていスカーフを何枚か買うことにしてるのよ。そうやっていつでも何枚かは持っているようにして、スカーフと刻みタバコを車の中に入れておくの。だって、どんな植物がいつ必要になるのかは決して分からないでしょ。

いったん許可をもらったら、必要な分を頂くの。決して欲張らないこと。それがルールのひとつ。もしある程度の量が必要なら、まず自分に必要な分を頂いて、それから人の分もいくらか手に入れなきゃいけないようなら改めて、その分を頂くの。でも、人にも少しあげるつもりだから、自分が使う以上の分を頂いていいかどうかお伺いをたてなきゃいけないわ。それが私たちのやり方よ。それがあなた方のやり方かどうかは知らないけど、あなたもそんなふうにしてるの？

エリオット：ええ、そうです。

バーサ：あなたが葉っぱか枝か、または茎を使っているとして、お茶か湿布薬を作ったその後、そういうものはどうしてるの？

エリオット：肝心なのは、僕が他の人を助けるのを手伝ってくれるスピリットの許可を得ることだと思うんです。仮に僕が植物のスピリットとそういう関係を結ぶことができるとしたら、葉っぱであれ、根っこであれ、その他何であれ必要じゃありません。時には、僕は両手を通して植物のスピリットにやって来てくれるようお願いすることもあります。

バーサ：でも、実際にお茶を作るのに植物を使わないの？

エリオット：僕の主要なヘルパーのひとつはメッセンジャーのような存在で、そのメッセンジャーにその人が必要としているどんな植物のスピリットでも運んで来てもらうんです。

バーサ：あなたが言うように、あらゆるものにはスピリットがあるわ。植物や木や岩も人と同じ存在なの。あなたのやり方はいいわね。私は人に、物事の違ったやり方を学ぶのはいいことだって言っているの。彼らは他の人に教えることができるし、私は私のやり方を教える。すべてが人を癒す助けになるわ。

エリオット：あなたはある植物がどういう助けになると、どうやって分かるんですか？

バーサ：おもに守護霊、つまり内なる自己が教えてくれるの。あなたや私、要するに私たちは本当は何も知らない。スピリットが私たちを通して働いていて、私たちはそうしたスピリットが働くためのただの道具にすぎない。私は創造主に助けてくださるようお願いしなければならないし、創造主が私にやるようにと命令されることなら、たとえどんなやり方であろうと、それが私が仕事をするやり方なの。人が変わればやり方も変わるかも知れないけれど。一人ひとりそれぞれが自分の身体と心、スピリットを持っているから、治療も個人的なものになる。同じ病気でも別の人なら違ったものになるだろうし。人に話すときでもそれは同じ。めいめいに治療しなければならないの。

エリオット：植物のスピリットにお願いすることはありますか？

バーサ：今しがたお話ししたようなことが、外に出て植物を採集するときにお願いすることよ。植物のスピリットに話しかけるの。あなたは彼らのスピリットを見たことある？

エリオット：ええ、あります。植物はあなたにどうやって使うのかを教えてくれますか？

バーサ：ええ、教えてくれるわ。あなたが話しているスピリットは、あらゆるものの中にあまねく存在するものよ。だから、動物や鳥や植物に対して敬意を持たなければいけないの。いい、母なる大地さえもが、内に大きな力を持っている。それを私は人に伝えようとしているの。母なる大地の上を敬いの心を持って歩くように。母なる大地はあなたのことを、あなたがどこにいたのか、どこから来たのかを知っている。あらゆるもののスピリットがそこらじゅうにあって、私たちを取り囲んでいる。毎日千の目が私たちのやることなすことを見守っているの。だからその時その場で許しを乞い、創造主にお願いし、母なる大地に話しかけ、四つの方角に宿る力に話しかける。なぜなら、そのすべての力を使わせて頂くから。その植物はひとりでに生まれてきたわけじゃないわ。母なる大地から生まれて、太陽が昇り、暖めた。その恵みがその中にあるの。雨が降って、その植物を育てた。だから、雷さまや雲のヒト*たちにその植物を育ててく

*雲のヒト：雷さま、お天道さま、などと同じように、親しみと尊敬を込めて言ったもの。

れたことに感謝を捧げるの。風が吹いてくれたことに感謝を捧げ、そして四つの方角にいる四人の祖父と祖母に許しを乞うの。

その植物はスピリットを持っているけれど、それは自分で手に入れたものじゃない。その植物にスピリットを注ぎ込んだのは創造主で、それは誰でも使えるものよ。あとはただ助けてくれるようお願いしさえすればいいの。いくつもメディスン・バッグを持ち歩く必要はないわ。ただ目の前にあるものを使うの。それはそこにあって人々を助けてくれる。それには力が宿っているの。棒切れ、岩、母なる大地、風にさえも力が宿っている。そうやって人を助けることが出来る。

あなたが言った通り、植物のスピリットは手を通じてやって来ることも出来る。手はあなたが持っているものの中で一番強力なものよ。人を助け、感謝をあらわすために使うもので、その手で人を殴るなんて出来ないわ。そうでしょ？　だから、あなたがそんなふうに手を使っているのはいいことだわ。

要するに、植物や水を通して人を助ける方法はたくさんあるっていうこと。この世界にあるものなら何でも使えるわ。あのおじいさんの髪の毛とかね。〈ここで、彼女は頭上の壁にかかっているバッファローの頭を指さした。〉あるタオスの老人がこれを気がおかしくなってる人のために使うようにと私にくれたの。彼は「持っておきなさい。いつか使うことがあるだろうから」って言ってたわ。そうやっていろいろな部族のいろいろな人が、私に教えてくれたの。

エリオット：あなたがどうやって学んだのか、もう少し話していただけませんか？

バーサ：そうねえ、ともかく私はユート族のメディスンマンだった祖父のもとで育てられたの。昔は夫婦が自分たちで面倒を見れないほどたくさんの子宝に恵まれすぎたときは、一人は祖父母か、叔父か叔母に預けられたものなの。私は祖父母のところに預けられて、祖父母が私を育てた。祖父はメディスンマンで、私はそういう空気の中で大きくなったの。私が住んでいたのは、居留地で最後のティーピー*のひとつだった。だから私はティーピーでの暮らし方や、その中での振るまい方、メディスンマンといるときはどうすればいいのかということを知っていたの。ある年齢になるまで分からなかったのは、彼がギフトを与えた五人それぞれに、やがてそのギフトを使うときがやって来るということだった。つまり、夢見が始まったの。

エリオット：何才のときだったんですか？

バーサ：最初に始まったとき、私はまだ十代だった。ある存在が私に語りかけてきて、私は怖くなった。その存在は私にこう言ったの。「創造主の仕事をするように、創造主がおまえをお選びになった」って。それで私はお祈りをして、「いいえ、私は若すぎます。その仕事はできません」って言ったわ。それでその存在は離れていったみたいだった。それから子供ができたの。随分若いうちに子供をもったのよ。

エリオット：あなたはそのギフトが運び去られるように祈ったんですか？

＊ティーピー：スー族の言葉で「住居」を意味する。カナダから北米にかけての平原の部族が夏の間の狩猟期に利用する移動用の住居（テントのようなもの）。

バーサ：ええ、怖かったのよ。それが二十代になって、またその存在が戻ってきたの。私が「子供を育てなければならないので、そんな時間がありません。私の髪が白髪になるまで待ってください」と言ったら、「いいだろう」とその存在は言ったわ。でも、その間に私のところにいろんな人、いろいろな部族の長老たちが、私が知らなきゃならないたくさんの事を教えに来るようになったの。わざわざ私が出向いて行って、探し求めたわけじゃなくて、彼らの方が私のところに来て、私は学んでという調子で、何て言うか、段階的に物事を理解していったの。

ところが、三十代のはじめに白髪になったの。「おまえは髪が白くなるまで待ってくれと言ったな。ほら白くなったぞ！」その存在は私にそう言った。「ちょっと待ってください」と言ったら、それから病気になったの。喘息になって、関節炎で身体が不自由になって、もうそれ以上歩くことも仕事をすることもできなくなった。「君は彼らの言うことに耳を貸すべきなんじゃないか」夫はそう言ったわ。

それからサンダンス*を夢見るようになった。私は女の人がサンダンスをするのを見たことはなかったんだけれど、夫と息子がサンダンスの儀式に参加する手伝いをしたの。私を育ててくれた祖父がサンダンス・チーフだったから、私は小さい頃から祖父の手伝いをしていたわけ。彼らは私を訓練するためにいろいろやらせたんだ、と思うの。私の方ではひどい扱いを受けた……子供の頃にあった苦難だと考えていたけれど……。

小さい頃に羊の番をよくさせられたの。遠くの丘に一人っきりで犬と羊だけを連れて。丘に腰を下ろして、あらゆることに思いを巡らしたわ。それが、つまり自然や植物を観察することが、私の学びのひとつだった。他に話し相手がいないから、彼らに話しかけていたの。石ころを見たら拾い上げて、話しかけ、元に戻す。そういうものが遊び相手だったの。花や石ころや、繁みや何でも、私の遊び友達だったわ。私は教えを受けているのだとは知らなかった。

私はサンダンスを始めたの。ある日、「今がその時だ」って言う夢を見たの。私はＢＩＡ〔インディアン事務局（Bureau of Indian Affairs)〕に長く勤めていたから、「急に辞めるわけにはいきません」と言ったわ。でも、夢は私が今すぐやめなければならず、白人の靴を脱いで、モカシンを履かなければならないと言ったの。四年間、春から秋、夏から冬とずっとモカシンを履いたわ。スピリットが私に、絶対にどんな靴も履くことはできないと言ったからよ。それで、サンダンスに行くようになったら、身体の調子が回復し始めたの。自分では起き上がることもできなかったんだけれど、朝早く夫が私たちがサンダンスをしている東屋《あずまや》に来たら、私はもう起き上がっていたというわけ。で、夫が「どうやって起きたんだい？」って言うから、私は「ただ身体を起こしただけよ」って言ったわ。

それに喘息もなくなったのよ。私はいつも人にこう話してるの。私が、植物、スピリット、信仰が人のためにできることの証《あかし》だって。そろそろ七十になるけど、この年でたいていの若者より早く動くことができるのよ。起きて、遠くまで歩けて、自分たちの家の世話や料理ができる。そのことに感謝しているわ。

私は本来の自分の目的を果たすための訓練を受けていたし、いろいろな長老の方々が私に教えてくれる理由も知っていた。あらゆることが少しづつ、明確になってきたの。北部ユート族出身のある老人は、私

＊サンダンス：アメリカ・カナダの平原インディアンの部族が行う、初夏から真夏にかけて行われる最大の儀式で、スー族の言葉で「太陽を見つめる踊り」という意味。

がスピリットのことを理解するのをとても助けてくれたわ。それからそこの出身のもう一人の人は、スピリットや先祖のこと、*スウェット・ロッジについて教えてくれた。サンダンスやビジョン・クエストを通じて、自分で学んだこともいくつかあるわ。

私のものの見方は、あらゆるものがいいものだということ。創造主は、すべてのものを良いものにこしらえたとおっしゃった。そしてそれは今でも変わりない。ただ人間だけが「あの植物は良くない。あの動物は良くない」と考える。創造主がお創りになったのには理由があるの。蛇やハエにも存在する理由がある。人間はそういうものに殺虫剤をかけてしまえって言うけど、彼らに話しかければ、彼らがそれ以上人間を煩わすことはないということが、私には分かったの。

そうしたスピリットはリアルなもので、あなたが彼らを信じれば、彼らは助けてくれる。医者に理解できないのはそこのところなの。彼らが万物やスピリットを信じさえすれば、彼らにはたくさんの事ができるはずなのに。そういうことを知っている人が少しはいるかも知れないけれど、ごくわずかだわ。私たちのところにある診療所でさえ、そんなことを話したらおかしな人間だと思われる。あなたがスピリットを使ったヒーリングをしているんだったら、大勢の人があなたのことを気が変だと思うでしょ。あなたもそういったことに直面していると思うけれど。

エリオット：僕は普段、人にはスピリットが助けているということは言いません。もし知っていたら、多分来ないでしょうから。

バーサ：私は自分の経験があるから、人がどう思うかは気にならないわ。スピリットにこう言われたの。「人がおまえのことを笑い者にしたり、悪口を言おうとも決して気にすることはない。そんなことは心配するな。おまえは私のために私の仕事をするのだ。おまえが恐れるべきは私だ。お前にこの仕事をさせ、助けているのはこの私なのだから」。それが私のやっていること。つまり創造主に従うことなの。誰かが私に助けを求めたら、まず、そのことについて祈るの。私が助けることになっているのなら私がやるし、もしそうじゃないなら、そのときは誰か他の人を見つけるの。

エリオット：あなたの夢のことなんですが、夜に見ますか？　それとも昼間に見ますか？

バーサ：眠っているときならいつでも。もしそれが夜の夢なら夢の後で目覚めるし、時には昼間のこともあるわ。夢を見ていると思うんだけど、でも、そうじゃないの。静かな状態なら、じっくり考え事をすることもできるし、何かをしていることもある。でも、夢を見ているように、いろいろなものを見ているの。時には目を閉じて、そっと話しかけることもできるし、見ることもできるわ。儀式に行けば、祖父なる火に話しかけることができる。祖父たちに話しかけると、彼らが見せてくれるの。そこにテレビがあるみたいにね。

＊スウェット・ロッジ：儀式を行うためのドーム状の小屋。あるいは、そこで行われる感謝と祈りを捧げる浄化の儀式のこと。日常的にも、また、サンダンスのような大きな儀式の前の浄化のためにも行われる。

そういうものは嘘をつかないのよ。人は嘘をつくこともできるけど、創造物は偽ることができないの。だから、もし植物のスピリットがあなたに話しかけて、あなたがそれを理解しているなら、そのスピリットが言う通りのことをすることだわ。余分なかざりや何かしらそういったものを付け足したり、それ以上のことをやらないことね。もしかすると誰かがあなたにもっとやって欲しいと思うかも知れないけれど、「私のやるべきことはこれで、それでおしまい」というふうに。それしかないの。

エリオット：植物を使って誰かを癒したときのことを話していただけませんか？

バーサ：いいわよ……どれにしようかしら、とてもたくさんあるから……。じゃあ、一部を省いて、その他のところをお話しするわね。

タオスにある家族が住んでいて、私たち夫婦はその一家の女性と知り合いだった。あるとき、彼女の叔父が辛い目に遭っていたの。何故って誰かが彼の家とトレーディング・ポスト*（交易所、店）を燃やしてしまったからなの。その二、三年くらい前に私たちはその辺りに行ったことがあって、彼女は私のことを親しみを込めて「お母さん」って呼んだのよ。それで彼女は自分の叔父に会わせようと、私たちを彼が営んでいるトレーディング・ポストに連れて行ってくれたの。そのときは彼のことを知らなかったんだけれど、彼女が私たちを紹介すると、彼は売り物のショールを私にくれたのよ。儀式用の赤と青のショールをね。その他にも、夫にはひょうたんを、私の友達には羽根をと、そんなふうにいろいろな物をくれたから、私たちは彼にお礼を言ったの。

それから数年経って、彼女から、叔父に問題が起きたから彼のためにタオスに来て儀式をして欲しいと頼まれて、それで私と夫は孫たちを連れて出発したわけ。私が車を運転して、トレス・ピエドラスという大きな山を越えようと頂上に来たとき、突然、何かが私に「振り返って！」と話しかけてきたの。急いで振り返って止まると、そこにポプラの木が立っていたの。「ここで何かを手に入れることになってるの」と夫に言うと、彼は「分かった」と言ったわ。彼のいいところは決して尋ねてこないところ。それで、車から降りて、「枝が四本と、木のてっぺんの小枝が四本必要なの」と夫に言ったの。

エリオット：木があなたにそう言ったんですか？

バーサ：そうよ。いい、私には自分が何故そんなことをしているのか分からないの。私はただ木が私に言うことをしているだけ。それで夫が木にぶら下がったら、孫たちが「ねえ、おじいちゃん猿みたい！」って笑ってたわ。その次に夫が枝を私の方に引き寄せて、私がその枝を切り離して、お祈りをした後、持ち歩いていたタオルに水をかけて、包んでしまっておいたの。そのときは、このあとその枝を使って何をするのか、自分では分からないのよ。

＊トレーディング・ポスト：かつて、白人とインディアンが互いに食料や生活品などを持ち寄り、交換を行った場所であり、また、交流の役割も担う場所であった。後に、金銭での取り引き（売買）も行われるようになり、現在では、店として、その地域の部族の生活品や工芸品、土産物などが置かれている。

タオスに着いてみると、彼らは儀式をしている最中で、例の枝はまだバン（車）の中に入ったままだったわ。それから真夜中すぎに、「あら、またあの木が話しかけている！」というわけ。それで、「あの枝を取って来て」と夫に頼んで取りに行ってもらったの。私はただ枝が私に言うことをやるだけだから、見知らぬ人たちに近づいてこう言ったの。「あなたたちタオスの人は、儀式やご馳走やキバ*にポプラを使うでしょ。今回はあそこに立っているあの人を助けるために、このポプラの枝を使っていただきたいの。これを使って。この枝を使って彼のために祈ってください」って。彼らは「承知しました」と言うと、すべてを整えたわ。

そのとき、私はその男の人のことを知らなかった。その人が私たちが儀式をしている人の叔父だとは知らなかったの。その人が自分の甥を嫌っていて、その甥に悪いことをしたということは知らなかったのよ。私に分かっていたのは、枝をその男の人に渡すようにと、木が話しかけているということだけだったの。すると彼はその場に立ち上がって、祈り始めたの。彼は部族の言葉で祈っていたんだけれど、翌朝、女の人たちが私に聞いてきたの。彼女たち「どうして分かったの？　どうして彼の家と店を燃やしたのが彼の叔父だって分かったの？」って言うのよ。だから私は「知らなかったわ。私はただ木が私にやれと言うことをやっただけよ」と答えた。彼女たちは彼が祈りの中で、自分の甥をそんなふうに傷つけてしまったことを後悔している、と告白していたと教えてくれたの。

次の日の朝、彼が私に言ったわ。「その枝に触れられたとき、その枝はすごくパワフルだった。エネルギーがやって来て私を揺さぶり、私は叫ぶか吠えるかしたくなったが、堪えた。私はその力を感じることができた。その力は私を落雷か何かのように震えさせた」って。

私はその人に誰が彼に恵みを与えているのかを話したの。「あなたはそれを手元に置いて、三日目が終わる前のどこかで、誰も通らない山の上に返しに行って、受け取った恵みに対して感謝を捧げるのよ」と。

翌朝、その男の人は枝をもらおうとして、こう言ってきたの。「キバに置くつもりだ。この枝は本当にパワフルだな」ってね。でも私は言ってやったの。「もしスピリットがそこにいなければ、それは何の役にも立たないわよ。その木があなたにしなさいと言うことをあなたがしないのなら、その木は何の役にも立たないわ。その木はここで役目を終えたから、もう自分の居場所のあの山の上に戻らなければならないって言ったのよ」ってね。

それから儀式を執り行ってもらった当人（彼女の叔父）は、すっかり調子よくなったわ。新たに店を建てて、戦《いくさ》のチーフになって、知事になったの。ね、彼は申し分なくやってるでしょ？

植物が人にしてくれるのはそういうことなの。つまり、そんなふうにして道をつけてくれるの。ただ私たちは万物に対して、そういうものの声を聞くことができるように、頭と心とスピリットをオープンにしておかなければならないの。

それが私たちがポプラの葉で助けたあるときの話よ。時々セージを使うこともあるわ。

エリオット：セージにまつわるいい話はありますか？

＊キバ：ホピ族やプエブロ族の宗教的儀式や政治的集会などに使われる地下、または半地下にある部屋。

バーサ：たくさんあって、覚えてないわ。覚えておくようにはなってないのよ。ただやるだけ……ええと、セージの話ね。

ユタに向かっていたあるとき、私は「止まって！」と叫んだの。「あそこよ。四本摘んで。四本だけよ」と夫に言って、それで彼が摘んだわけ。

エリオット：それがセージだったんですか？

バーサ：そうよ。四本の小さなセージ。私たちの行く先では、ある女性が自分のために儀式を開くことになっていて、そこにそのセージを持って行ったの。

エリオット：彼女は病気だったんですか？

バーサ：そう。糖尿病だったの。彼女の足は歩くことが出来ないほど、腫れ上がっていた。それで、「彼女の身体にそのセージを使って」と、儀式をサポートしている人たちに指示したら、朝までに彼女の足は通常の大きさに戻ったわ。彼女は起き上がって、外に歩いて出たの。ただこすりつけただけよ。彼女の身体を少し押すような感じでね。

人を助ける方法はたくさんあるわ、いろいろな方法がね。時には、具合の悪い人の身体の上に薬草を置いて、息を吹き込むこともある。ペパーミントもそういうやり方が効くわね。

エリオット：息を吹き込むというのは、実際にはどうやるんですか？

バーサ：私のやり方は流水にセージかペパーミントを四回浸して、万物と四つの方角の力と、母なる大地にお願いするの。水に浸す前には、祖母なる水に助けてくれるようお願いするのよ。あらゆるものにそのお祖母《ばあ》さんを助けてくれるようお願いするの。あの雌のセージもお祖母《ばあ》さんよ。あれは本当にきれいだったわ。ただそれを具合の悪い人の皮膚の上に置いて、息を吹き込むの。

時々そんなふうにセージを使うときには、身体の中にあるものを全部取り出すわ。つまり苦痛をね。人がお互いにやりあうことを少しでも見たら、驚くでしょうね。多分あなたは知っているかも知れないし、知らないかも知れないけれど。妖術と呼ばれていて、そういうものも取り出すことができるの。

万物とか四つの方角の力とか、そういうものは本当に力を持ったもので、そういう力がそのセージを支えていて、あなたも呼吸で支えているの。何故なら、あなたもスピリットだからよ。あらゆるスピリットが一緒に働かなければならないの。植物のスピリットとあらゆるものがね。時にはあなたがサポートを必要とすることもあるし、植物でさえも自分が生まれたところ、母なる地球のサポートが必要なの。そうやって学んで、学び続けていくの。あなたは私よりずっと学んでいるかも知れないわね。

でも言ったように、私はただ単に植物のヒーラーというだけじゃなく、全体性をもった人間、完全な神の被造物なの。

あなたが話しかけ、尋ねなければならない相手は大いなる祖父よ。なぜなら彼が創造主で、あなたは常に彼の許可を求めなければならない……ここにあるこの植物のスピリットを使うためにね。それから植物のスピリットに感謝を捧げ、創造主とその植物が生まれた母なる大地に感謝を捧げるの。万物に対して感謝の心を持つということを学ばなければならないの。
あなたは自分の周囲に植物のスピリットを見るかしら？

エリオット：目を閉じてリラックスしたときに。たいていは太鼓の音の助けを借りて。そうすると、スピリットを見ることができるんです。

バーサ：そう、私たちが儀式でやるのもそれよ。誰かが太鼓を叩くの。それはいいわね。一旦スピリットを知り始めると、時とともに物事の本質を理解するようになるの……。私たちは清めるために、セージをよく焚いて使うわ。身体の周囲のスピリットを妨害しているものを取り除くのに役立つから。あなたが人を助ける時に、スピリットに話しかける他に何かやってることはある？何かの儀式をするとか？

エリオット：普段はやりません。都市で白人の人たちと関わるときに、そういうことをやり始めると……。

バーサ：彼らが理解しているやり方では、何もできない。

エリオット：だからその他のことは自分の胸に納めています。

バーサ：それがいいわね。あなたがそうしてくれて嬉しいわ。私も白人の人と関わるときは、そうしないといけないの（笑）。白人の人たちと仕事をするときには、そういうふうにやるということを覚えておかないとね。

エリオット：でも、あなたのところに来る人は偏見のない人たちでしょ。

バーサ：ええ、たいていはね。どういう理由でこれを使い、何故そうするのかという簡単な説明をして、そうやって彼らが少しでも理解できるようにするの。

あなたがそんなふうに仕事をしてくれて嬉しいわ。それは珍しいことよ。それにね、あなたから学んだことがあるの。それを実行に移すつもりよ！　スピリットにお願いして、植物がメディスンを集めて、届ける仕事をしてくれるよう頼むことにするわ。まあ、随分仕事が楽になるわ！（笑）　自分が仕事をする代わりに、植物にどしどし働いてもらうの！

とにかく、あなたに会えて良かったわ。あなたが知りたいと望んでいたことをお話できたかしら？

エリオット：申し分ありません！

バーサ：植物は昔、人だったのよ。私たちが彼らに助けを求めたから、彼らは生命を、スピリットをくれたの。私たちが口にする食物がそうでしょ。生きていて、昔は動き回っていたんだけど、あきらめたの。狩に行くときに、野生動物のスピリットに話しかけて、感謝しなければいけないと言うのは、そういう理由からなの。彼らが生命をくれたからよ。火だって同じ。あなたが今燃やしている幹、その木は生き物で、成長していた。だから、火をおこすときに、そのことを考えるの。木が生命をくれたから、私たちは暖を取ることができる。石炭やガスやブタンだって、母なる大地から生まれたもので、彼女の一部よ。飲む水にだって生命が宿ってるわ。だけど、人はそんなふうに見ないのね。人がそういうものを汚染する理由がそこにある。理解していないからなの。「生命の水」、インディアンは水のことをそう呼んで、水に対して大きな敬意を抱いているわ。私は経験から学んだから、そこに戻って有難うと言うの。生命の水、その一部は母なる大地の中からやって来る。でも、ねえ、政府はその水をすべて私たちから奪おうとしているの。今や地下水でさえもよ。

祖父が私に言っていたわ。「遠い将来、水で争うようになるだろう。おまえはインディアンの生き方を守るんだ。その時が来たら、おまえはその生き方で部族の者をいくらかでも救うことができるかも知れない。私はその頃にはこの世にはいないが、その時が来たら、インディアンの生き方がおまえ自身と若干の部族の者を救う助けになることがあるかも知れない」って。

多くの人が、どうして私があなたのような人に自分たちのことを話すのかと不思議に思っているの。彼らは私がインディアンの人々の知恵を手離しているって言うの。でも、あなたが私を理解し、私があなたを理解することができるように、他の文化をもつ人たちに、私たちが信じていることを分かち合おうとしているインディアンは大勢いるの。精神的な部分を含めなければ、お互いを理解し合うことはできないもの。

あなた方にはあなた方の文化がある。ずっと昔には彼らも植物を使っていた。ヨーロッパの国々には植物の知識があった。だから、私は人にこう言うの。「あなたたちにもあるじゃない。これは私だけの秘密とか、インディアンの秘密というようなものじゃないわ。あなたたちも知識を持っていたんだから知る権利がある。ただ道の途中のどこかで失ってしまったから、それを思い出す必要があるだけ。そうすれば私たちはうまくやっていけるわ」

エリオット：母なる大地からもう一度学び始めることは、とても大事なことですね。

バーサ：全くその通りよ。私は随分前に、物を所有するというのはどういうことか、ということを学んだの。まもなく物があなたたちを所有するようになるわ。支払いがついて回るようになるもの。それで多くの人が素朴な生き方に戻って行くでしょうね。何故って、本当に私たちは自分たちで困難な状況にしてるからよ。ある老人が私にこう言った。「人生には何もない」って。彼は言ったわ。「陽《ひ》が昇ると、わしらは起きて祈る。それから朝ご飯を食べて、その日一日やらなければならないことをやる。人を訪ねたり仕事に出たり。そして夕暮れになると、陽が沈み、わしらは家に帰り、またご飯を食べて話しをする。たとえどんなことであろうと、その日一日やったことを話題にする。それからベッドに入り、またお祈りをして眠る。そして、陽が昇り、また同じ事を繰り返し、人生が続いていく。わしらはあれやこれやの心配事をつぎ込んで、自分で人生を難しいものにして、自分で問題を作り出す。だが、人生は実に単純なものだ。ただ生きて、味わうんだ」彼は私にそう言ったの。

彼は正しかったわ。私は今そんなふうに生きているの。焦ったり、走り回ったりしないわ。欲求不満や、憎しみ、恨みといった感情が、身体に負担をかけて、それで病気になるの。癌、腫瘍、糖尿病は自分自身が引き寄せたありとあらゆるものから、引き起こされる。心臓病や脳卒中は、恨みや憎しみが心臓に緊張を引き起こしたせい。そんなことはやめるの。誰かが言ったことなんか関係ない。それは彼らの問題。その問題を持ち運ばないこと。

今はただこう言うの。「大いなる祖父よ。正当でないこと、すべての面倒を見てください」って。私たちインディアンには悪魔とか地獄なんてものはないわ。そうじゃない。ただ私たちの思考がそんなふうに作り上げてしまうだけ。私があなたに話していることは、私が教えを受け、示してもらった道なの。私はここに座って、植物のことや自分がやってきた奇跡について、嘘や物語をでっち上げることができるけれど、でも、そうじゃない。私が長老ということで、あなたは信じるでしょうけど、でも、そんなふうには出来ない。自分が経験した通りに真実を語らなければならないの。もし嘘をつけば、上にいらっしゃるあのお方に答えなければならなくなる。あのお方こそ、私が心から尊敬し、あのお方がどうされるのかと、ひどく恐れてもいる方なの。嘘をつけば、その嘘とともに生きなければならなくなる。やがて、その嘘はあなたの心や身体に影響を及ぼすようになってくる。だったら、どうして嘘をつくことがあるかしら？だから、ありのままに。そう私は人に言うの。あなたにもね。

とにかく、ほんの少しでもあなたのお役に立てたのなら嬉しいわ。私は万物と、大いなる祖父と、植物の名において、何事かをなした。彼らに代わって。

あなたは植物の世界に深く入り込んだ。薬草医だって、そこまで深くは入り込まないわ。彼らは植物を、ただアスピリンを渡すくらいにしか使っていないの。彼らはカプセルを渡すけど、スピリットのところまで達することはあまりないわ。でも、あなたはそうじゃなかった。あなたは例のメッセンジャーを持っている。それは私も考えてみる余地があるわ。私はあなたから何かを学んだ。そして、そのことに感謝してる。時が経って、いつかそのことに思いを巡らせて、こう言うでしょうね。「彼が話していたのは、このことだったんだわ」ってね。

これでお話しできることは大体お話ししたわ。来てくださって有難う。あなたにお話しすることが、私の助けにもなったわ。スピリットと関わるこの種の仕事をする力とエネルギーを持った人に出会うことは、滅多にないの。

エリオット：ほとんどの人は興味がないんだと思います。

バーサ：多分そういうことね。あなたにはその知識がある。その知識を持って進んで行ってくださいね。「高慢にならないように」って、みんなにそう言うの。「人の前に出ないように。後ろに下がって。謙虚に」ってね。

結論

コミュニティーと儀式

木、火、土、金、水の章では、五行の要素がアンバランスになってしまった男性や女性の物語に触れた。そこで各要素のアンバランスがいかに彼らの生活に影響し、そのバランスが回復したときにどれほどの変化が起こるのかを見た。

各章では個々のケースを超えてこれらの五つの神聖な力に、私たちが社会としてどのように関わっているかについて注目した。ここでの記録は気が滅入るようなものだ。個人主義、利己主義、敬意の欠如、恐れ、攻撃性は事あるごとに報いられ、強化される。私たちは皆避けがたく社会の中で生活しているので、それらの影響を免れる者はいない。そのような状況の下《もと》で、植物のスピリットがそれほどまでに私たちを助けてくれるというのは奇跡的なことだ。しかしコミュニティーの健康な状態を考えるとき、スピリットが私たちにしてくれることと、私たちが互いのためにやらなければならないことの境界線が視野に入ってくる。

抑制のない成長を主張する社会は、癌になる。温かさやつながりをおろそかにする人は、心臓病になる。互いを気づかい合うことを大切にしない世界では、多くの人が栄養失調に苦しむ一方で、少数の人は極端に肥満になる。恐怖が助長されるところでは非業の死がその後に続き、尊敬の念が全くないところでは、ほとんどあらゆることが間違った方向に進む。

第2章の中の庭師の仕事をしていた青年は、数回、植物のスピリット・メディスンのセッションを受けた後、花粉症が目に見えて良くなった。その一方で、植物のスピリット・メディスンがほとんど作用しない広範囲に及ぶ食物アレルギーを私たちは経験している。何が違うのだろう？　庭師の青年の症状はおもに個人的なアンバランスの現れだった。植物のスピリット・メディスンが一個人のバランスを回復させるのは比較的容易なことだが、社会全体がバランスを失っているとなると、それは別の話だ。一例として、現在流行している小麦アレルギーの多くは、個人の問題ではなく、社会に関する問題だ。

この世界が始まる前、後に植物となる神々が、後に人間となる別の神々に取り引きを申し出た、と聖なる物語は語っている。少数の植物たちは人間たちの生命を育て、サポートするために栽培されることに同意した。そのかわり、その植物たちは尊敬と威厳、感謝の念をもって育てられ、準備され、食されるよう願った。人間たちは取り引きに同意し、条件を守ることを約束した。

小麦（とその他いくつかの食料となる植物）の場合、人間は自分たちの側の契約を守らなかった。交配や遺伝子組み換え、有毒化学物質など、これまで小麦にそういったことについてどう思うか、誰か気にかけて尋ねたことがあっただろうか？　小麦たちは一定の尊敬や感謝の表明を求めた。会社の研究室や会議室で供物が供えられ、伝統的な儀式が執り行われたことがあっただろうか？

私たちはこの小麦という聖なる贈り物を、まるで利益を生み出すことなら何をしても構わないというような扱いをしてきた。今や、その結果が我が身にはね返ってきたのだ。中東の人々の生命の糧となることに同意した植物は、今、世界中の人を病気にしている。その結果は必ずしも、特に敬意に欠けていた個人にふりかかる、というわけではない。社会がバランスを失っているとき、その症状は誰に現れてもおかしくはない。

この問題を解決する上で個人を治療することは、あまり役に立たない。それよりむしろ、私たちは力を合わせて問題に取り組むべきだろう。なんとかして地域社会の金属の要素のバランスを回復させなければならない。なぜなら、金属の要素は私たちを尊重することや価値をおくこと、敬意をもつことなどに結びつけるからだ。小麦が私たちを犠牲にして残酷に楽しんでいるというわけではない。反対に、小麦のスピリットはいまだに私たちの役に立とうとしている。そして、個人の健康や豊かな生活のためには、バランスのとれたコミュニティーが必要だということを辛抱強く私たちに示しているのだ。

昨今、人々は自分たちが住んでいる街の境界線を、自分の肌だと感じるように奨励されている。「ねえ君、それが君についてのすべてなんだ！」。なかには自分自身を超えて、家族や隣人、あるいは町へと広がる共同体意識を持っている人もいる。しかし、ほとんど誰も自分の周囲で生きている植物や動物、土、水、岩、太陽など、人間以外のもののことは考えに入れていない。そして、私たち以前にここにいた祖先や未来世代もコミュニティーのメンバーで、おそらく、中でも最も重要なコミュニティーのメンバーであることを理解している人はごく稀である。

そう、コミュニティーはあなたが必要とするものを与えることになっているが、あなたの人生が終わったら、その後はどうなのだろう？　当然のこととして、私たちは後に残る愛する人たちが良い人生を送ることを願う。良い人生を送るためには、人間や人間以外のものも同様に、他との良い関係性を必要とする。どうすれば良い関係性を持つことができるだろう？　祖先はこの件について苦難を通して勝ち取った数千年の経験があり、あなたと分かち合えることを何より喜ぶだろう。

機能しているコミュニティーは、過去の世代の知恵に従って、未来世代に良い生活を提供することを第一の義務と見ている。「だから違うんだ。ねえ君、それが君についてのすべてじゃないんだ」。コミュニティーがあなただけに提供する約束は、短い間の欲望の満足にすぎない。コミュニティーというものは持続可能なもので、それはあなたの人生だけで終わるものではない。

これを書くにあたって、私は自分が不利な立場にあると感じている。他の人と同じように私には個人主義が徹底的に染み込んでいて、長年、コミューンやアシュラムでの実験的な生活を送ったために、私は実際に存続しているコミュニティーで暮らすという幸運を経験したことがなかった。老年期に達した今になって初めて、私はコミュニティーのビジョンと、その目標に向かって現実的な関わりを持つことができた。しかし、新参者である私がウイチョル族の人々と植物のスピリット・メディスンの経験を語るには勇気がいる。

原初からの民族のひとつとして、ウイチョル族は人類の始まりの時以来、母国に住み続けてきた。支配的な社会に厳しく抑圧されているにもかかわらず、今日、シエラマドレ山脈のウイチョル族のコミュニティーは活気に満ちている。ウイチョル族の人々は、自分たちの成功は先祖の道に誠実であり続けたためだ、ということを確信している。新生児は歓びとともに迎え入れられ、洗礼の儀式によって命名される。青年たちは儀式を通じて成人男性、成人女性へと導き入れられる。長老たちは尊重され、賢明な助言のために意見を求められる。死者には祖先の世界への移行を促すために葬式が営まれる。トウモロコシは一連の念入りな季節ごとの儀式で敬意をもって扱われる。人々は太陽、大地、風、火、雨、ペヨーテなど自然界の力や、成長を促す力を得るための聖地へ、また、泉、海、山などの聖地へと巡礼を行う。そういった場所で供物、祈り、歌を捧げ、見返りとして、健康や知識、特別な能力などを受け取る。市民の問題は大勢が参加するコミュニティーの会合の場で話し合いがもたれ、決定される。こうしたことの全体を通して、シャーマンの存在があり、シャーマンはコミュニティーのバランスを見守り、儀式を導き、神々の教えを歌い、癒しをもたらす。

かつて、私はウイチョル族の村へあるグループを連れて行った。その村を見て、訪れた人の多くは貧しいと感じた。一人の年配のウイチョル族の女性が、「この人たちはどこから来たのですか?」と尋ねた。

「大半はアメリカからです」

「ああ、あのとても貧しい人たちね。もしあの人たちが生き残るつもりなら、過去に戻らなければいけないわ。そうすれば、そこに私たちはいるでしょう」

ウイチョル族のギフトを維持し保っていくための関わり方は現実的なもので、彼らのギフトは非常に長期間にわたって効果をもたらす。私は老婦人の言ったことは正しいと確信する。近代的なテクノロジーが崩壊したら、私たちはもはやそれほど印象的には見えないだろう。実際に人々の生命を維持する生き方へ戻るという良識を持っていれば、ウイチョル族が祈りと棒切れを使って、トウモロコシを植えている姿を発見するだろう。

ウイチョルでの経験によって、植物のスピリット・メディスンの将来に対する私の考えは変わった。初めの頃、私はメディスンは私が発見し、発展させてきたものだと思っていた。メディスンは良いもので役に立つものだ。もし世間の人が興味を持ったら、喜んで分かち合おうと自分に言い聞かせていた。しかしながら私は植物のスピリット・メディスンを具体的なかたちで存続させていくことについては、ほとんど考えたことがなかった。もしも、そのことについて尋ねられたとしたら、おそらく私はこんなふうに答えたかも知れない。「植物のスピリット・メディスンが存続するなら、素晴らしいことだ。もしそうでなかったら、いつかまた他の誰かが何か役立つものを見つけるだろう」

今は違う考えを持っている。植物のスピリット・メディスンは、植物のスピリット、各要素の力、そして祖先によって与えられたもので、私ではなく、癒しやスピリチュアルな発見を必要とするあなたや他の人々に与えられたのだ。確かに、私がこの世を去った後にも植物のスピリット・メディスンの恩恵を受けることのできる人がいるだろう。だからそのギフトは尊重され、守られる価値がある。

この目的のために、私は植物のスピリット・メディスンの教師として、私の後継者となるような優れた教師陣を育てているところである。またこの目的のために、植物のスピリット・メディスンは、ブルーディアー・センターというニューヨーク州キャッツキル山脈の中の聖地にある、美しいリトリートセンターに本部を定めた。ブルーディアー・センターは生命力溢れる植物のためばかりでなく、自然界とのバランスを促進する先祖の教えや慣習を利用可能なものにするというセンターの使命のためにも、くつろぐことのできる家なのだ。

植物のスピリット・メディスンのヒーラーの訓練コースは期間が延長され、さらに強化された。また現在、卒業生のための継続的な教育も必要とされている。スピリチュアルな探求や発見の手段として、植物のスピリット・メディスンに関心のある人のための短期コースも導入された。

植物のスピリット・メディスン協会、植物のスピリット・メディスン・ゼミナール、聖なる火の癒しの寺院の三つの組織が、センターの活動をサポートし正規なものとするための援助を行っている。以前はそういったことを軽視していたが、今ではもうそうした思いはなくなった。もしも植物のスピリット・メディスンがこの社会の中で存続していくことになっているなら、証明書を壁に貼った植物のスピリット・メディスンのヒーラーは、厳しい訓練を修了した者で、能力が実証されていること。また、高い倫理基準に身を置き、これから先も学び成長していく人間であるということを、人々から認識され、信頼される者でければならない。

聖なる火のコミュニティーとの経験についても語りたいと思う。これは同じ地域で共に暮らしている人々の集まりという、一般的な意味でのコミュニティーとは違って、祖先が行っていたように小さい地域内で炉辺《ろばた》に集う人々の国際的な組織である。ささやかな儀式のためのスペースを所有するファイヤーキーパー*に導かれながら、そこには会話や笑い、歌があり、時に口論や問題解決もある。人々は祖先が理解していたこと、心の火は孤独を打ち破り、恐れを溶かし、火の周りに集まったコミュニティーの他の人々と出会うことは、人生に意義や目的、歓び、自己認識をもたらすということを、ここで再発見する。人々は関心のある事柄や発見したことなどを話し合うが、従わなければならない教義や特定な精神的な方向性はない。コミュニティーの集会は探求のための安全な空間を提供している。

探求が進むにつれ、西洋人はウイチョル族や他の民族が決して忘れたことのない、いくつかのことを思い出しているところである。つまり、私たちは本来孤独ではないということを。私たちの生活はコミュニティーの中で同時に進行していて、コミュニティーというのは単に物流の問題などではない。コミュニティーは私たちの才能を識別し、それらの才能を受け入れ正当に評価する場所を与える。こうして私たちは無意味に見える世界の中でランダムに動いている孤立した単位としてではなく、両親、兄弟姉妹に始まり、親戚縁者や友人、次には村全体へと拡がり、山や砂漠、小川や森林、動植物、すべての存在が、愛情を込めて祖父なる存在あるいは祖母なる存在として知られる多様で素晴らしい自然界へと拡大していく、温かで活気に満ちた家族の中の愛された一員として、自分自身を知るようになる。私たちの生命が終わると、コミュニティーはしばらくの間私たちが祖先を訪問するのに付き添い、そして地上への帰還に際しても、コミュニティーが私たちを歓迎する。

否、コミュニティーは単に物流に関することだけではない。コミュニティーは人々があらゆるものと関わり合っていると感じられる場所を生み出すのだ。コミュニティーはどうやってそんな魔法をもたらすのだろう？　儀式を通じてもたらすのだ。儀式のない真のコミュニティーなどありえない。
効力のある儀式を、誰にもお馴染みのあくびのし通しで、誰も変化することのない、行為がパターン化した空虚なセレモニーと間違えないでもらいたい。儀式はすべてを変化させる、生きた精神的な化学反応を起こすのだ。若者は子供、つまり正当にコミュニティーで育った人間としてイニシエーション・キャンプに入る。そして、彼または彼女は若い成人、今やコミュニティーを育む一人前の人間となって出てくる。別の言い方をすれば、青虫が蝶になったのだ。儀式は根本的な変容を起こす。

　植物のスピリット・メディスンとの経験は、条件が整えば、神は長く忘れ去られていた祖先の慣習を復活させることを私に示してくれた。これは今日も続いている。聖なる火のコミュニティーは成人となるためのイニシエーション、実際的な葬祭の儀式、男性・女性のためのリトリート、そして、祈りや出産[*]の実践を探求することを取り戻した。土地に固有の先住民の伝統は掘り起こされよみがえった。言い換えると、実質的なコミュニティーの失われたピースがパズルに戻ってきたのだ。このことが、エスカレートする暴力と破壊に直面しつつも、豊かで歓びに満ちた人間の将来について、私に安らぎと信頼を与えている。

＊ファイヤーキーパー：イニシエーションによって導きを受けた火の番人。儀式のための聖なる火を守る役割を担っていて、この役割は伝統的な文化の中で現在まで続いている。

＊出産の実践：二十世紀に入って、出産が次第に病院や医師の管理下に置かれるようになり、女性から出産体験を奪うこととなった。一九六〇年代、七〇年代、八〇年代を通じて、出産をする女性が主体となること、出産を自然なプロセスとして女性たちの手に取り戻す気運が高まった。その過程で助産師や自然分娩などが見直され、新たな取り組みがされるようになった。

注釈

1．このプロセスを詳細に観察したい方は、アラン・セイボリーの意義深く魅惑的な本、*Holistic Resource Management*（Washington, DC: Island Press, 1988）を参照してください。

2．五行の観点においては、同情それ自体が感情である。それは共感、つまり他者の感情を感じ取る能力のことで、誰かの不快感や苦痛に慰めと安堵をもたらしたいという欲求と組み合わさった感情と言える。

3．数ヵ月後、私はシャーロットと彼女のクラスにケマンソウ（英名：bleeding heart／血を流す心臓）として知られる植物を紹介した。私たちは植物のスピリットに出会うため夢で旅をした。その後、彼女は最初の治療で私が彼女に与えたのはケマンソウだったに違いないと伝えてきた。なぜなら彼女が出会ったスピリットは、明らかにその当時彼女のところにやって来たスピリットと同じものだったからだ。私は治療メモを調べてみた。彼女は正しかった。

4．シャーロットの心包への夢のビジョンは、彼女が治療にやって来た当時の私の診断を裏付けるものだった。

5．芸術と人文科学のためのサンバレー・センターのご厚意により、Fred Coyote の著作 *I Will Die an Indian* (Sun Valley, ID : Institute of the American West, 1980) から転載させていただいた。

6．イニシエーションは木の要素に力を得る成長のプロセスなので、ここでビジョン・クエストにおける最初の導き手が、多くの場合、木のスピリットであることを言及するのは大変興味深いことだ。イニシエーションについての物語で心に浮かぶ、最近の本を二冊紹介しよう。ラク・ラ・クロワ・オジブウェ族のヒーラー、ロン・ゲイシックのイニシエーションについての物語（参照：*Te Bwe Win*,Toronto: Summerhill Press, 1989）と西アフリカ出身のダガラ族のシャーマン、マリドマ・パトリス・ソメのイニシエーションについての物語（参照：邦訳『ぼくのイニシエーション体験――男の子の魂が育つ時』（山﨑千恵子ハイネマン訳　築地書館　1999）、*Of Water and the Spirit*, New York: Peguin, 1995)。

植物のスピリット・メディスンについての照会先

The Plant Spirit Medicine Association (plantspiritmedicine.org)
植物のスピリット・メディスン協会は、植物のスピリット・メディスンに関する情報の他、資格を持ったヒーラの名簿、予定中のコース、ワークショップ、その他のイベントを掲載したカタログを提供している。

The Blue Deer Center (bluedeer.org, 845-586-3225)
ブルーディアー・センターは、植物のスピリット・メディスンの本部であり、伝統的な教えと愛の実践のための重要なホームである。エリオット・コーワンのワークについての詳細、ならびに他の伝統的なヒーラー、教師、儀式の指導者の講義に関する情報など当センターまでご連絡ください。

The Sacred Fire Foundation（sacredfirefoundation.org）

聖なる火の基金（セイクレッド・ファイヤー基金）は、古代の知恵と先住民の存続の他、発展のために資金を提供している。教育的な援助活動の一環としてセイクレッド・ファイヤー誌の発行や、知恵を有する教師の集会であるエンシャント・ウィズダム・ライジングを開催している。

＊その他の照会先として、Sacred Fire（sacredfire.org）聖なる火（セイクレッド・ファイヤー）があり、ホームページ内にコミュニティー・ファイヤーズという項目がある。（305～306頁参照）

訳者あとがき

本書はEliot Cowan, *"Plant Spirit Medicine: A Journey into the Healing Wisdom of Plants"* (Sounds True, Inc. 2014) の全訳です。私が最初に本書、正確には本書の旧版である *"Plant Spirit Medicine"* (Swan・Raven & Co. 1995) を紹介する記事と出会ったのは、友人の住むマサチューセッツを初めて訪れた二〇〇〇年のことです。マサチューセッツ州立大学メインキャンパスのある小さな町、アマーストのカフェの前に平積みされていたヒーリング系のフリーペーパーの中で紹介されていた記事を読んで、興味を惹かれたことがきっかけでした。マサチューセッツから日本へ戻る途中、カリフォルニア州バークレーにあるスピリチュアル系の書店（Shambala Books）に立ち寄ったところ、緑色の表紙のその本がいきなり目に飛び込んできました。日本に戻る飛行機の中で途中まで読んで、その本が期待していた以上のものだと感じました。今でもさまざまなエピソードやシャーマンの言葉が不思議な効果をもたらして、波紋のように静かに私の心に響いています。『植物のスピリット・メディスン』は私の自然と向き合うときの手引き書となって、折にふれシャーマンたちが語っていた言葉がよみがえってきて、文字通り私の人生を導くメディスンとなってくれました。著者の言葉通り『植物のスピリット・メディスン』はさまざまなエピソードに彩られた物語であり、混迷した現代を生きる私たちに混乱はどこから来ていて、それを解決するには何を拠り所にしたらいいのかを、やさしく示唆してくれる導きの書でもあると思います。

まずこの本を読んだ多くの方が、第一章の最初に登場するエピソードに衝撃を感じたのではないでしょうか？　「君が実際に植物を使いたいのなら、その植物のスピリットが君の夢にやって来なければならない」というマッツェ族のシャーマンの言葉。植物のメディスンの中の唯一の有効成分、それは夢を見ている人（ヒーリングを行う人）に対する友情で、この真実はアマゾンのジャングルに住む人であれば、四才の子供でも知っている基本的なことなのです。この単純な真実を近代文明の恩恵に浴して生きている私たちは見失い、感じとる能力を失くしてしまったようです。

　この本では夢を学ぶことがひとつの大きなテーマとなっています。夢を通じて植物のスピリットと親密な関係を結んだ人が、いわゆる（植物の）シャーマンで、シャーマンは植物のスピリットの助けを借りて、私たち人間が争いや病という二元性の夢から離れ、自分と宇宙はひとつなのだという全体性という夢に入れるように、私たちのスピリットが再び歓びあふれて輝けるように手助けしてくれます。シャーマニック・ヒーリングにおいて夢の力を使うからと言って、この能力は先住民に限定されているとか、あるいは秘境の地に赴むかなければ獲得できないというものではない。すべてのものは夢見る力（創造する力）をもった創造物であり、私たち自身もその中のひとつの存在なのです。

　オーストラリアのアボリジニのドリームタイムに代表されるような夢の力は、おそらく遠い古の時代には、誰もが当たり前にもっていたであろうと想像される力です。私たち一人ひとりが夢見られた存在であり、また夢見る力をもった存在なのだと認識すること、思い出すことそのものが、歓びをもたらしてくれるのではないか？　私たちが抱えている問題を解決し、自然との一体感を取り戻すきっかけになるのではないか？　一例として、私たちが直面している自然破壊という問題があります。沖縄の辺野古の問題はニュースにも取り上げられていますが、私たちの周囲で多くの緊急を要する事態が起きています。身近なところでは、私の住む三重県で紀伊半島の生態系を根こそぎ変えてしまうような大規模な風力発電の計画が持ち上がっています。また福井県でも同様な風力発電の計画が多数あって、その中には樹齢三百年のブナの巨木林を伐採するという計画もあるようです。長野県ではリニアモーターカーを通すために、南アルプスに穴があけられ、いまだに工事が推し進められています。ごく最近もメガソーラーの設置が原因と思われる土砂災害が発生するなど、自然界、そしてそこで暮らしてきた人々の生活を奪うような計画が全国各地で進行しています。

私たち一人ひとりの力は微々たるもので、時として、重厚な壁がそびえ立ち身動きひとつままならないと思えるようなこの世界で、目に見える世界を越えて、あらゆるものに浸透し、通じる夢・夢の力、その可能性を信じられることそのものが、癒しになるのではないか？　私たちが道のどこかでその力を失ってしまったのなら、そしてその力の喪失が現代に蔓延するありとあらゆる病気・問題の根本原因のひとつであるならば、この夢の力をもう一度手に入れること、あるいは少なくとも夢見るという創造の力、その可能性を認識することが何らかの助けになるのではないか？　まず手始めに自分の周囲にある自然界に謙虚な気持ちで向かうことができれば、著者が語っているように、私たちの身近にある植物あるいは小石が、彼らの知恵を明かし、私たちを導いてくれることも満更なさそうなことでもないように思えるのです。そもそも日本人は自然界のありとあらゆるものを八百万の神と讃え、崇拝する心、自然を愛でる心を持っていたのではないか？　私たちは一体どこで道を見失ってしまったのだろう？と思うのは、決して私一人ではないはずです。

最近になって、ドン・エンリケ・サーモンやグランマ・バーサの話していたことが、さらに現実味を増して感じられるようになってきました。エンリケは鹿から与えられたビジョンについての話の中で、アメリカの白人は大地に根づいていないので、嵐がやって来たら白人は皆宇宙へ吹き飛ばされてしまうだろうと語っていました。この部分を読み返しながら、現在世界に起きているパンデミックのことが脳裏をよぎりました。先住民が病気にならないということではありませんが、恐怖に煽られてパニックになるのか、嵐が吹き過ぎるのを静かに待つことができるのか、その違いは大きいもののような気がします。これは二十一世紀を生きる私たち日本人、いわば現代文明に慣れきって、便利で快適な暮らしが未来永劫に続いていくものと勘違いしていた人間にとっても緊急課題のように思えます。私たちは先祖伝来の土地や言語を失ったわけではありませんが、私たちの先祖が長い時間をかけて培ってきた知恵や伝統、そして大地（山・川・海など）は急速に失われつつあります（神社やお寺に参拝するなど、美しい風習が残っていることは幸いだったと思います）。近代文明やテクノロジーに余りにも依存する暮らしは、私たちを大地に根づいた暮らしから引き離し、自然界の夢の中に生きることは、ますます難しくなっています。最先端の科学技術やインフラに支えられたモダンな生活は、バラ色の未来を約束するものではなく、案外脆く呆気ないものだと思い知らされる出来事に、私たちはすでに何度となく遭遇したのではないでしょうか？

この物語の最後に登場するグランマ・バーサの祖父が、「遠い将来、水で争うようになるだろう。（途中省略）その時が来たら、インディアンの生き方がお前自身と若干の部族の者を救うことになるかも知れない」と語った言葉は、“Water is Life”（「水は生命」）いわゆる*ダコタ・アクセス・パイプライン（DAPL）の建設を巡る抗議運動となって、まさしく現実となりました。グランマ・バーサはあらゆるものが母なる大地の一部で、生命、スピリットが宿っているが、多くの人がそういう見方ができない。人がそういったものを汚染する理由はそこにあると指摘しています。グランマ・バーサはある老人の言葉を借りて、「人生には何もない。ただ生きて、味わうだけだ」と話しました。そして最後に「あらゆるものに感謝の心を持つように。後ろに下がって、謙虚に」と結んでいます。こうした長老の残してくれた言葉にじっくりと耳を傾け、心に銘記しようと思います。

はじめに書いた通り、『植物のスピリット・メディスン』は二〇一四年にサウンズ・トゥルー社から新版が出版され、謝辞、著者の覚書、序文（最も賢明な長老）、第5章〜第9章と最終章の結論が新たに加筆されました。それによって『植物のスピリット・メディスン』は植物の癒しにまつわる呪術的な物語という要素を保ちながら、祖先から受け継いだ遺産を現代に生かし、さらには未来へと引き継いでいくより包括的な物語へとバージョン・アップしました。結論の章では、花粉症のような個人が抱える疾病と、小麦アレルギーのように社会全体が関わる問題についても触れています。いずれのケースも生命に対する軽視、人間の利益のみを追求するアンバランスな姿勢が引き起こした問題と捉えることができます。さまざまな問題を解決するのは、それほど簡単なことではないかも知れませんが、解決策となるひとつの手立てとして、ウイチョル族を例にとって、遠い昔から現代へと脈々と受け継がれてきた祖先の知恵や伝統の継承、特に儀式の重要性が説かれています。

『植物のスピリット・メディスン』はシャーマンやヒーラーなど少数の並外れた人の物語ではなく、私たち一人ひとりの中に潜在する普遍的な力を開く、あるいは全体性を取り戻し本来の自己へと回帰する、自己再創造のための手がかりとなり得るのではないか？　そもそも私たちは今でも創造の物語を紡いでいる、神話の世界の住人なのではないか？　まずはこの本を読んで、植物あるいは周囲にある自然界に導きを求め、あるいは自分自身の夢に一体性へと向かう手引きを求める人、その可能性に心を開く人がほんのわずかでも現れてくれたらと願います。植物はそういった知恵を私たち人間が求めてくれるのを、もう何百年も待ち続けているのだそうです。

最後に『植物のスピリット・メディスン』を最後まで翻訳するモチベーションを与えてくださった北山耕平氏、この本に出会うきっかけを提供してくれた娘の悠香里、支えてくれた家族、特に夫には生活全般にわたって負担をかけました。寛大なサポートをしてくれた森本俊二・リーナ夫妻、リーナには感覚的につかめない英文についてアドバイスを頂きました。ナチュラルスピリットに縁を繋いでくれた大呑智恵さん

＊ダコタ・アクセス・パイプライン（DAPL）：ノースダコタ州からイリノイ州までを繋ぐ全長約千九百キロメートルの石油輸送パイプラインのことである。パイプラインの建設は、地元先住民スタンディングロック・スー族の居留地に隣接するミズーリ川を通過し、それによりスー族が長い間大切に扱ってきた「命の水源」が脅かされ、彼らの先祖が眠る聖なる土地が破壊されることから、全米及び世界のその他の地域を含む多くの部族が参加し、祈りを中心とした平和的で歴史上最大規模の抗議運動が起こった。二〇二〇年七月にワシントンD.C. 特別地区連邦地方裁判所の判事が、ダコタ・アクセス・パイプラインの操業停止を命じたが、訴訟は引き続き継続中である。

と悠香里。また笠井理恵さんには念入りで的確な編集でサポートしていただきました。先の見えないこのような時代にあって、快く出版を引き受けてくださったナチュラルスピリットの今井博揮社長。皆に心から感謝します。これまで出会ったすべての人々、すべての出来事、どれひとつ欠けてもここに至ることはできませんでした。改めて驚きを感じるとともに、今日まで導いてくださったご先祖さま、目に見えない世界のあまたのスピリットに心からの感謝と祈りを送ります。有難う。

村上　みりこ

二〇二一年　八月

縁あるすべてのヒトビトに

■著者　**エリオット・コーワン**（ELIOT COWAN）

1946年生まれ。シカゴ、ウィニペグ、そしてサンフランシスコで育った。ポモナ大学の人類学科を卒業。UCLAの大学院で民族誌のドキュメンタリー映画制作を学んだ。

1969年から薬草療法を学ぶとともにその実践を始めるが、数年後に鍼を学ぶために薬草療法から離れた。彼はイギリスのリーミントン・スパにある伝統鍼専門学校で、J・R・ワースリー教授の指導のもと、鍼治療の免許、学士号、修士号の学位を取得し、同大学で1979年から1980年まで教職を務めた。

1980年代の初頭、エリオットは再び薬草療法に注目するようになった。この時期に彼は薬草のスピリットに直接教えを受けた。植物の師とともに、植物のスピリット・メディスンという古代の治療法を再発見した。

彼はウイチョル族のシャーマン、故グァダルーペ・ゴンザレス・リオスに師事した。彼の卒業の儀式は1997年にメキシコで執り行われた。1998年、ドン・グァダルーペは呪術を学ぶ弟子たちの教師となるべく、儀式を通じてエリオットにイニシエーションを与えた。その5年後に、二回目のイニシエーションが与えられた。

その後、アメリカ合衆国に生活の拠点を戻したエリオットは、植物のスピリット・メディスン、ウイチョル族のシャーマニズムの他、人々の間の聖なるつながりを促進するその他の道を教えることとその実践に生涯を捧げる。没年2022年。

■訳者　**村上みりこ**（むらかみ みりこ）

1970年代後半～80年代にかけて、カリフォルニアのベイエリアやサンフランシスコで過ごす。それをきっかけに自然の中での暮らしやスピリチュアルな世界に目覚める。

1980年にアメリカ・インディアン・ムーブメントの指導者、デニス・バンクス氏の提唱により始まったカリフォルニアからワシントンD.C.まで5ヵ月かけて歩くピースウォークに参加。ウォークを通じてアメリカ・インディアンの祈り・精神性に深く共鳴。

帰国後、映画「ホピの予言」の翻訳に友人とともに携わる。

京都、愛知、三重の田舎へと拠点を移し、タロットカード・リーディングを行う他、自然出産にも関わる。

現在、里山の自然観察風ノンジャンルのブログで里山の自然や、夢・シャーマニズムにまつわる話、その他ランダムに綴っている。

＊ブログ　「仙人草の咲く庭で」

植物のスピリット・メディスン
植物のもつヒーリングの叡智への旅

●

2022 年 1 月 1 日　初版発行
2024 年 1 月 21 日　第 2 刷発行

著者／エリオット・コーワン
訳者／村上みりこ

発行者／今井博揮
発行所／株式会社 ナチュラルスピリット
〒101-0051 東京都千代田区神田神保町3-2 高橋ビル2階
TEL 03-6450-5938 FAX 03-6450-5978
info@naturalspirit.co.jp
https://www.naturalspirit.co.jp/

印刷所／中央精版印刷株式会社

ISBN978-4-86451-393-7 C0011